刑事诉讼二审程序研究

胡献旁　著

知识产权出版社

全国百佳图书出版单位

图书在版编目（CIP）数据

刑事诉讼二审程序研究/胡献旁著. —北京：知识产权出版社，2015.8
ISBN 978 - 7 - 80247 - 876 - 3

Ⅰ. ①刑⋯ Ⅱ. ①胡⋯ Ⅲ. ①刑事诉讼—审判—诉讼程序—研究—中国
Ⅳ. ①D925.218.24

中国版本图书馆 CIP 数据核字（2014）第 089496 号

责任编辑：赵　军　　　　　　责任出版：刘译文

内容提要

　　本书阐述了二审程序的概念和意义，并对英、美法系与大陆法系进行了比较研究，对刑事二审的法院审理方式、二审发回重审制度、刑事二审中的人民检察院及二审中的律师辩护方面进行了研究，并对其中的问题提出了改革意见，有一定学术价值和实际意义。

刑事诉讼二审程序研究

胡献旁　著

出版发行：知识产权出版社有限责任公司		网　　址：http://www.ipph.cn	
社　　址：北京市海淀区马甸南村 1 号		邮　　编：100088	
发行电话：010 - 82000860 转 8101/8102		发行传真：010 - 82000893/82005070/82000270	
责编电话：010 - 82000860 转 8127		责编邮箱：zhaojun@cnipr.com	
印　　刷：三河市国英印务有限公司		经　　销：各大网上书店、新华书店及相关专业书店	
开　　本：720 mm×1000 mm　1/16		印　　张：16.25	
版　　次：2015 年 8 月第 1 版		印　　次：2015 年 8 月第 1 次印刷	
字　　数：260 千字		定　　价：48.00 元	

ISBN 978 - 7 - 80247 - 876 - 3

序

刑事司法审级程序是国家权力制衡与救济规律作用于刑事司法活动的体现。首先，国家权力的有效制衡路径之一是逐级的分权和制约。这一理念体现在司法权领域，则是级别式司法机关的设置，使国家的司法权由上下级司法机关分级行使，形成审级监督的格局。其次，有权利必须有救济，否则权利就得不到保障。当事人在司法中非常重要的权利救济手段就是上诉程序，即对不服的判决提出上诉要求上一级法院予以改判。还须强调指出，司法追求的价值目标首先是公正，它是司法的灵魂和生命线。但是案件是复杂的，法官的办案能力是有限的，因此，需要设置审级程序以使终审判决最大限度地实现对案件的公正处理。

当代西方国家大多在诉讼中实行三审终审制，但是其第三审程序实行法律审，只解决适用法律错误的问题。我国基于本国国情，在诉讼中实行二审终审制。在刑事诉讼中对死刑案件则增加死刑复核程序以便更有力地保障慎杀方针的贯彻。可见我国的刑事二审程序在诉讼程序中占有相当重要的地位。

我国刑事第二审程序为1979年制定的《刑事诉讼法典》所确立，后经两次刑事诉讼法修改，特别是2012年的修改而有较大完善。但是不论从立法层面抑或实施层面仍存在一定问题，有待法学界去关注，去思考，去研究如何进一步改革完善。

胡献旁博士的这本专著《刑事诉讼二审程序研究》是在其博士后出站报告的基础上修改、充实而成。他2009年进入中国政法大学博士后流动站攻读刑事诉讼法学，期间被委派到山西省人民检察院挂职，挂职结束后就到中国管理科学研究院法学研究所工作，并担任兼职律师。所以，本专著既是他本人从事检察、律师经历的工作感悟，也是其对刑事诉讼二审程序的理论研究成果，特别是专著对新旧刑事诉讼法二审程序的相关内容做了对比分析，肯定了新刑事诉讼法的进步性,对其不足又提出了改革意见,有一定学术价值和实际意义。

胡献旁博士为人真诚,尊敬师长,善待朋友。我们师生情谊甚为笃厚,他的著作即将面世,无论从学术成就还是师生情谊来说,我都乐于为之作序,以示祝贺和支持之意。

是为序。

陈光中
于甲午年四月

内容提要

二审程序是刑事诉讼制度的重要组成部分,担负着维护当事人的合法权益,保证司法裁判的正确性和统一法律适用等多方面的功能,因此在整个刑事司法制度中具有十分重要的地位。本文运用比较分析和实证分析的方法,研究探讨了刑事上诉制度的基本原理,在比较分析两大法系主要国家与地区刑事上诉制度的共同特征及其存在差异的基础上,阐释论证了我国刑事二审程序的基本原则、审理方式、发回重审制度以及人民检察院和辩护律师在二审程序中的功能与地位等。全文由七章构成。

第一章是绪论部分,即刑事二审程序的原理部分,对刑事上诉制度的价值、功能和上诉权的属性与保障进行了系统探讨;阐明了刑事上诉审程序在给予当事人救济和保证法制统一实施等方面所发挥的作用;梳理刑事诉讼二审程序的发展历程。

第二章运用比较研究的方法,以刑事司法改革的最新成果和发展趋势为主线,考察两大法系具有代表性的国家和我国台湾地区刑事上诉制度的主要内容和改革变化,在此基础上总结了两大法系在刑事上诉制度方面的共同特征、差异及其成因。英国和美国作为英美法系的代表,在法律渊源上具有同源关系,但是英国刑事上诉的途径和程序都较为复杂,其中上诉许可制是英国区别于其他国家第二审程序的主要特点,也是英国控制上诉量的有效措施之一。美国刑事上诉审结构是一种法律审的事后审形态,其第二审程序属于当事人的权利性上诉,而第三审则属于限制性上诉,上诉到最高法院的案件通过上诉许可制受到严格的控制。

法国和德国同属大陆法系的代表,法国刑事上诉制度区分为普通上诉程序和非常上诉程序,重罪案件实行一审终审制,最高法院通常也不被看作审级法院。近年来法国在人权保障观念和《欧洲人权公约》的影响下,加大了刑事司法改革的力度,并于新千年的法律改革中设立了重罪上诉制度,但是与其他国家相比,重罪上诉制度具有法式独特的风格,它采取轮转上诉形式,由最高法院指定另一重罪法院并采取陪审团制,对重罪案件重新进行审判。德国实行三审终审与两审终审相结合的多元审级制度,上告程序是针对地方法院判决适用的复审型的事实审程序;上诉程序是针对州法院以上的判决所适用的事后审型的法律审程序;抗告程序则是针对法院和法官作出的各种裁定与决定等所适用的程序性救济的专门程序。

第三章阐述了刑事二审程序的四个原则。保障上诉权对于维护上诉人的合法权益,加强上级人民法院对下级人民法院的指导和监督,以及人民检察院对人民法院的监督,以保障法律的正确实施,具有十分重要的意义。所以,这是所有二审法院进行第二审审理时都必须坚定不移贯彻执行的一项诉讼原则。

刑事第二审程序中的全面审查原则,是基于有法必依、违法必究的社会主义法制原则,和"以事实为根据、以法律为准绳"的刑事诉讼法基本原则而制定的。全面审查原则为第二审程序诉讼任务的完成和诉讼职能的实现,从审理原则和审理方式上提供了法律保障。全面审查原则决定了第二审法院的审理内容和审理范围,从而成为约束第二审法院诉讼活动的行为准则。同时,全面审查原则也是我国刑事第二审程序有别于其他国家第二审程序的显著标志。

刑事诉讼中的上诉不加刑原则,是资产阶级革命时期确立的一项司法民主原则和制度,现为世界大多数国家的刑事诉讼法所认可。它是从所谓"禁止利益变更原则"中引申出来的,随着刑事诉讼法制的演变和发展逐渐完善,并在世界范围内得到广泛的接受和采用,被称为保障被告人上诉权的基石。这对保障被告人的合法权益,体现诉讼民主和现代司法文明都起到积极作用。上诉不加刑原则,是刑事二审程序的特有原则,有利于保障被上诉人的上诉权,保障上诉制度的贯彻执行。此外,本章还对新《刑事诉讼法》关于上诉不加刑的规定做了评析。

疑罪从无原则,是指在不能证明被告人有罪又不能证明被告人无罪的情况下,应当宣告被告人无罪。为体现疑罪从无原则的精神,我国原《刑事诉讼法》明确规定了证据不足不起诉和一审阶段的证据不足、指控的犯罪不能成立的无罪判决。但是第二审程序中却没有这种无罪判决形式。笔者认为，疑罪从无原则作为刑事诉讼的基本原则应当贯彻于刑事诉讼全过程，不仅侦查阶段、审查起诉阶段和第一审程序应当坚持疑罪从无原则，而且在第二审程序、死刑复核程序和审判监督程序中更应恪守该原则。

第四章论述了二审的审理方式。开庭审理是法院审判活动的基本方式，具有公开性、直接性和规范性，最能体现审判的公正和权威。对二审案件实行一律开庭审理，当然是解决问题的一种最理想办法。但是，目前我国经济社会发展很不平衡，城乡差别、地区差别扩大的趋势尚未根本扭转。一方面，在发达地区如一些沿海地区和城市，经济发展较快，交通便利，已经基本具备二审全面开庭审理的客观条件；另一方面，在欠发达地区如一些西部边远地区和农村山区，经济相对落后、交通十分不便，尚不具备二审全面开庭审理的条件，且在短期内无法实现根本改善。由于目前面临着刑事案件总量上升而司法资源有限的形势，如果在全国范围内不分地域地对二审案件一律实行"开庭审"这种"一刀切"做法，既不符合我国国情，也难以统一执行。

笔者认为，要切实解决二审开庭率偏低的突出问题以及强化检察机关对二审审判监督的作用，必须从立法与司法两个层面上进行系统性改革。立法上应当坚持"以开庭审理为原则，以不开庭审理为例外"的审判原则，全面修改现行"调查讯问审理"方式；司法上应建立相关配套措施，积极推行二审案件全面开庭审理的改革实践，为今后全面实行一律开庭审理积累立法经验。本章对新《刑事诉讼法》关于二审审理方式的规定做了评析。

第五章论述了二审发回重审制度，分析了当前我国在发回重审方面存在的问题，并提出了改革意见。一是废除基于事实不清或证据不足的发回重审制度。二是在取消基于事实不清、证据不足的发回重审时，还应增加规定两种应当发回重审的理由：一方面，在上诉、抗诉中提出新证据并可能影响原判判决的，第二审人民法院应当撤销原判，发回原审人民法院重审；另一方面，二审法院发现原审遗漏了罪行或者共同犯罪人，应当裁定撤销原判，发回重审。三是对于程序违法的发回重审制度，在理由上增加规定：依照法律规定应当出庭作证的证人、鉴定人未出庭。四是明确规定发回重审既可以发回原审人民法院重审，也可以指定其他同级人民法院重新审判。本章对新《刑事诉讼法》关于发回重审的规定做了评析。

第六章根据刑事二审程序的制度特征,包括其审理对象、程序规范等,阐述二审出庭的检察人员诉讼活动在任务和程序方面有别于一审公诉人的特点。然后具体说明在刑事二审出庭实务中,检察人员应如何针对二审特点,在庭前准备、法庭调查、法庭辩论等各个环节有效开展工作,正确履行监督职能。最后部分对新《刑事诉讼法》关于人民检察院查阅案卷的规定做了评析。

第七章简单介绍了律师在刑事二审程序中的作用,以及在审判前、中、后的工作。重点介绍了新《刑事诉讼法》对法律援助制度的规定及其进步。从刑事诉讼法实施的角度看,有的规定仍然不够具体明确。其中,最突出的问题就是法定法律援助的适用阶段是否包括第二审程序。笔者认为法律援助不仅仅适用于一审程序,也适用于二审程序。第一,就未成年人案件而言,由于不适用死刑,法定法律援助适用的审判阶段包括二审程序;对于犯罪嫌疑人、被告人是盲、聋、哑人或者尚未完全丧失辨认或者控制自己行为能力的精神病人的案件,其适用的审判阶段包括二审程序。第二,对于可能判处无期徒刑、死刑的案件,法定法律援助应该适用二审程序。对可能判处无期徒刑的案件,一审程序毫无疑问应当适用,而且二审也应适用,因为二审的裁判结果既可能改判,但也可能维持无期徒刑的判决。如果在二审程序里,被告人没有委托律师,且不提供法律援助,这使被告人缺少了必要的法律援助,更违反了控辩平等对抗的诉讼构造和理念。二审诉讼的科学程序要求控诉与辩护双方在形式上应保持平等对抗的格局,这是保证诉讼客观、公正的前提。因此,对于可能判处无期徒刑、死刑的案件,法定法律援助应该适用二审程序。

Abstract

The second procedure is the important component of the criminal proceedings system. It is undertaken to safeguard the party's legitimate rights and interests, to guarantee the exactness of the judicial judgment, to unify the law application and functions in many aspects , so it plays a very important role in the whole judicial system. The author applies the methodology of comparative analysis and positive analysis and research on the basic principle of the criminal proceedings system. On the basis of the general characteristics and differences of regional criminal proceedings system between the main common law countries and main civil law countries, the article points out the basic principle, ways of hearing, retrial system and the function and status in the second procedure for the People's Procuratorate and the defense attorney. The article is formed by seven chapters.

Chapter one is introduction part, which is the principle part of criminal instance in the second procedure. Discuss systematically on the value, the function and the properties; Clarify the role of criminal proceedings given the party relief and ensured the uniform implementation; Streamline the development history of criminal proceedings in the Second Instance.

Chapter two , it uses the methodology of comparison and research, investigating the main contents and reform changes of criminal proceedings system in the typical countries towards two fundamental law systems and regions of Taiwan province of China, which is with the main line of latest achievement and development trend towards the criminal judicial reform, based on that, the article has summarized the common characteristics, differences and causes of two fundamental law systems towards the criminal proceedings system. In the western various countries, the criminal judicial reform has been attracting people's attention since the 1990s, and its key pursuit is the balance of the plural values, which is undoubtedly has rich referential meanings to perfect the system of criminal judicial reform and the criminal appealing system in our country. As the representatives of the Anglo – Americana law system, the United Kingdom and U. S. A. have a close relation at legal origins and traditions but the way and procedure of the criminal appealing system in United Kingdom are more complicated. The appeal system is the main characteristics different from those of the other counties in the second instance and also the effective measures to control the quantity of appealing cases in United Kingdom. Traditionally, United Kingdom follows the rule of forbid – double – danger and strictly limit the appeal right of prosecutors however, through continuously judicial reform in the last few years, the United Kingdom makes efforts to realize the balance of procedure justice and efficiency, crime controlling and value objective of human rights, so it is gradually expanded for protest party in appeal rights which is showing a trend to move closer to the appeals system in civil law countries. The criminal appealing trial structure in U. S. A. is a kind of law trial of an afterwards trial, and the second instance procedure depends on the party's choice, while the third instance is a kind of restricted appealing, and the quantity of cases appealing to the Supreme Judicial Court is under control through the permission of appealing system, so as to ensure the court of last instance achieve the function on unifying the application and explanation of law through the way of "full mat try". In the part of the American criminal appealing system, it exploits some relevant measures taken in U. S. A. and some reform activities aiming to lightening the work of the appellate court.

France and Germany both represent the Civil Law, France's criminal appealing system is divided into the ordinary proceedings and extraordinary proceedings. The felonious eases implement last instance system of the first instance, and usually the Supreme Judicial Court is not regarded as one grade of courts either. In recent years, under the guidance of human rights safeguards and the " European human rights convention". France has strengthened the criminal judicial reform, and it has set up felony appeal system in its legal reform in the new century. Compared with other countries, felony appeal system has its unique style in France, By adopting cyclical appeal form, the Supreme Judicial Court nominate another felony court and this court will adopt the jury to go on a trial. This article also explains the nature of the Supreme Judicial Court in France, and put up with the assumption that theappeal for the interests of party should be the third proceedings in its procedural system, and what mentioned above doesnt have substantive difference with the legal trial of the Supreme Judicial Court in other countries. Germany has adopted the plural system combining last instance for the third instance with last instance for the second instance. The complaining procedure aims at the factual procedure which is applicable to the ad judgment of the local courts; The appeal procedure is an examination afterwards aiming at the appeals on the case judgments made by the state court and above; Resisting and informing procedure is pure procedural remedy to exam the various kinds of adjudication and special verdict made by courts and judges.

The third part of article points out the four principles in third instance of the criminal procedure. The principle of protection on appeal right makes a very important significance to the maintenance of the legitimate rights and interests of the appellant; to strengthen the guidance and supervision of the higher people's court to the lower courts; to the supervision of the People's Procuratorate to the People's Court and to safeguard the correct implementation of the law. Therefore, this principle is a unswervingly implementation principle of a proceeding for all the second — instance court of second instance trial.

It is played a positive role on protect the defendant's legitimate interests, embodies litigation democracy and modern judicial civilization. "Appeal not Infliction" principle is a unique principles I the Criminal Procedure of Second Instance, which may help protect the defendant's right of appeal; to ensure the implementation of the appeal system. Meanwhile it makes the comments to new " Code of criminal procedure".

Principles of comprehensive review in criminal procedure of second instance is formulated based on the principle of the socialist legal system of must follow the law, violators are prosecuted, the fact basement and the law as the criterion in code of criminal procedure. Principles of Comprehensive review provides a legal guarantee for the realization of the second instance proceedings for the completion of the task and litigation functions, from the view of principles and ways of hearing. It also determines the content and range of hearing in the court of second instance, so that it becomes the behavior principle to constrain the activities for the court of second instance. Meanwhile, this principle is a significant signs in China different from those of other countries in criminal procedure of second instance.

"Appeal not Infliction" principle in criminal procedure is a judicial democratic principles and institutions established in Bourgeois revolution which is now recognized by the Code of Criminal Procedure of most countries in the world. It is an extension of the principle of so – called "prohibited interests were deduced" With the gradual improvement and development of the Law of Criminal Procedure it is widely accepted and used in the world and is called the cornerstone to protect the defendant on appeal right.

The principle of Suspected as innocent refers to the defendant can not be proved the guilty and at the same time can not be proved not guilty, in this situation the defendant should be declared to be not guilty. To reflect spirit of the suspected as innocent. Our original "Code of Criminal Procedure" clearly defined not to prosecute once insufficient evidence and Not – guilty verdict of disestablished to the accused crime once the lack of evidence in the first instance. But there is no such Not – guilty verdict from in the second instance . The author comments that the Suspected as innocent principle should be taken as the basic principle of the criminal proceedings and be implemented in the whole process of criminal proceedings. Not only in the investigation stage, the prosecution phase, and the first instance should adhere to the suspected as innocent, the same in the second instance, the death penalty review procedures and trial supervision procedures.

The fourth part discusses the way of hearing in second instance. The hearing is the basic way of court trial activities with the openness, directness and normative which could best embodies the fairness and authority of the trial. Of course, is an optimal way to solve the problem if all cases of second instance to implement trial. However, there in an unbalance the development between urban and rural areas in China and expansion of regional differences has not been reversed till now. The one hand, some in developed regions such as coastal areas and cities where the economic develop rapidly and transport conveniently, which have basic objective conditions for the hearing in the second instance. On the other hand, some in the less developed regions, such as the remote western and rural mountain area where the economy is relatively backward and the traffic is not convenient as developed area which have not basic conditions for the hearing in the second instance with the consideration of its fundamental improvement can not be achieved in the short term. Consideration on the increased of criminal cases and limited judicial resources. If regardless of geography in the country and make the approach of "One size fits all", implementation "hearing" in the second instance, which is not only inconsistent with China's national conditions, but also difficult to uniform.

The author thinks to effectively solve the outstanding problems of the low rate of hearing in the second instance and to strengthen the role of supervision to second instance trial for Public Prosecutor's Office, it must be carried out systemic reform from two levels of legislative and judicial. Legislation should adhere to the trial principles "hearing orientation and no hearing as the exception"; To set up related supporting measures on judicial; To actively promote the comprehensive reform and practice on hearing in second instance.

Part fifth, it discusses remand system in the second instance. In this part, it analysis the existing problems while give the suggestions on reform. First, To abolition the old remand system followed the rule of unclear facts or insufficient evidence. Second, besides, to identify two provisions for remand. On the one hand, to present new evidence in the appeal or protest which may affect the original verdict judgment. The Second instance of the people's court shall revoke the verdict and remand the case to the People's Court for retrial. On the other hand, the second instance court found that the trial omissions offense or co – perpetrator which should be rescind the original judgment and remand for retrial. Third, for the remand system in violation of procedure, the following modifications should be made: Increase provisions on the grounds: the witnesses and the appraiser did not appear in court in accordance with the law. Fourth, define that remand either could be sent back to the trial People's court and can also nominate a same level court to retrial. The last part of this chapter gives the comments on the remand provisions in new "Code of Criminal Procedure".

The sixth part, according to the institutional characteristics of the Criminal Procedure of Second Instance including the trial objects, procedural norms etc.

Elaborate the different of prosecutor activities from the second instance court and the first instance in terms of tasks and procedures. Then specific the instructions in the second instance court practice that how inspectors could perform effectively and properly fulfill the supervisory functions in all aspects of pre – trial preparation, court investigation and court debate.

The last part is comments on the provisions of examination the case files from the People's Procuratorate in the new "Code of Criminal Procedure".

The seventh part of the report briefs the role of lawyers in the second procedure, and the trials including before, during and after. Focus on the provisions of legal aid system and its progress in new "Code of Criminal Procedure"; while proposal on the existing provisions of an important issue which is not yet clear, this is, the defendant in the death penalty cases of second instance and the death penalty review cases whether is the same situation with "the defendant may be sentenced to death". Of course, both cases should be classified as "the defendant may be sentenced to death" situation. If the defendant does not appoint a defender, the people's court shall specify the legal aid lawyer for the defendant. The section 240 in New "Code of Criminal Procedure" provides that the Supreme People's Court should interrogate the defendant and should listen to the opinion of the defense lawyer once requested in the cases of death penalty reviewing" It is not clear on the definition of " Defense lawyer" , which refers to a previous lawyer or newly assigned lawyer in the death penalty review procedures. Because the death penalty review is the final procedure in the death penalty cases, it should protect the defendant of the pleading from the lawyer. It is recommended that relevant departments should formulate relevant judicial interpretation to clarify this issue in the future that a legal aid lawyer should be assigned if the defendant does not have a lawyer.

本文法律文件全称简称对照表

序号	全 称	简 称
1	《中华人民共和国宪法》	《宪法》
2	《中华人民共和国刑事诉讼法》(1979 年)	1979 年《刑事诉讼法》
3	《中华人民共和国刑事诉讼法》(1996 年)	原《刑事诉讼法》
4	《中华人民共和国刑事诉讼法》(2012 年)	新《刑事诉讼法》
5	《中华人民共和国刑法》	《刑法》
6	《中华人民共和国律师法》	《律师法》
7	《中华人民共和国人民警察法》	《人民警察法》
8	《中华人民共和国国家安全法》	《国家安全法》
9	最高人民法院、最高人民检察院、公安部、国家安全部、司法部、全国人大常委会法制工作委员会《关于〈中华人民共和国刑事诉讼法〉实施中若干问题的规定》	六机关《刑诉法规定》
10	最高人民法院、最高人民检察院、公安部、国家安全部、司法部《关于办理死刑案件审查判断证据若干问题的规定》	两院三部《办理死刑案件证据规定》
11	最高人民法院、最高人民检察院、公安部、国家安全部、司法部《关于办理刑事案件排除非法证据若干问题的规定》	两院三部《非法证据排除规定》
12	最高人民法院、最高人民检察院、司法部《关于适用普通程序审理"被告人认罪案件"的若干意见(试行)》	三机关《适用普通程序审理"被告人认罪案件"》
13	全国人大常委会《关于司法鉴定管理问题的决定》	人大常委会《司法鉴定管理决定》
14	最高人民法院《关于执行〈中华人民共和国刑事诉讼法〉若干问题的解释》	最高人民法院《刑诉法解释》
15	最高人民检察院《人民检察院刑事诉讼规则》	最高人民检察院《刑事诉讼规则》
16	公安部《公安机关办理刑事案件程序规定》	公安部《办理刑事案件程序规定》
17	司法部《司法鉴定程序通则》	司法部《司法鉴定通则》

引　言

我们所处的时代,是一个改革的时代,任何被认为过时的司法制度都应该由新的制度来代替;我们所处的时代,也是一个怀疑的时代,一切东西都可以被置于理性的显微镜下重新审视,任何既存的司法制度也都可能成为被怀疑的对象;我们所处的时代,更是一个批判的时代,任何被认为不合理的司法制度都可能成为被批判的靶子,质疑它存在的科学性、合理性。当然,怀疑和批判不等于失去理性,批判也不是为了否定一切,改革的目的是使我们的司法制度更加健全完善。

1996 年《刑事诉讼法》的修改是刑事司法改革的重要成果,但在立法之时由于法律价值观念方面还带有历史的局限性,以至于刑事诉讼法修改后不久,再修正的问题又被纳入国家的立法计划当中。回顾 1996 年修改的《刑事诉讼法》,立法的定位仍体现着国家本位主义特征,对国家权力的制约精神体现不够,这不仅反映在诉讼的价值观念层面,也体现在具体程序和制度设计上。在立法价值观念上,诉讼程序的公正与实体公正的价值目标的定位与选择仍是后者明显优于前者,程序公正让位于实体公正的倾向;在人权保障和控制犯罪的诉讼目的上,虽然 1996 年的修改贯彻了人权保障观念,但从总体上仍反映出较强的控制犯罪高于人权保障的诉讼目的与理念,诉讼中对国家专门机关的权力缺乏有效的制约。另外,在刑事诉讼法修改之时,对诉讼效率这一价值目标的认识也是有所偏颇,其中两审终审制的维持,就体现出对诉讼效率的倾向性追求,而忽视这一制度本身的设置能否体现公正和科学原理,是否有助于对公民权利的救济与保障;而为提高诉讼效率所确立的简易审判程序,因其适用范围过窄在实践中却没有发挥应有的作用,以至于各地法院普遍进行以普通程序简易审代替简易审判程序为重点的改革。因此,融入新的诉讼价值理念和目标成为再修改刑事诉讼法理论界普遍认同的动因。

目　录

第一章 绪 论

一、刑事诉讼二审程序的概念和意义

刑事诉讼二审，又称上诉审，是普通审判程序中重要的诉讼阶段。在中国，二审程序是指一审法院的上一级人民法院，根据当事人的上诉或者人民检察院的抗诉，对下一级人民法院尚未发生法律效力的一审判决或者裁定，对认定事实和适用法律上是否正确，进行全面审查的审判活动。

刑事诉讼二审是刑事诉讼中一个独立的诉讼阶段。就其诉讼阶段的特点来说，它首先表现为一种上诉审程序，也就是说，它是第二审人民法院根据当事人的上诉或者人民检察院的抗诉而进行的审判程序。❶ 如果没有当事人的上诉或者人民检察院的抗诉，就不会引起第二审程序。但是，当事人的上诉或者人民检察院的抗诉，是有严格时间限制的，超过法律规定的上诉、抗诉期限，即使提起上诉或抗诉，也不能引起第二审程序。由此我们不难看出，第二审程序并不是审理刑事案件的必经程序，一个案件是否经过第二审程序，关键在于有无当事人上诉或者检察机关抗诉。提起上诉、抗诉的，该案就应由上一级人民法院依第二审程序再次审理；否则，一审裁判即发生法律效力，案件也就一审终结诉讼（死刑案件判决除外）；其次，第二审程序是重新进行审判的程序。由于当事人不服原审裁判或者人民检察院认为原审裁判确有错误而提出上诉、抗诉，这就要求第

---

❶ 陈卫东：《刑事二审程序论》，中国方正出版社 1997 年第 1 版，第 4 页。

二审人民法院对第一审判决、裁定认定的事实是否清楚，证据是否充分，定性是否准确，量刑是否适当，诉讼程序是否合法等，进行重新审判，通过全面审查，维护正确的判决、裁定，纠正错误的判决、裁定，以维护法律的尊严，保护当事人的合法权益。需要指出是，不能机械地理解认为第二程序就是对同一案件进行第二次审理的程序。因为对同一案件的第二次审理，既可能是第二审理程序，也可能是第一审理程序，还可能是审判监督程序。如上一级法院认为下级法院审理、裁判应该由自己作为第一审审理的案件，有权依法撤销裁判、变更管辖，将该案件管辖权收归自己，作为第一审审判。变更管辖后的审理，从案件本身审理的次数说是第二次，但从审判程序上说是第一审程序。再如，一审判决、裁定后已经发生法律效力的案件，一审法院院长发现在认定事实上或者在适用法律上确有错误，提交院审判委员会讨论后决定再审，由于该案原来是第一审案件，所以依照法律规定，仍旧依照第一审程序进行审判。虽说这是对该案的第二次审理，但从程序性质上说这属于审判监督程序。再次，除基层人民法院以外的各级人民法院，都可以成为上级人民法院，因此，中级人民法院、高级人民法院和最高人民法院对于它的下一级法院，都是第二审人民法院，对于不服下一级法院裁判都要适用第二审程序审理裁判。此外，由于最高法院是最高审判机关，最高法院所作的一审裁决、裁定，没有第二审程序，裁决、裁定后即发生法律效力。

第二审程序是从制度上保证人民法院正确行使审判权，实现人民法院审判刑事案件"不枉不纵"方针的一项重要的诉讼保障。它对于保证准确地惩罚犯罪分子，保护当事人的合法权益，维护社会主义法治，具有重要的意义。

第一，通过第二审程序，维护一审法院的正确裁判。在审判实践中，一审法院的判决绝大多数是正确的，但有的被告人不认罪服判而提出上诉，企图通过第二审减轻自己的罪责，或者逃避法律的制裁。二审法院通过对上诉案件的重新审理，再次核实案件的事实和证据，再次检查该案对法律的适用，依法维持一审的正确裁判，驳回无理的上诉，这样，既可以使一审法院的裁判经过实践的检验得到充分的肯定，使正确的裁判立即发生法律效力，得以迅速执行；又可以进一步揭露和证实犯罪，促使罪犯放弃幻想，认罪伏法，接受改造。

第二，通过第二审程序，可以纠正一审法院的错误裁判，准确地惩罚犯罪分子，有效地保护当事人的合法权益。人民法院的刑事判决或裁定，必须事实清楚，证据确凿，运用法律得当，稳、准、狠地打击犯罪，惩罚犯罪。但在实践中，由于刑事案件往往十分复杂，加之司法人员的认识能力和政策、法律水平的局限，以及其他各种主客观原因的影响，要查清案件事实、核实证据、正确使用法律，确实不是一件容易的事。一审法院在处理案件过程中发生某些差错，是难以完全避免的。特别是对一些疑难案件的处理，更是如此。一审裁决，如果误将有罪判无罪、重罪判轻罪，或者将无罪判有罪、轻罪判重罪，都必然会放纵犯罪分子或者冤枉好人，因而法律规定了上诉制度，当事人和人民检察院在判决或裁定未发生法律效力之前提出上诉或抗诉，上一级人民法院就可以通过第二审程序，撤销或者变更第一审法院的错误判决或裁定，使犯罪分子受到应得的法律制裁，保证无罪的人免受刑事处罚，维护社会主义法制的严肃性。

第三，有利于上级人民法院监督和指导下级人民法院的审判工作，保证办案质量。由于各级法院之间的审级关系，在具体办案时，上级法院不能直接插手下级法院的审判，上级法院通过审理上诉、抗诉案件，可以深入细致地了解到下级法院在审判工作中执行法律、政策的情况及其审判作风，发现问题，及时解决。通过维持正确裁判，纠正错误裁判，一方面可以肯定下级法院刑事审判工作的成绩和优点，指明该院今后在处理此类案件时应采取的方式；另一方面可以指出下级法院刑事审判工作中的缺点和错误，督促下级法院总结经验教训，不断改进审判工作，提高办案质量，防止冤假错案，保证国家法律、政策的统一实施和国家审判权的正确行使。❶

---

❶ 陈卫东：《刑事二审程序论》，中国方正出版社1997年版，第4页。

二、刑事诉讼二审程序的制度价值与功能

（一）第二审程序的制度价值

一项具体制度存在的价值是这一制度发挥功能的源泉和动力。第二审程序作为国家审判权再次作用于具体案件的载体，其制度价值是指这一程序的产生和存在对实现正确、有效行使国家审判权之目的的必要性和现实性，主要表现在符合人类认知规律、适应国家权力制衡与救济规律、顺应人权观念不断发展的要求等三个方面。

第二审程序是人类认知规律作用于刑事司法活动的反映。人们对客观事物的认识是一个辩证发展的过程，客观事物的复杂程度和认知主体的主客观因素直接影响到这一过程的表现形式。也就是说，客观事物越复杂，认知主体受到的干扰因素越多，认知过程也就相应地越加曲折和漫长。但有一点是可以肯定的，对同一事物认识的次数越多，认识主体的层次越高，结论接近真理的可能性就越大。犯罪是一种复杂的社会现象，是政治、经济、文化、职业、家庭环境等各种社会因素和世界观、人生观、生理机能、心理活动等各种个人因素在一个人身上综合作用的结果。并且，对一个具体的刑事案件而言，犯罪活动是过去发生的、不可能重复出现的客观情况。同时，作为主要认知主体的法官，其认知能力、层次、素质诸方面也存在差异性，不同的法官对同一事物的认识结论也会不尽相同，甚至"在这一（认知）过程中，由于法官的思维视角、深度及广度的限制，及法官的主观偏好、情感取向等因素的影响，加之查明证据的技术力量、技术手段的有限与犯罪手段的狡猾等原因，不可避免地会造成法官对案件真相认识的偏差甚至错误"❶。因此，刑事案件的这种复杂性决定，要通过刑事审判活动对先前发生的犯罪活动形成一个客观、全面的认识，使已经发生的案件事实在认知主体——法官心目中"重新出现"，就必须构建与认知对象复杂程度相适应的、符合认知主体需要的、理性的认知程序或

---

❶　徐静村主编：《刑事诉讼法》（上），法律出版社1997年版，第273页。

制度。作为审级制度重要内容的第二审程序即应运而生。具体而言，刑事第二审程序对人们特别是法官正确认知案件事实具有十分重要的法律意义。一方面，它的确立，意味着现代司法程序不是依赖法官个人的品行、良知和专业水平来保证案件真实得到发现，而是依赖严密、科学的法律制度来防止错误认识和错误判断出现。另一方面，作为刑事诉讼内部监督机制的体现者和承担者，第二审程序通过对第一审裁判进行审查或审判，全面检查、监督第一审裁判是否正确、合法，其实质上是否定之否定规律在刑事审判活动中的表现，是控、辩矛盾作用的必然结果。当然，受各种主客观条件的限制，就同一个案件不可能进行更多的再次审判，因此经由第二审程序后的认知结论不一定是绝对真理。但是，第二审程序是对第一审程序的发展、提高和深化，其所获得的对案件事实的认知，总的来说要比第一审程序更精确和全面，更具有理性，更接近客观的、绝对的真理。

第二审程序是国家权力制衡与救济规律作用于刑事司法活动的必然结果。第一，级别式司法机关的设置，为第二审程序的产生和存在提供了组织上的可能。统治阶级管理国家，必然逐级分配国家权力，因为实行权力的集中与分配是其完善统治方法的必然要求，逐级的分权和制约则是其合理地选择。这一理念体现在司法权领域，则是级别式司法机关的设置，使国家的司法权由上下级司法机关共同行使，并形成互相制约的格局，促进国家司法权按照统治阶级的预期目的运行。第二审程序相较于第一审程序的一个显著不同。即两者在审判机关的级别上存在上下级关系。显然，级别式司法机关的设置是第二审程序产生、存在的组织前提。第二，国家司法权在级别式司法机关的具体配置使审级制度得以最终形成，进而使区别于第一审程序的再次审判程序产生。上下级司法机关对国家司法权分置使用，上级司法机关相较于下级司法机关而言，更有资格和权力来代表统治阶级的意志，因而上下级司法机关之间必然存在指导、监督关系。审级制度作为国家法律制度中的一项重要内容，其得以设立的根本原因是通过使案件经几级审判机关审理，使其裁判能尽量地接近正确，达到实现公正审判、保护国家和个人利益的目的。上下级司法机关的权力划分，使审级制度在国家司法体制中得到落实。● 作为审级制度重要内容或者说审级制度的形式载体的第二审程序，也就随之产生。第三，国家权力不得滥用的原则，或称国家权力救济原则，赋予审级制度调和维护法律裁判的稳定性与纠正错判、正确打击犯罪之间的冲突的功能。第二审程序作为救济程序的一种表现形式，承载了这一功能。对一个具体的裁判而言，审级制度是调和判决的确定力和正确打击犯罪之间的冲突的必然选择。从正确打击犯罪角度来讲，刑事裁判如不正确则必须更改，否则将会从根本上否定法律的正确性与权威性；而从维护法律权威和裁判确定力的角度来讲，业已形成的法律裁判必须以国家强制力来保证实施，如果允许随意动摇或更改，终将损害法律在社会公众心目中的威信。审级制度平衡地解决了这种冲突，它一方面使法律裁判约束对象有机会对未生效裁判提出异议，另一方面又对这种异议权的行使规定一定的程序性限制条件，这样既维护了法律的稳定性和权威性，又尽可能地使错误裁判得到纠正。正是审级制度的这种调和功能，使包括第二审程序在内的各种救济程序得以实现。

第二审程序是人权观念不断深入刑事司法活动的必然选择。如果把审判活动比做一个国家用来衡量是非曲直、真假善恶的一架巨大的天平，那么在每一次刑事诉讼中，放在天平盘上的则是人的自由、财产、名誉甚至生命。刑事诉讼的结果——法院的刑事裁判，不仅体现了国家的重要利益，而且与诉讼当事人有着重大的利害关系。"在政治宽松的国家里，一个人，即使是最卑微的公民的生命也应当受到尊重。他的荣誉和财产，如果没有经过长期的审查，是不得被剥夺的。""对公民的荣誉、财富、生命与自由越重视，诉讼程序也就越多。"● 因此，在奉行民主、文明的法治国家，其人权观念的发展和发达必然要求在刑事司法活动中贯彻保护诉讼当事人的合法权益的一系列具体措施，要求尽可能地在诉讼程序中使诉讼当事人的荣誉、财富、生命和自由等得到最大限度的重视和保护。第二审程序在第一审裁判的基础上，对同一案件事实进行再次审查或审判，正

● 徐静村主编：《刑事诉讼法》（上），法律出版社1997年版，第274页。
● ［法］孟德斯鸠：《论法的精神》（上册），商务印书馆1978年版，第75、76页。

是为了保证案件处理结果的客观性和公正性，使诉讼当事人尤其是与自己实体权利有着切身利害关系的当事人信服并自觉服从法律裁判。

（二）第二审程序的一般功能

一项制度的功能是其价值在特定环境和条件下的具体表现形式。第二审程序的制度价值直接决定了这一程序在现实司法制度和整个刑事诉讼活动中的地位和作用。因此，根据前面对第二审程序的制度价值的分析，不难对这一程序的一般功能形成如下认识：

救济功能。第二审程序的人权保护价值决定这一程序应该运用尽可能多的条件或手段来弥补第一审程序之不足，实现最大限度地保护当事人合法权益之目的。同时，第二审程序符合认知规律的内在价值又为这一追求提供了可靠的哲学基础。这就是第二审程序的救济功能的理论根据。从程序意义上讲，第二审程序的救济功能主要体现为根据第一审刑事裁判的正当性程度提供不同的程序救济。从具体内容来看，第二审程序的救济功能主要表现在两个方面：对事实问题的救济和对法律问题的救济。受制于各国关于上诉审制度的具体规定，第二审程序的这两项救济功能在不同的国家有不同的侧重和表现。但总体上来讲，在西方国家，对那些关涉利益较小的案件，由于第一审程序相对简单，如实行非陪审团审判程序、由级别较低的法院进行审判等，因而其程序正当的程度被认为较弱，其判决的可信赖程度也随之被认为较弱，第二审程序则为其提供包括事实和法律在内的全面救济；对那些关涉利益较大的案件，由于第一审程序相对复杂，如实行陪审团审判程序、案件由级别较高的法院进行审判等，因而其程序正当的程度被认为较强，第二审程序则一般只为其提供法律上的救济，而将事实救济问题仅仅局限于很小一部分案件。例如，在英美法系代表之一的英国，第二审程序有两种模式，一是既救济事实又救济法律的模式，二是只救济法律不救济事实的模式。前一种模式仅适用于当事人对治安法院审理并作出第一审刑事判决不服的案件。对这类案件，刑事法院要以"对整个案件全部重新审理的方式进行，将传唤原审证人出庭（也可以传唤新的证人），而且，要在此听取法庭辩论……第二审法庭将作出维持原审判决、撤销定罪判决或者变更量刑（包括提高刑期，但必须在原审法院原本可以科加的最高刑期以下量刑）等判决"❶。而后一种模式则适用于上诉法院受理的不服刑事法院判决的上诉案件。上诉法院审理上诉案件时采用审查的方式进行，在多数情况下是听取控辩双方律师的法律主张，不再审理案件事实。如，在大陆法系代表之一的德国，第二审程序进行包括事实和法律在内的全面救济仅仅体现在地方法院审理的案件上，对这部分案件，州法院的小刑事法庭或大刑事法庭要依据直接、言辞原则重新进行审理和裁判；而对于州法院和州高等法院作出的一审判决则不得就事实问题再行争论。值得注意的是，第二审程序的救济功能体现在法律问题上，在几乎所有实行二审制或三审制的国家，都表现出普遍性和深刻性。例如，在案件范围上，凡是可以上诉的案件，无论是否允许对事实问题提出异议，都可以就法律问题申请上诉法院提供救济。同时，与事实救济一般要受到限制不同，法律救济通常没有任何限制。而且，在第二审程序中，上诉审法院一般负有依职权主动对法律问题进行救济的责任。如在日本，程序违法是绝对上诉理由，即使上诉人没有对此提出异议，法院也必须对程序问题进行审查。

制衡监督功能。制衡监督是一个权力层面上的概念，具体到刑事诉讼程序尤其是第二审程序上，"制衡"表现为司法权的内部制约和平衡，"监督"表现为司法权载体——司法机关之间尤其是上级司法机关对下级司法机关的监督。第二审程序的制衡监督功能是国家权力尤其是司法权运作规律在刑事诉讼程序上的具体体现，同时也是其另一项功能——救济功能存在并得以实现的内在依托。具体而言，第二审程序的这一功能主要体现在：一是以二审裁判法律效力高于一审裁判的形式，实现司法权在内部等级或层次划分层面上的互相制约，达到促使整体意义上的司法权良性运作的目的（或者说是衡平的目的）。从司法权运作过程讲，第二审程序和第一审程序只是司法权运作过程中的两个不同阶段而已，但若进一步就这两个不同阶段的区别而言，第二审程序与第一审程序体现的则是司法权内

---

❶ Steve Uglow. Criminal Justice ［M］. Sweet & MaxcweU, 1995：150.

部不同的权力层次，并且，前者代表的权力层次要高于后者代表的权力层次，如第二审裁判对第一审裁判之法律效力具有阻碍性和制约性，在遵从法律规定的限制性条件下，第二审程序相对第一审程序具有一种处于强势地位的制约功能，或者说是一种监督功能。二是以二审法院在审级上高于一审法院的形式，赋予二审法院对一审法院审判活动进行全方位监督、检查的权限，实现衡平法律、遏制司法腐败的目的。"上诉法院的作用，不在于对私人争议应用法律，或就案件的实质发表意见，而在于维护立法规定的形式和原则不受法院方面可能的破坏。它不是公民的法官，而是法律的维护者，法官的监督者和检查者。"❶ 二审法院作为第二审程序任务的最主要承担者，其根据法律规定通过具体的诉讼活动对第一审程序进行事实问题或法律问题上的救济，本身即是对一审法院进行监督的一种表现。此外，这一程序在法律问题上的救济作用则更是直接表现了其衡平法律的功能。至于在这一功能实现过程中，对一审法官业务素质和职业品格的审查和监督作用，自是不言而喻。

由第二审程序的制度价值到其一般功能，通过对这一程序的内在渊源和外在表现形式的分析，不难形成这样的认识：贯穿第二审程序始终的精髓是权利救济与权力维护两项内容，通俗一点讲，第二审程序在其产生、发展和完善的过程中，运用国家司法权保护公民合法权益与通过国家司法权的有效行使达到捍卫法制、维护统治权，始终是贯穿这一过程的两条主线。也正是在它们的不断推动作用下，第二审程序的制度价值得以显现并为立法者认识和掌握，其功能也逐渐走向健全和完善。

（三）我国第二审程序的应有功能

我国刑事诉讼实行两审终审制，刑事案件一般经过两级法院审判后即终结。两审终审制的例外情形是死刑复核程序，鉴于死刑案件的特殊性，这一类案件在第二审程序之后还须经过一个专门的复核程序。至于审判监督程序，由于其不停止原生效裁判的法律效力，故在实质上体现为对二审

---

❶ ［法］罗伯斯庇尔：《革命的法制和审判》，商务印书馆1997年版，第27页。

终审制度的法定救济或补救程序，是一种独立的诉讼程序，严格意义上讲不是两审终审制的例外。从法律规定层面上讲，在我国，第二审程序具有如下功能。

其一，满足案件当事人的合理要求，平抚案件当事人的心理，使法律裁判为其认可和接受。对被告人一方而言，刑事诉讼法明确赋予其不受任何限制的上诉权，允许其就一审裁判及影响一审裁判的任何因素提起上诉，目的是最大限度地保障与刑事裁判有直接利害关系的被告人的合法权益。对被告人的上诉，二审法院不得以任何借口或理由进行限制或剥夺，必须认真审查被告人的上诉理由并对一审裁判进行事实和法律上的全面审查，然后在此基础上对案件作出正确处理。对被害人一方而言，刑事诉讼法明确赋予其针对一审裁判向检察机关的提请抗诉权，对被害人的合理要求，检察机关审查后应依法对一审裁判提出抗诉，以充分维护控方的合法权益。事实上，一审裁判作出后，相当一部分案件的被告人都行使了上诉权，如果在第二审程序中其合理要求得到了满足，其心理会得到极大的平抚，自然都会认罪服判。应当指出的是，从法律规定的本意讲，第二审程序的启动与运行的最终目的就是实现国家利益与刑事案件各方当事人利益的最佳平衡，这种平衡是通过发生法律效力的刑事裁判来具体实现的。因此，此处谈及第二审程序对案件当事人的合理要求及其心理的满足与平抚，是有一个显然的前提的，即必须首先维护为犯罪所侵害的国家利益。

其二，纠正一审错误裁判或维持一审正确裁判，保证国家审判权的正确行使，确保国家刑罚权的正确运用。根据刑事诉讼法规定，法院办理刑事案件时，应做到事实清楚，证据充分，定罪准确，量刑适当，诉讼程序合法。实践中，由于犯罪活动的复杂性和司法人员主客观条件的限制，一审法院在处理刑事案件过程中发生错误或某些偏差，是难以完全避免的。因此，为最大限度地克服和避免这些偏差，法律赋予第二审程序的一个直接功能即是通过二审，弥补一审之不足，使一审法院的错误裁判在尚未发生法律效力之前得到及时纠正，实现国家审判权和刑罚权的正确行使。同时，还应看到，对一审正确的裁判，第二审程序的功能则表现为进一步揭露和证实犯罪，或表现为进一步证实被告人的无辜，使正确裁判得到迅速执行。实践中，由于种种原因，被告人对一审法院作出的正确有罪判决也会提出上诉，对此，二审法院通过第二审程序对案件进行重新审理，再次核实案件事实和证据，检查法律适用准确与否，并通过这一过程进一步揭露和证实犯罪、驳回被告人的上诉，促使其放弃幻想，认罪伏法，接受改造。

其三，实现法院上下级之间的指导、监督作用，通过工作检查、业务指导等形式，保证国家法律、政策正确实施。在我国，上下级法院之间不是领导与被领导的关系，而是指导、监督与被指导、被监督的关系，上级法院通过第二审程序审理上诉和抗诉案件，或通过定期、不定期的执法大检查活动，可以及时了解和发现下级法院执行法律、政策的具体情况和其中存在的问题，并通过维持正确裁判或纠正错误裁判，督促下级法院总结经验教训，提高办案质量，防止冤假错案，避免法律在实施或执行过程中的异化现象。

其四，通过检察监督权的充分行使，监督和保证国家法律统一实施，维护法律的权威和尊严，捍卫社会主义法益。检察机关作为我国的专门法律监督机关，其法律监督职责体现在刑事诉讼活动中的形式主要是依法进行诉讼监督。检察机关对第二审程序进行的诉讼监督，就其法律定位来讲，即是对第二审法院的审判活动进行法律监督，以保证与案件相关的实体法和程序法得到切实遵守和正确运用，最终达到维护社会主义法制统一性和捍卫社会主义法益的目的。

在我国，第二审程序是整个刑事诉讼程序体系中的一个重要程序，其预期功能作为刑事诉讼程序整体功能的一个组成部分。首先，它要服从于刑事诉讼的目的和价值，服务于立法者设定的刑事诉讼任务。同时，它还要与刑事诉讼中的一系列具体制度的功能保持一致，并通过自身的实现，使这些与之密切相关的制度的功能也同时得到实现。例如，我国第二审程序的预期功能与我国刑事诉讼上诉审制度的功能紧密联系，在很大程度上甚至可以说，第二审程序的预期功能实质上就是上诉审制度的设置目的、预期功能在具体程序上的反映和表现。我国上诉审制度设计地科学与否，直接关系到第二审程序在实际运行中的成效与偏差。又如，第二审程序作为审级制度的一项重要内容，其预期功能直接受制于审级制度的设置模式和具体内容，如我国两审终审制的审级制度赋予第二审程序之终审程序的地位，对第二审程序之功能的期待自然与实行三审终审制的国家迥然不同。此外，第二审程序自身的诉讼结构和审理方式也直接决定着这一程序的预期功能及其具体实现形式。总而言之，第二审程序的预期功能作为立法者对这一程序的预期功能，一方面要受制于这一程序所归属的诉讼制度和整个刑事诉讼程序，另一方面也要取决于其自身的运作规律。至于在具体诉讼实践中，第二审程序的实有功能究竟在多大程度上能与其预期功能达到一致，还要受到诸多包括体制内的和体制外的因素的制约和影响。

（四）对我国第二审程序实有功能的分析

第二审程序的实有功能主要表现为这一程序的预期功能在司法实践中实现的程度。评析我国第二审程序的实有功能时，拟结合这一程序在审理对象和审理方式上的特点，从第二审程序所承载的诉讼任务和所呈现的诉讼构造特征两个方面来进行。

诉讼程序的功能为诉讼任务的完成提供了前提条件，反过来讲，诉讼任务的完成又是诉讼功能得到实现的结果。基于这种认识，在此把对第二审程序所承载的诉讼任务的分析作为考察和评析其实有功能的第一个出发点。从具体的诉讼过程来看，诉讼任务的完成有赖于诉讼中审判机关审理对象的明确化和具体化。具体到第二审程序来说，衡量该程序承载的诉讼任务是否完成的一个直接尺度，即是其审理对象是否在依据第二审程序进行的审判活动中得到了正确和充分的解释和说明。因此，具体分析第二审程序所承载的诉讼任务时，下面拟从该程序中审判机关的审判活动所指向的对象入手。在此有必要说明的是，审理对象与诉讼客体是既有区别又有密切联系的一组概念。所谓审理对象，是指作为审判主体（诉讼主体之一）的法院通过具体的审判活动所直接作用的客观事物；所谓诉讼客体，从一般意义上讲，则是指诉讼主体即国家司法机关和诉讼当事人等的全部诉讼活动所共同指向的对象或目标。在我国刑事诉讼中，诉讼客体由诉讼的直接任务决定，也就是说，我国刑事诉讼的直接任务——解决犯罪嫌人、被告人的刑事责任问题——决定了刑事诉讼客体的单一性和明确性，即为犯罪嫌疑人、被告人的刑事责任问题，犯罪嫌疑人、被告人的行为是否构成犯罪，构成何种犯罪，应否处以刑罚以及处以何种刑罚就是我国刑事诉讼客体的具体内容。诉讼客体对审判机关的审理对象起着决定性的指向作用，在很大程度上甚至可以说，法院的审理对象就是诉讼客体在特定条件下的具体化，两者在实质内容上是相同的。由于刑事诉讼程序的多样化和多层次性，法院的审理对象在不同类型和不同层次的诉讼程序中有不同的表现形式和具体要求，但其主要的审理对象是与诉讼客体保持统一的，即诉讼客体的明确性和单一性要求法院的审判活动紧紧围绕被告人的刑事责任这一中心问题来展开，这一要求反映在法院的审理对象上，则表现为法院必须通过审判活动查明案件的客观真实情况，以解决被告人的刑事责任问题。因此，从解决犯罪嫌疑人、被告人刑事责任问题的诉讼直接任务角度来看，法院的审判活动所指向的最核心的对象只能是刑事案件的客观真实情况。具体从我国刑事诉讼程序来看，第一审法院通过第一审程序形成对案件真实情况的认识并据此对被告人刑事责任作出的认定，由于受到检察机关的抗诉或被告人的上诉限制，不是最终发生法律效力的裁判。在被告人的刑事责任问题没有得到最终解决、诉讼中的直接任务仍未最后完成的情况下，第二审法院在案件进入第二审程序时仍要继续解决被告人的刑事责任问题。因此，在我国，无论是第一审程序抑或第二审程序，法院的审判活动所指向的最主要的对象都只能是刑事案件的客观真实情况。二审法院在查明刑事案件的客观真实、完全了解其审理对象的基础上，依法对被告人的刑事责任问题进行裁断，制作具有法律效力的裁判文书（具体内容包括对一审裁判的认可、全部否定或部分否定等），这时，第二审程序所承载的诉讼任务即告完成。与此同时，刑事案件当事人的合法权益也在现有的国家司法权范畴里得到了伸张和维护，二审法院对一审法院的监督制衡功能也得到了体现，国家法制也针对个案发生了法律效力，第二审程序的预期功能在正常的司法活动中也就得到了实现。

在司法实践中，较普遍地存在这样一种认识，即第二审程序的审理对象是一审法院的判决书和裁定书，第二审程序所承载的诉讼任务就是维持、撤销、变更、或部分变更一审裁判。从表面上讲，这种认识似乎很有道理，因为从形式上看二审裁判就是对一审裁判的维持、撤销、变更部分变更。然而，细究起来，这种认识无论在诉讼理论上还是在逻辑上都是站不住脚的。因为，其一，从诉讼理论上讲，根据诉讼裁判原理，法院的审理活动只能是围绕诉讼各方尤其是控、辩双方争论的问题而展开，其审理对象只能是控、辩双方争议的事项。在刑事诉讼中，无论是公诉案件抑或自诉案件，控、辩双方争议的主要对象都是刑事案件的事实情况，因此法院的审理对象也只能是案件的事实情况。至于第二审程序中控方或被告方认可第一审裁判认定的案件事实而只针对量刑等法律适用问题提起抗诉或上诉的情况，由于量刑等法律适用问题的解决是以查明案件事实的真实情况为前提的，且量刑问题是专属于法院的审判权的作用范围，无论是控方还是辩方都无权行使量刑权，故控、辩双方虽可能就量刑问题在第二审程序中进行争辩，但其实质是指向法院的量刑权，而非控方或辩方的主张，因此，在这种情况下，法院的主要审理对象仍然是刑事案件的客观真实情况。其二，从第二审程序本身来讲，二审法院的审判人员只有通过审理活动正确地认识了案件的客观真实情况，才能确定一审裁判的正误，进而维持正确裁判，纠正错误裁判。因此，二审法院的审理对象也主要是刑事案件的客观真实。至于一审法院对案件情况的认识结论即一审裁判，则只是二审法院在已经形成了对刑事案件的客观真实情况的结论性认识后的审查对象，而非其审理对象。其三，从逻辑上讲，如果把一审裁判作为第二审的审理对象，势必得出这样一个结论：作出第一审裁判的法院在第二审程序中要以被告身份为其一审裁判的正确性进行辩护。显然，这是违背诉讼基本原理的，也是不符合实际的。因此，二审法院的主要审理对象与一审法院的审理对象相同，都是刑事案件的客观真实情况。

把第二审程序的审理对象和所承载的诉讼任务定位为一审裁判，无论在理论上还是在司法实践中都会造成很大的危害。例如，部分法院在审查第二审案件时专注于一审裁判的内容正确与否，忽视和忽略一审裁判的形成过程，对第一审法院在审理活动中的违反程序法的行为不加纠正，对其中严重违反程序法而作出的裁判不予驳回，其思想根源和行为依据即是认为既然第二审程序是为了对一审裁判的内容进行正确与否的评价和裁断，那么只要第二审法院认可一审裁判所裁决的内容，至于其他与一审裁判的内容本身没有直接联系的因素就不在考虑范围了。显然，这一方面是重实体轻程序的表现，另一方面是无视诉讼程序保障诉讼当事人在内的诉讼参与人的程序性合法权益的功能的表现。这么做的一个直接结果就是影响第二审案件的办理质量，进而使第二审程序的预期功能受到损害。又如，把第二审程序的审理对象定位于一审裁判，必然导致二审法院在审查和审理案件时局限于一审裁判，而对一审裁判遗漏的案件事实等事项不加查实，这势必直接影响到第二审程序的救济功能的发挥。实践表明，第二审法院若不通过对案件的客观真实情况进行全面审查和审理，就难以发现一审法院的裁判缺漏，也就难以真正完成第二审程序所承载的诉讼任务，使第二审程序的预期功能在人为的限制中流于形式。

考察和分析第二审程序的实有功能的第二个出发点是这一程序在具体运行过程中所呈现的诉讼构造特征。所谓诉讼构造，是指国家为进行刑事诉讼而设立的框架形式。诉讼构造是整个刑事诉讼活动的基础，它决定刑事诉讼的功能。因此，不同的诉讼构造对诉讼功能的发挥和实现具有不同的直接影响。一般而言，较为科学、合理的诉讼构造对诉讼功能的实现有直接的推动作用，反之，违背诉讼规律、不合理的诉讼构造不仅无益于诉讼任务的完成，同时也阻碍诉讼应有功能的发挥，阻碍诉讼预期功能的实现。这正是本文将第二审程序所呈现出的诉讼构造特征作为考察和分析我国第二审程序实有功能的第二个出发点的原因。

我国刑事诉讼法规定，第二审程序中的审理方式有两种不同形式，即开庭审理和不开庭审理。审判实践中，二审法院对决定不开庭审理的案件，原则上都要求对被告人进行提讯，因此，不开庭审理又称提讯式审理。不同的审理方式使第二审程序也随之呈现出并非单一的诉讼构造特征，对第二审程序的功能的发挥也起着不同的作用。

在开庭审理方式中，二审法庭即审理二审案件的合议庭，参照一审法院对案件的审理方式审理二审案件，对案件事实的调查、对证据的审核等都是在控辩双方以及有关诉讼参与人的参加下进行，对一审判决认定的事实和适用法律进行全面审查，不受上诉或抗诉范围的限制。在这种审理方式中，诉讼构造呈"三角结构"，是一种很典型的诉讼模式，它直接体现了诉讼对等原则、直接原则等诉讼基本原则的精神和要义，也是与我国第二审程序坚持实行包括法律适用问题和事实认定问题在内的全面审理制度相一致的。从《刑事诉讼法》第 187 条规定来看，"第二审法院对上诉案件，应当组成合议庭，开庭审理"，因此，可以说，从法律规定本身来讲，对第二审上诉案件实行开庭审理是原则，不开庭审理则是例外。

在不开庭审理方式中，根据《刑事诉讼法》第 187 条的规定，"合议庭经过阅卷，讯问被告人，听取其他当事人、辩护人、诉讼代理人的意见，对事实清楚的"案件，可以不开庭审理，即二审法院合议庭在审阅卷宗和讯问被告人、询问其他诉讼参与人的基础上，可以径行裁判。在这种审理方式中，法律没有规定控诉方尤其是公诉案件中检察机关派员参与的权利（力），因此，在被害人已死亡或没有明确的被害人的公诉案件中，二审法院可以通过审阅一审案卷材料、提讯被告人而不要求检察机关针对被告人的上诉提出其意见即可作出裁判，显然此时的第二审程序的诉讼构造因缺乏控诉方的存在而呈现"一线结构"，线的一端是行使审判权的合议庭，线的另一端则是辩护方；在有被害人的公诉案件中，因被害人之控诉方地位在公诉案件中尤其是第二审程序中的次要性，此时的诉讼构造也并非我国刑事诉讼法规定意义上的典型的控、辩、裁三角结构，在此姑且称之为"不对等三角结构"。应当指出的是，无论"一线结构"抑或"不对等三角结构"，都是以对案件不开庭审理为讨论基础的。

从实践来看，我国第二审程序中实行开庭审理的案件在全部二审案件中所占的比重很小，这种现状与我国《刑事诉讼法》第 187 条规定的"以开庭审理为原则，不开庭审理为例外"的精神是不相吻合的。应该说，从提高诉讼效率、节约司法资源角度讲，对二审案件实行不开庭审理，有助于节省办案时间和省却因开庭审理而需要花费的人力、物力和财力投入，这对目前司法资源还不能为开庭审理提供充分的客观保证条件的现状，无疑具有其合适合宜的优势。然而，不容否认的是，对大量二审案件实行不开庭审理，其缺陷亦是显而易见的。主要表现在：（1）不开庭审理直接剥夺的是诉讼当事人及其他诉讼参与人的法定诉讼权利。由于不开庭审理，第二审程序中诉讼当事人及其他诉讼参与人依法享有的出庭权、申请回避权、质证权、辩护权、陈述权等诉讼权利均无法实现，这直接导致第二审的审理活动不符合刑事诉讼法关于设定第二审程序、保障诉讼当事人合法权利的初衷，背离了第二审程序的预期功能。（2）不开庭审理剥夺或限制了公诉案件中检察员出庭发表意见的诉讼权利。在不开庭审理的情况下，法院一般并不通知同级检察院派员参加第二审的诉讼活动，也不征求其对案件的处理意见，因此，就更谈不上检察员针对上诉人的上诉理由同辩护人展开辩论了。这显然不利于实现第二审程序发现案件的客观真实之预期功能。（3）不开庭审理难以实现司法公正。由于一般情况下，不开庭审理的决定是在二审法院对原审案卷进行书面审查的基础上作出的，因此，二审法院的审判人员在提讯原审被告人时，不可避免地受到原审裁判关于案件事实认定的影响，加之不开庭审理又不具备法庭质证之功效，审判人员的审理活动多在个别的、单独的场合下进行，缺乏公开性、缺乏监督和制约等，使二审案件的审理活动在缺乏公开、对抗和监督、制约的环境下过分依赖于一审裁判而流于形式，呈"虚置"状态，难以真正实现通过设置审级制度和第二审程序达到保证公正司法的立法初衷。此外，在不开庭审理的情形下，有关提讯原审被告人、询问其他当事人、辩护人和诉讼代理人的事宜均由二审案件承办人根据审阅原审案卷材料所获知的信息来作出安排和处理，显然，这使承办二审案件的审判人员在选择获知案件情况的信息来源上具有极大的自主裁量权。这一局面既无助于实现二审活动的客观、公正，又忽略了实践中法官素质良莠不齐的现状。

此外，根据《刑事诉讼法》第187条规定，二审法院通过阅卷，讯问被告人，听取其他当事人、辩护人、诉讼代理人的意见，对事实清楚的，可以不开庭审理。从这条规定本身来讲，二审法院在决定对案件是否开庭审理之前不以听取检察人员的意见为必要。以此而论，对不开庭审理的二审案件，二审法院在决定是否对案件进行开庭审理的问题上无须征求检察人员对案件的处理意见；在不开庭审理后作出二审裁判之前，也无须征求检察人员对案件的处理意见。司法实践表明，这么做的结果即是导致检察机关二审监督部门不参与大量的二审案件的审判活动，只是在收到二审法院已经作出的二审裁判文书后才知晓该二审案件的存在及处理情况。对这些已经作出的二审裁判文书，检察机关二审监督部门的通常做法是将其留存备案，束之高阁。显然，对实践中存在的大量的不开庭审理的二审案件而言，检察机关的诉讼监督职能并没有得到落实。❶

综上，提讯式审理方式由于不开庭审理，因而在很多根本性的问题上难合法意和法理。也正是这些根本性问题的存在，使不开庭审理方式与开庭审理方式相比，难以使第二审程序的预期功能在实践中得到真正实现。因此，在某种程度上可以说，目前在第二审程序中广泛采取的不开庭审理方式带有过渡性质，随着客观物质条件的不断改善、司法资源的不断丰富和合理配置，在坚持二审终审制的前提下，这一审理方式将逐渐被开庭审理方式所取代。

三、刑事诉讼二审讼程序的历史发展

第二审程序的产生，是以形成上下级司法机关的关系为前提，有了上下级司法机关的不同审判权限，特别是上级司法机关对下级司法机关的领导或指导地位，相应也就发生了上级司法机关对下级司法机关的审判监督活动。这从有关历史资料中看得很清楚。据有关资料记载，级别式的司法机关始于约公元前 20 世纪时的古代西亚幼发拉底河和底格里斯河两河流域的埃什嫩那王国，当时国王俾拉拉马的法典第 48 条规定："关于……从三分之二明那至一明那，应当给他解决诉讼案件；至于有关生命问题，则仅能由国王解决之。"❷ 这大约是当时地方公社长老的法庭和国王对于案件管辖的界限，也说明了当时国家的司法权已经是分级行使了。与此同时，约公元前 20 世纪的《中亚述法典》第二表第九条第二款规定："这

---

❶ 项明主编：《刑事二审程序难题与应对》，法律出版社 2008 年版，第 98 页。
❷ 高等学校法学试用教材《外国法制史》，北京大学出版社 1982 年版，第 16 页。

案件应由国家的审判员进行审判。［如果］他向［国王］申诉，［那么罪人应将］他所偷的赃物，不论是少，或者多，都按全部价格［归还］，而国王将加给［他］以任何［处罚］。"❶ 这里的向国王申诉，实际上是国王对案件的最后裁判，这里我们已经看出上诉制度的雏形。目前我们从残留至今的最早几部古代法典中尚未发现上诉制度的规定，但学者们普遍认为，约公元前 18 世纪古巴比伦王国第六代国王汉谟拉比时代已有上诉制度的存在。当时有两种身份的"法官"，一是地方上的大小行政官吏，判案时通常有六至十人共同参加，对他们的拖延习气、舞弊行为、行贿、拒绝裁判等，当事人均可上诉至国王，国王有权特赦或由自己亲自审理。二是直接属于国王的王室法官，他们常被派到各大城市去，按照国王的旨意进行活动，他们的判决是终审判决，当事人不服不得上诉❷。处于公元前 6 世纪梭伦立法时期的古希腊雅典，审级制度与上诉制度亦划分清晰。当时的诉讼整个过程划分为审查和裁判两个阶段。审查前，原告向审判机关提出控告后，审查工作即行开始，审查时传唤被告人到庭，如被告缺席，则采取缺席审查。被告对案件审查如有异议，可以提出书面反驳材料，被告未提出异议或反驳的理由不充分，则司法人员须对案件的实质进行审查。审查结束即行裁判，裁判是在双方当事人辩论的基础上进行的，采用秘密投票的方式决定。当事人对判决结果不服，有权向赫里埃❸上诉，但赫里埃的判决为终审判决，不得再进行控诉。

公元前 449 年颁布的古罗马《十二铜表法》，是世界上迄今保留最早最完整的上诉制度的法典。该法典第九表《公法》的第四条规定："对刑事判决不服的，有权上告。"在上古时期，还没有专门惩治犯罪的组织，判决权主要掌握在民众大会及勒克斯等国家机关手中。到了共和国时代，判处罗马公民死刑及肉刑权力属于最高长官，首先是执政官。对他们的判决如有不服，可向百人团大会提出上诉。但对狄克推多的判决例外，不准

---

❶ 《外国法制史资料选编》（上册），北京大学出版社 1982 年版，第 57 页。

❷ 《巴比伦皇帝汉谟拉比法典马古古巴比伦法解说》，中国人民大学出版社 1954 年版，第 155 页。

❸ "赫里埃"为当时司法机关的一种，又译为庭审法庭。

上诉。共和国后期，由于犯罪案件增多，需要迅速处理，于是设立了常设的刑事法院，由于它的常设，民众大会便逐渐丧失原来的司法职能。任何公民在得到最高裁判官的同意后，都可提出诉讼。案件审理时，先要听取原被告双方或他们的代理人所作的陈述，然后审查证据，最后进行宣判。宣判时法官进行表决，按多数票决定，判决后不准上诉。

中世纪的欧洲，在初期的法律中未见上诉条款的明文规定。公元516年颁行的《萨利克法典》第57条第3款有"如果那些审判员还是不依法律来审讯，那么，那个被他们判决的人应控告他们"的规定，这里的"控告审判员"是现代意义上的上诉，还是指控渎职，不得而知，有的学者认为是上诉❶，但从本条的下文"如果能够证明他们确是不依法审判，其中每人应罚付60银币，折合15金币"来看，控告的对象是审判员而非原审裁判，处理的结果是对审判员进行罚金，而不是纠正原审裁判，故此，笔者认为这里的"控告"作上诉理解似乎欠妥。但可以肯定的是，在中世纪中期，在神明裁判和当事人决斗盛行的体制下，上诉制度是没有存在余地的。因为神明裁判或决斗是借助神的旨意或启示来证明是非，是不允许对此提出异议而重新进行追诉或审理的。如果说中世纪中期的欧洲都是这种现状也不符合事实。在适用教会法的国家和地区，教会为行使其广泛的司法权，建立了较为完备的司法制度和法院体系，构成了独立的宗教法院体系。主教法庭是宗教法院的第一审级法院，大主教法庭是第二审级法院，大修道院以及皇宫礼拜堂等本身还设立了专门法庭。对以上各种法院之判决，当事人不服均可向教皇法庭提出上诉，教皇法庭是所有教会法庭的最高审级法庭。在封建割据的国家和地区设立的领主法院系统中亦有审级的划分与上诉的制度。从大领主到得到封地的中下地主，均取得了对领地内居民的司法权，从而形成了高级和初级的领主法院。13世纪时，对任何领主法院的判决，不服者均可向国王法院提出上诉。进入14世纪后，随着各国司法制度的改革，神明裁判和当事人决斗的证明方法被逐步废弃，国王的权力也逐渐扩大，国王基本控制了司法权，这样，上诉权在

---

❶ 孙飞：《我国刑事诉讼第二审程序论》，群众出版社1986年版，第9−10页。

欧洲又重新获得了广泛的承认，受到各国君主的支持并为诉讼当事人所运用。此后，上诉制度便基本稳定下来。❶

现代意义上的上诉审制度是西方资产阶级革命胜利的产物。资产阶级在法律制度方面的历史贡献，主要不在于制定和完善了具体的诉讼程序或方法，而在于其在摧毁黑暗专制的封建法律制度的同时，提出了以自由、民主、人权、公平等为核心的一系列全新的现代法制思想。如法律面前人人平等、无罪推定、上诉不加刑、多级审判制以及直接原则、公开原则、辩护原则等。这些重要的法制思想和法律制度，无疑是社会进步的标志。其中上诉审制度因其具有保障当事人合法权益、制衡监督、纠错平冤的诉讼职能，必然要得到重视和迅速发展。在资产阶级革命胜利后制定的《法国刑事诉讼法》以及《德国刑事诉讼法》中，都专门规定了上诉审制度。于是，上诉审成为独立的诉讼阶段。同时，还确定了一系列专门的诉讼原则和诉讼程序，使上诉审制度日臻完善。时至现代，各西方国家的刑事诉讼法中，尽管在具体手续、方法等方面可能不尽一致，但都确立并实行了完备的上诉审制度。

在我国，上诉制度源远流长。早在公元前 16 世纪，我国的商朝即已出现审判等级制的雏形。根据卜辞记载，商王拥有最高审判权。公元前 11 世纪的西周，等级审判制已具规模，周王以下，中央设专门从事司法审判的司寇，并设司刺，"掌三刺、三宥、三赦之法，以赞司寇听狱讼。壹刺曰讯群臣，再刺曰讯群史，三刺曰讯万民"（《周礼·秋官·司寇》）。这种审判等级制度的确立，为上诉审制度的建立奠定了基础。❷

公元前 2 世纪的秦汉时期，审判案件过程中复判和上诉制度已经成型。犯人或其家属对判决不服，可以请求复审，法律上称为"乞鞠"。并规定乞鞠的期限为宣读判决后三个月。❸ 徐朝阳先生在其《中国刑诉法溯源》一书中认为，上诉制度"据诸典籍，则自周礼之证载始"。国王拥有最高的审判权，他可以处理诸侯的争讼。周王之下，中央设立专门从事司

---

❶ 陈卫东：《刑事二审程序论》，中国方正出版社 1997 年版，第 6 - 7 页。
❷ 姜京生：《刑事第二审》，中国政法大学出版社 1992 年版，第 7 页。
❸ 同上注，第 8 页。

法审判的司寇。《尚书·周官》中载"司寇掌邦禁，诘奸慝，刑暴乱"。此外，士师和青史也负责处理王畿之内的诉讼，并设有司刑"掌王刑之法，以丽万民之罪"❶。司刺"掌三刺三宥三赦之法"❷。基层则由乡士、遂士就地处理。当事人对判决不服，允许上诉。根据地区的远近，西周法律规定不同上诉期限。"国中一旬，郊二旬，野三旬，都三月，邦国期（一年）。期内之听讼，期外不听。"❸ "期内"就是上诉期之内。"期外"，即过了上诉期，原判决生效，便不得上诉了。上级司法机关接到上诉期之内的上诉书，就要开庭再审。司寇三公都参与重大案件的审理。审理终结，作出决定，处徒刑者交"司圆"和"掌囚"，判死刑者交"掌戮"去执行，个别重大案件，要由周天子最后决定才能执行。

1975 年 12 月湖北云梦县睡虎地十一号秦墓出土的有关秦代法律、文书共一千余支竹简，比较全面地反映了战国晚期到秦始皇时期的法律制度，尽管秦简中的法律制度不是秦律的全部，但保留了秦律的很多内容。其中《法律答问》记载了秦律有关的诉讼制度。分析秦简，秦时已设立了较完备的审级制度。秦在战国时期已设有"廷尉"，为最高司法审判机关。统一六国后，廷尉成为属于丞相之下的列卿之一，为全国最高司法审判机关，廷尉下设正和左右监等属官，协助廷尉处理具体事务。廷尉的重要任务有二：一是负责"诏狱"即皇帝诏令审理的案件；二是审理地方送来的疑难案件以及重大案件的复审。地方司法机关分为郡、县、乡三级。乡不能裁决的案件，送县；县不能裁决的案件，报郡；郡不能裁决的案件，报中央廷尉，最后统归皇帝裁夺。因人被判刑后，如不服判决，可提出申诉，请求再审，这种制度秦律称为"乞鞫"。秦简《法律答问》载："以乞鞫及为人乞者，狱已断乃听，且未断犹听殴（也），狱断乃听之。"❹ 意即已要求重审及为他人要求重审的，在案件判决以后再受理。《史记》记载，汉高祖刘邦年轻时："戏而伤婴，人有告高祖，高祖时为

---

❶ 《周礼·秋官·司寇》。
❷ 《周礼·秋官·朝士》。
❸ 同上注。
❹ 《睡虎地秦墓竹简》第 200、201 页。

亭长，重坐伤人，告故不伤婴，婴证之。后狱覆，婴坐高祖岁余，掠笞数百，终以是脱高祖。"史记解集引邓展云："律有故乞鞫，高祖自告不伤人。"这是秦时乞鞫的一个实例。

汉时，判二年徒刑的，被判者本人和家人均可乞鞫。而且规定，期限为判决后三个月，"徒放决满三月，不得乞鞫"❶。曹魏时，"二岁刑以上，除以家人乞鞫之制。"❷ 家人不许乞鞫，本人的乞鞫则应允许。晋令中明确规定："狱竟结，呼囚乞鞫语罪状，囚若称枉欲乞鞫者，许之也。"❸

到了封建社会的鼎盛时期唐朝（公元 6～8 世纪），封建法律建立了空前庞大完整的体系。诉讼制度中的上诉、复判、上请等都已经制度化。唐律规定，处以徒刑以上的判决，"各呼囚及其家属，具告罪名，仍取囚服辩。若不服者听其自理，更为审详"（《唐律·断狱律》）。同时还规定，"徒以上，县断定，送州复审讫"（《狱官令》）。其中，死刑要奏皇帝批准。❹ 唐以大理寺为最高审判机关，审中央百官犯罪与京师徒以上案件和地方移送的死刑疑案。刑部为中央司法行政机关，负责审核大理寺及州县审判的案件，发现可疑，徒流以下驳令原审机关重审，或径行复判；死刑案则移交大理寺重审。御史台为中央最高监察机关，负责监督大理寺和刑部的司法活动，也参与某些案件的审判。遇大案，常由大理寺卿会同刑部尚书、御史中丞共同审理，称之为"三司推事"。地方司法仍由州、县行政长官兼理。刑事案件由县为一审。《唐律》明确规定了不服判决的上诉制度，但唐律不用秦、汉时的"乞鞫"这个词。《唐律疏义·断狱》篇规定："诸狱结竟，徒以上，各呼囚及其家属，具告罪名，仍取囚服辩。若不服者，听其自理，更为审详。违者，笞五十；死罪，杖一百。"据该条疏义解释，"狱结竟"，指案件经"长官同断，案已判讫"；"仍取囚服辩"，指听取囚犯服判的表示或不服判的申辩，但"其家人亲属唯以

---

❶ 《周礼·秋官·朝士》。
❷ 《晋书·刑法志》。
❸ 《史记·夏候婴传》。
❹ 姜京生：《刑事第二审》，中国政法大学出版社 1992 年版，第 8 页。

告示罪名，不须问其服否。"❶ 这条规定要求：徒刑以上的案件，审判结束，要对囚犯和家属宣告所犯罪名，而且要听取囚犯本人是否服判的意见，如不服而提出申辩，即应重新审判。唐时的上诉不是一次性的，可以逐级向上一级审判机关直至皇帝提出上诉，但不应越诉。唐律规定："凡有冤滞不申须诉理者，先由本司本惯，或路远而蹙碍者，随近官司断决之。又不伏，复给不理状，经三司陈述。又不伏者，上表。"❷ 就是说，向上一级上诉后，上级复审结束，如仍不服，可发给"不理状"，即说明申诉无理的书状，申诉人可持此状再向上一级申诉。

明清时期的上诉制度，在唐、宋的基础上，进一步完备起来。明朝的司法机关，中央仍为大理寺、刑部和都察院。但就其责而言，与唐宋有所不同：理寺不主管审判，而主管审核，凡是刑部、都察院审判的案件，均由大理寺复核，有权驳令更审，或请旨发落；刑部主管审判，受理地方上诉案件和重案，也审理中央百官的案件。清朝中央司法机关，与明朝基本相同。唯机构有所扩大。如明朝刑部设十三道清吏司，清朝按当时省制分设十七道清吏司，分管地方上诉案件，审核地方重案和发生在京师笞杖以上的重案，同时也审理中央官吏的案件。当时的审级是，州县为第一审级，有权决定笞、杖、徒刑案件，流刑以上的案件须转送上级决定；府为第二审级；省按察使为第三审级；总督、巡抚为第四审级，他们受理上诉案件，审核下级机关的判决；中央刑部为第五审级。按明清律例规定，当事人不服下级法院判决须逐级上诉，严禁越诉。《钦定合规》引顺治八年上谕说："自今以后，凡有奏告之人，在外者应先于各该管司道府州衙门控诉，若司道府州县不与受理，应于该管总督巡抚巡按衙门控诉。"嘉庆六年进一步规定，"军民人等遇有冤抑之事，应先楚州、县衙门具控，如审断不公，再赴该管上司呈明，若再有屈抑方准来京呈诉"❸。若越过本管司径赴上司申诉者，即使案情属实也要笞五十，或将本人并代书诉状之人一体按"光棍"例治罪。上诉的案件"除所控情事如经核对与原案相

---

❶ 《唐律疏义·断狱》"狱结竟服辩"条及其疏义。
❷ 《唐六典·刑部》。
❸ 《嘉庆六年续纂条例》。

符，或字句小有增减无关罪名轻重，照例驳回，毋庸再为审理"❶。可见上诉完全流于形式。

1840 年鸦片战争后，面对形势的变化和中国社会性质的改变，清朝统治者仿效西方国家的法律，对司法制度进行了改革，建立了司法与行政分立的体例和诉讼制度。先后于 1906 年、1907 年、1910 年颁布了《大理院审判编制法》《各级审判厅试办章程》《法院编制法》，把原来掌管审判的刑部改为专门负责司法行政的法部；把原来掌管案件复核的大理寺改为大理院，使它成为全国最高审判机关。地方上，在京师和各省设立高等审判厅。府（直隶州）设地方审判厅，州县设初级审判厅。审级上是四级三审制，即向初级审判厅起诉的案件，不服，可上诉至地方审判厅直至高等审判厅；向地方审判厅起诉的案件，可上诉到高级审判厅直至大理院。清朝这些变法未及实施，已宣告覆亡。

北洋政府的司法制度，是在清末司法制度的基础上建立起来的，审判制度仍为四级三审制。国民党政府建立之初，仍沿用旧的司法制度。国民革命军出师北伐，推动了国民革命运动的蓬勃发展。国民革命运动的发展，要求革除旧的司法制度，建立新的司法制度。1926 年 9 月，中央政治会议根据革命形势发展的需要，决定成立改造司法制度委员会，进行司法改革。同年 11 月，改造司法制度委员会在广州召开会议通过了改选司法制度案。改选司法制度案，其中第一项就是改正法院名称，采用二级二审制。旧的司法机关仿照行政机构的名称为厅，如高等审判厅，地方审判厅和初级审判厅，采用的审级制度为四级三审制。这种制度实行以后，弊端甚多，既拖延时间，又使案件不易解决，造成大量积压。正像当时审判人员黄晓东回忆所说："实行'四级三审制'即是说"不论大小，都可以达到三审，这就不可避免地造成了诉讼的无期限拖延和案件的大量积压。"❷ 国民政府为消除上述弊端，决定将旧审判机关沿用的行政厅名，改称法院，审级制度由四级三审制改为二级二审制。所谓二级，即设中央

❶　《道光六年续纂条例》。
❷　陈卫东：《刑事二审程序论》，中国方正出版社 1997 年版，第 11 页。

法院与地方法院。中央法院又分两级，即最高法院（分院）和控诉法院（冠以省名）；地方法院也分两级，即县市法院和人民法院。最高法院设于人民政府所在地，分院酌设于省，其审判权是：（1）对于不服县市法院第一审判决关于法律问题之民事、人事及刑事诉讼案为第二审，即为终审；（2）对于不服控诉法院的第一审判决之案件为第二审，也为终审；（3）对于不服控诉法院第二审判决之死刑案件为第三审，即为终审。控诉法院设于省城，其审判权是：（1）对于不服县市法院第一审之民事、人事及刑事诉讼案件，为第二审，即为终审，但死刑案件不在此限。（2）对于反革命之内乱罪、外患罪及妨害国交罪为第一审。县市法院设于县或市，其刑事案件审判权为主刑自四等有期徒刑以上之犯罪，判决为第一审。人民法院设立于镇或乡村，其刑事审判权为主刑系五等有期徒刑及拘役罚金之犯罪。

所谓二审制，即某些案件以县市法院为第一审时，则以控诉法院或最高法院为第二审；某些案件以控诉法院为第一审时，则以最高法院为第二审。一般案件均限于两审终结。但为慎重死刑，此类案件可实行三审终审制。国民党蒋介石叛变革命后，于1932年10月颁布《法院组织法》，该法规定三级三审制，即地方法院及其分院判决之民刑案件，如本人不服，可上诉于高等法院。高等法院判决后，如当事人再不服，可上诉于最高法院，最高法院判决即为终审。高等法院判决的第一审民刑案件，如当事人不服，可上诉于最高法院，最高法院的判决即为终审。但实际情况并非如此，因为，1935年颁布的《刑事诉讼法》规定："上诉于第三审法院，非以判决违背法令为理由不得为之。"（第三百一十九条）。这样，便实际上取消了三审制，变为二审制了。同时，在国民党政府统治的旧社会，普遍奉行"官无悔判"的原则，上一审级法院对下一审级法院的判决，既不进行调查研究，也很少改判。如是，就又取消了二审制，成为一审制了。

党和政府历来十分重视上诉制度，早在民主革命时期各根据地便建立了上诉制度。如1931年12月中华苏维埃共和国中央执行委员会发布的第6号训令的第二条规定："中央区及附近的省司法机关作出死刑判决后，被告人得在40天内向中央司法机关提上诉。"1932年2月1日公布的

《军事裁判所暂行组织条例》和同年 6 月 9 日公布的《裁判部暂行组织及裁判条例》均规定审判刑事案件实行四级两审制，"被告人在判决书上所规定的上诉期内，都有上诉权"❶。1932 年 6 月颁布的中华苏维埃共和国中央执行委员会《裁判部暂行组织及裁判条例》更明确地规定："各级裁判部所判决的案件，在判决书上所规定的上诉期限内，被告人有上诉权，上诉期限规定为二星期。"1934 年 4 月，中央执行委员会根据当时的紧张局势，以命令（中字第 5 号）公布了中华苏维埃共和国司法程序，明文废除了前述第 6 号训令和裁判部暂行组织及裁判条例中所规定的司法程序，规定了新的司法程序。在这个司法程序中明确规定了上诉制度和审级制度，该司法程序规定：犯人不服判决者，准许声明上诉，声明上诉之期限，最多为 7 天。对于那些不识字的被告人，为保护他们的上诉权，在送达判决时，应向他们口头说明此项权利。但在新区、边区，在敌人进攻的地方，在其他紧急情况下，对反革命案件及豪绅地主犯罪者，可以剥夺他们的上诉权。法律还规定，苏维埃法庭，为两级审判制，即初审和终审两级。如区为初审机关，则县为终审机关；县为初审机关，则省为终审机关；若省为初审机关，则最高法院为终审机关；任何案件经两审之后，不能再上诉。❷

抗日战争时期，人民革命政权进一步发展壮大。以陕甘宁边区为主的革命根据地的法制建设有了深入的发展。这一时期制定颁布的一系列法律、法规，为人民司法制度奠定了坚实的、科学的基础。其中，1939 年 4 月 4 日公布的《高等法院组织条例》、1943 年 3 月公布的《高等法院分庭组织条例草案》《县司法处组织条例草案》等，均规定审判刑事案件实行上诉制度。其中，死刑案件和有期徒刑案件还实行复核的制度。法律规定陕甘宁边区设立高等法院、高等法院分庭、县司法处（地方法院），实行两级两审制。1941 年后曾一度设立边区审判委员会，实行三级三审制，1944 年又改为两级两审制。同一时期，晋察冀、晋冀鲁豫、山东、苏中

---

❶ 姜京生：《刑事第二审》，中国政法大学出版社 1992 年版，第 10 页。
❷ 蓝全普：《解放区法规概要》，群众出版社 1982 年版，第 125 页。

区等抗日根据地的人民政府，也根据各自的实际情况，分别制定和颁布了有关法律，对审级和上诉审制度做了明确的规定。如《晋察冀边区法院组织条例》（1943 年 2 月 4 日）、《晋冀鲁豫边区太岳区暂行司法制度》（1944 年 3 月 1 日）、《山东省改进司法工作纲要》（1941 年 4 月 22 日）、《苏中区处理诉讼案件暂行办法》（1944 年 10 月）等，都对上诉审制度、上诉的手续、要求、方式、原则、裁判结果等做了具体规定，使上诉审制度由无序走向有序，由简单走向完备。

各根据地的民主政权对上诉审制度的确立和完善，予以了充分的重视，将这一制度作为革命法制的重要组成部分，看作革命法制区别于封建的和国民党的反动法制的重要标志之一。为此，各根据地的民主政权或人民司法领导机关，都曾对此专门发出指示或命令，要求地方各级司法机关严格执行上诉审制度。著名的《陕甘宁边区保障人权财权条例》（1941 年 2 月）第 18 条明确规定："边区人民不服审判机关之案件，得依法按级上诉。"晋冀鲁豫边区改府和边区高等法院于 1942 年 5 月 21 日联合发出《关于执行决定之审级制度的命令》，批评了那种"剥夺诉讼人上诉权利，使错误判决无法纠正"的错误，指出："提倡上诉权。使群众有冤苦的，不服判决的，有上诉权利。"❶

解放战争时期，随着人民解放军在全国范围内的节节胜利，一个新中国呼之欲出。各解放区的法制建设被作为人民民主政权建设的重要组成部分提到议事日程。人民司法建设有了长足的发展。其中，上诉审制度受到各地人民政府的重视。1946 年 5 月 23 日太行行署在《关于执行新审级制度应注意事项的指示》的开篇即指出："新的审级制度总的精神，在于适应目前新的形势，保障被告人或当事人的民主权利，提倡上诉。"在批评了一些同志怕人家上诉的种种表现之后，强调指出："今后不但不能剥夺被告人或当事人上诉权、声辩权，相反应很好帮助他的上诉与声辩，方可以表示我们新民主主义政府的司法不同于旧司法，而是真正的民主政府。"1948 年 10 月，华北人民政府和哈尔滨市人民政府分别决定将司法

---

❶ 姜京生：《刑事第二审》，中国政法大学出版社 1992 年版，第 11 页。

机关的名称一律改为"人民法院",并规定了相应的审级和上诉审制度。由于这时全国政治、军事形势发展迅速,法制建设中的许多具体问题还来不及研究和解决,各解放区在刑事诉讼中的审级、上诉审的原则、具体方法等方面不尽一致。

1949 年 2 月,中共中央发出了《关于废除国民党的六法全书与确定解放区的司法原则的指示》。同年 9 月制定公布的具有宪法性质的《中国人民政治协商会议共同纲领》第 17 条明确规定:"废除国民党反动政府一切压迫人民的法律、法令和司法制度,制定保护人民的法律、法令,建立人民的司法制度"❶。10 月 1 日新中国的诞生,标志着中国进入了社会主义的新纪元,同时,也标志着剥削阶级旧法统的灭亡、社会主义法制的开始。

中华人民共和国的刑事上诉制度,是从新民主主义革命时期根据地的上诉制度发展而来的。1950 年 7 月 30 日公布的《人民法庭组织通则》第8 条规定:"县(市)人民法庭及其分庭的判决除对匪特反革命分子的死刑判决,按第 7 条规定批准执行不准上诉外。其他判决,原告或被告不服,可在判决 10 日内,要求县(市)人民政府指令(县市)人民法庭复审;对复审之判决如仍不服,可以提出上诉。"1951 年 9 月公布颁行的《中华人民共和国人民法院暂行组织条例》第 5 条规定:"人民法院基本上实行三级两审制,以县级人民法院为基本的第一审法院,省级人民法院为基本的第二审法院;一般地以二审为终审,但在特殊情况下,得以三审或一审为终审"❷。1954 年 9 月 21 日全国人大第一次会议通过的《中华人民共和国人民法院组织法》规定,我国设基层、中级、高级、最高四级人民法院,并规定:"人民法院审判案件,实行两审终审制。地方各级人民法院第一审案件的判决和裁定,当事人可以根据法律规定的程序向上一级人民法院上诉,人民检察院可以按照法律规定向上一级人民法院抗诉。"1955 年,最高人民法院为了提供国家立法机关起草诉讼法的实际资

---

❶ 姜京生:《刑事第二审》,中国政法大学出版社 1992 年版,第 12 页。
❷ 《中华人民共和国法院诉讼程序参考资料》第一辑,中国人民大学 1953 年编印,第 20 页。

料，敦促各级人民法院贯彻人民法院组织法，总结各地人民法院审理程序的经验，改进审判工作，在认真调查研究大量收集材料的基础上，拟定了《关于北京、天津、上海等14个大城市高、中级人民法院刑事案件审理程序的初步总结》。总结中对上诉权、上诉期限、提起上诉的方式、上诉审法院审理上诉或抗诉案件的范围、程序等，均作了明确的规定。1979年7月1日第五届全国人大第二次会议通过的新的《中华人民共和国法院组织法》和新中国第一部《刑事诉讼法》，对我国的审级制度作了与1954年法院组织法相同的规定，并将其进一步具体和完善。

第二章　两大法系刑事上诉
程序的比较考察

在现代法治变革的历史进程中，一些东方国家借鉴西方法治先进国家的经验，改革和完善本国的刑事法律制度，是一条比较务实而又经济的路径。这不仅因为西方国家有着深厚而成熟的法治理念基础，也在长期的刑事司法中不断总结出一套成功的依法治国经验。对当今世界主要国家的刑事上诉制度进行比较分析，除了理论研究的需要外，更为积极的意义是为了吸收和借鉴，为我国的刑事上诉制度的改革完善提供参考。但是这里研究的难点在于如何真正弄清不同国家法律制度产生的背景和立法者在设计该制度时的价值考量及实际运作的效果。由于受语言和资料的局限，仅仅从翻译著作中寻求部分资料，将会影响到对各国刑事上诉制度的更为详尽与深入的认识。然而重建我国的刑事上诉制度，不可能不去关注外国刑事上诉制度的立法，尤其是近年来各国刑事司法改革对上诉制度带来的影响。本章仅对英、美、法、德等几个具有代表性的两大法系国家和地区的刑事上诉制度作一番粗浅的考察。

一、英、美法系刑事上诉制度之考察

（一）英国的刑事上诉制度

由于历史原因，英国没有形成统一的刑事司法体系，判例法是刑事审判的重要法律渊源，英国一直靠判例来发展刑事诉讼的程序和规则。但是在 20 世纪的下半叶，随着英国制定法的加强，刑事上诉程序的法律规范也逐步增多，在很大程度上，现代英国刑事上诉程序是立法的产物。❶ 但是总体而言，英国的刑事上诉程序仍是以零散立法的形式发展的，刑事上诉体系与其他国家相比，明显具有复杂而不规则的特点。从刑事上诉制度的发展趋势看，英国经过不断的司法改革，致使刑事法院的上诉管辖权不断得到扩大，控方的上诉权限的范围也在逐步加强，其上诉制度在一定程度上具有向大陆法系的刑事上诉制度靠拢的趋向。

1. 向不同法院提出的刑事上诉程序

英国于19世纪后期的司法改革，取消了普通法和衡平法两大法院系统的区分，形成了较为统一的法院组织体系。但相对其他国家的法院构成，现代英国法院的设置仍比较复杂，不具体区别不同的审判法院的上诉途径是很难说明英国实行几审终审制。若以治安法院作为初审法院，可以将英国审级分为四个审级；若以刑事法院为初审法院，则是三个审级法院。由于英国的法院组织结构复杂，相应的上诉渠道较多，不同的上诉法院对当事人的上诉要求和上诉法院审理案件的程序及裁判方法也各不相同，因此对英国刑事上诉审程序的了解，开始于向不同法院提起的上诉。

（1）向刑事法院提起的刑事上诉程序

治安法院和刑事法院构成英国的初审法院，但是刑事法院只负责审理相对少量、较严重的刑事犯罪案件，治安法院审理的刑事案件则高达95%～97%❷，由于两种法院审判适用不同的审判程序，其上诉的渠道和做法也不相同，其中针对治安法院作出的有关定罪判决与判刑判决可以向刑事法院提出上诉。在治安法院审判中作出无罪答辩的被告人对治安法官的有罪裁判不服的，可以就定罪或者判刑或者对两者同时提出上诉；而作出有罪答辩的被告人则不能对定罪部分提出上诉，只可以就判刑部分向刑事法院提出上诉，除非其证据表明有罪答辩是模棱两可的或者是在强迫下作出的。由于治安法院适用简易程序且由治安法官进行初审，因此法律规定被告人的上诉范围和程序较为宽松，既可对案件的事实问题提出上诉，

---

❶ 麦高伟，[英]杰弗里·威尔逊：《英国刑事诉讼程序》，姚永吉，等，译，法律出版社2003年版，第439页。

❷ 同上注，第7页。

也可对法律性问题上诉，被告人也不需给出上诉的理由，这种上诉是一种权利性上诉，没有上诉许可的限制。

刑事法院组成合议庭审理上诉案件，审理的方式采取复审形式，就被告人是否有罪进行重新审判，其庭审的程序与初审程序相同，在初审中已出庭的证人仍需要出庭作证，除非被告人同意将一审中的证据记录进行宣读。当事人可以不受初审时使用的证据范围限制，允许提出新证据以及初审时决定不使用的证据。经过复审，刑事法院可以维持或撤销初审判决，也可以修正原判的量刑判决，且不适用"禁止不利变更原则"。英国学者认为之所以允许刑事法院改判时加重刑罚，是因为不服治安法院的上诉是一种无须许可的上诉，加重判刑的可能性有利于防止完全无理的上诉。但是在实际上，英国法院的上诉审一般尊重初审法官对案件的量刑上的自由裁量权，很少作出加重刑罚的新的判决。

（2）向高等法院提出的刑事上诉程序

在英国法中，对下级法院司法机构的工作加以监督是高等法院的一项重要职能。向高等法院提出的上诉包括"案件陈述式的上诉"和请求高等法院进行司法审查，属于当事人向高等法院寻求司法救济的两种途径，也是高等法院对下级法院实施监督的方式。其中案件陈述式的上诉必须是法院的判决存在着法律上的错误或者是超越司法管辖权限，它适用于治安法院的裁判和刑事法院对于根据正式起诉的审判无关的事项的裁判。因此在刑事法院没有获得支持的上诉人，可以通过案件陈述的方式向高等法院提出上诉，但不能以其裁判证据不足为理由上诉。法律对这种形式的上诉的要求较对向刑事法院提起上诉的要求要严格，上诉人需要阐明上诉理由以及请求高等法院作出决定的法律问题。上诉审判中也组成合议庭采取上诉人与答辩人法律辩论的形式，以便审查法院的审判存在法律错误或者超越管辖权等方面的问题，双方的辩论完全依据案件陈述书中记载的事实，并不涉及给出新的事实或者证据。审判此类上诉案件的高等法院可以作出多种形式的裁判：以无罪释放的判决代替有罪判决；或者以有罪判决来代替无罪释放的判决；或者将案件发回治安法院重新审判；或者将案件发回治安法院重新审判并附带有罪或者无罪释放的判决指示。

　　向高等法院提起上诉的另外一种方式是请求司法审查，这是高等法院对下级法院进行司法监督的一种方式。高等法院对案件审查后，可以发布撤销令、禁止令和强制令处理案件。但是原则上高等法院不能撤销无罪判决，这是由"禁止双重危险"原则所决定的。撤销令和以案件陈述的方式提出的上诉具有相似的目的，两种救济方式的效果都是撤销下级法院的裁判。如果因治安法院或者刑事法院超越职权，当事人可以选择两种上诉中的一种；如果是因诉讼程序犯了法律上的错误，但是该法院并没有超越职权，当事人则应当通过案件陈述的方式寻求救济。禁止令和强制令的功能与案件陈述式的上诉在功能上不同，通过案件陈述式提出上诉的人，争辩的是治安法院或刑事法院没有行使权力，或者它们不应当行使在法律上没有的权力。❶ 而禁止令和强制令是制止法官超越的司法权限或者强制下级法院履行某种义务。❷

　　(3) 向上诉法院刑事庭提出的刑事上诉程序

　　上诉法院是专门审理上诉案件的法院，没有初审案件的管辖权，被告人如果不服刑事法院的判决，无论是对定罪还是对判刑问题的上诉，都可以向上诉法院的刑事庭提出。根据 1968 年《刑事上诉法》的规定"被告人对刑事法院的定罪不服可以向上诉法院提出上诉"，这里的定罪包括了由陪审团正式审判后的定罪和有罪答辩后的定罪，而作出答辩的被告人对定罪提起上诉的情形在司法实践中较少。因此通常情况下，对定罪问题的上诉，都是针对陪审团的有罪裁决进行的，在英国经过陪审团审判后被宣告有罪的被告人，也可以单独就刑事法院的判刑提出上诉，但是因犯谋杀罪而被判刑的被告人不得单独就判刑问题提出上诉。

　　与对治安法官裁判向刑事法院提出的上诉不同，英国对于刑事法院作出的判决向上诉法院提出的上诉是一种许可性上诉，上诉人申请上诉的，需要首先取得初审法官出具的案件适合上诉的书面证明或者上诉法院的许

---

❶　尹丽华：《刑事上诉制度研究》，西南政法大学博士学位论文，2005 年 7 月。
❷　孙长永："英国刑事上诉制度研究"，载《湘潭大学社会科学学报》2002 年第 5 期。

可。❶同时法律要求上诉人和控诉人在规定的时间内提交辩论提纲，以便于上诉审的法官在开庭前审阅，提高二审的效率和质量。上诉法院组成合议庭进行审理，其职能主要是审查和确认初审法院作出的判决是否存在法律错误，以及在审判过程中是否遵守了法庭审判的各项规则，以使被告人获得公正的审判，而不是对案件事实的重新确认，因此英国的上诉法院实行事后审查制审查下级法院裁判中涉及的法律问题。原则上上诉法院不接受新的证据，而仅仅审阅上诉过程中提交的材料，听取辩护律师的意见和控方的陈述意见。虽然上诉法官也享有接受新证据的裁量权，但是在实践中上诉审法院接收新证据的案件也是极为少见的情况。这是因为对抗式诉讼要求控辩双方应当在审判法院进行充分争论，上诉法院不进行事实认定，因此相关的证据都应当提供给审判法院的陪审团，以便于陪审团依据证据作出准确的裁判。而且当上诉法庭决定接受新的证据时，通常应当将案件裁定发回重新审判而不是由上诉审法院作出新的判决，因为"对案件事实和意见的争论问题的解决不是上诉法院要做的事，其仍属于刑事一审法院的职权"❷。

上诉法院对定罪判决的上诉审判时确定的裁判标准是：定罪是否是安全的。如果上诉法院认为定罪是不安全的，它必须支持上诉，从而撤销定罪。除非上诉法院一并指令下级法院重新审判，撤销定罪的效果是指令刑事法院作出无罪的判决，这样上诉人也就相当于陪审团对被告人作出无罪的裁断。在实践中，由上诉法院撤销定罪而被指令发回重审的情况是极少见的，因为发回重审通常被视为违背了"禁止双重危险"原则。如果案件被指令发回重审，控诉方应当重新向刑事法院提交起诉书，其中的指控原则上也必须与起诉书的指控相同。重审后再次被定罪时，受"禁止不利变更"原则的限制，判刑时不得判处较第一次审判时更重的刑罚。

（4）向上议院提出刑事上诉转变到向最高法院提出刑事上诉

---

❶　中国政法大学刑事法律研究中心组织编译：《英国刑事诉讼法（选编）》，中国政法大学出版社2001年版，第581页。

❷　麦高伟，[英]杰弗里·威尔逊：《英国刑事诉讼程序》，姚永吉，等，译，法律出版社2003年版，第450页。

英国的上议院是议会两院中的一院，又是全英国的最高审级，它不但行使立法权，而且作为最终上诉审级法院行使审判权，受理对上诉法院和高等法院的裁判不服的刑事案件。因此对高等法院和上诉法院裁判不服的当事人可以向英国上议院提起最终上诉。但是向上议院提起上诉有严格的限制条件，一是必须经上诉法院证明上诉内容涉及具有普遍意义及重大意义的法律问题；二是必须经上诉法院或者上议院批准。英国上议院审理案件时通常由5名常设上诉议员在大法官的主持下进行，但是他们在审理案件时不采取阅卷的方式，通常也只听取双方律师的口头陈述，必要时才听取上诉人的陈述。上议院审理后不进行评议，而是由各常设议员就法律问题发表意见，然后以多数票通过上议院的决议。

英国的上议院享有司法权是一项古老的权力，早在19世纪就建立起上议院审理上诉案件的模式。然而，随着英国宪政体制改革，这一古老传统将被打破。2003年6月英国政府宣布了对宪政体制改革的计划，并向议会提交了《宪政改革法案》，这一改革方案一出台，引起了英国各界的争议。在《宪法改革法案》中涉及废除英国大法官制度和建立新的最高法院的重要内容，英国的上议院大法官身负多种职责，既是司法界的领袖，又是内阁部长，还是上议院的院长及法官，具有对各级法官的任命权和对案件最终审判权，这容易给人以司法不独立的印象，不符合现代社会的法治理念。因此英国政府提出在撤销大法官后成立一个全国性的最高法院，使其从议会中分离出来，以使新的司法体制更能适应司法独立的要求。随着英国议会与法院相互分离，最高法院的管辖权及上诉案件的受理与审判程序等一系列问题都将重新被确定。❶

2. 刑事案件中控诉方的上诉权限

在英国的刑事法律规则中，控诉方可以对程度最轻的无罪判决提出上诉，却不可以对程度严重犯罪的无罪判决提出上诉，这是因为刑事法院由陪审团作出的无罪判决是一种最终的判决。然而任何法律规则都不是绝对

---

❶ 陈光中主编：《21世纪域外刑事诉讼立法最新发展》，中国政法大学出版社2004年版，第184－195页。

的，英国法律中对控诉方也不是一律排除在上诉制度之外，法律并不拒绝控诉方就无罪判决中涉及的法律问题，或对有罪判决中的量刑畸轻及法官的裁定等事项提出上诉或者以其他方式声明不服；并且从近年来不断修正的法律中可以看出，控诉方的上诉权限有不断扩大的趋势。

（1）以案件陈述的方式向高等法院提出上诉或者申请司法审查。前述以案件陈述的方式提出上诉和申请司法审查，是控辩双方的权利。因此控诉人可以对治安法官作出的裁判就特定的法律问题或者管辖权限问题向高等法院声明不服。在这种情况下，因法律上的错误，控诉方上诉成功，高等法院可以撤销原来的无罪判决，作出有罪判决并判处适当的刑罚。控诉人也可以对治安法官的裁判或者刑事法院作出的与根据正式的审判无关事项的裁判向高等法院提出司法审查的申请。但是受"禁止双重危险"原则的限制，治安法官作出的无罪判决原则上不被司法审查，只有在治安法院无权作出无罪判决因而审判被视为无效时，高等法院才签发撤销令撤销这一无罪判决，对此控诉方可以就同一犯罪再次起诉。

（2）对刑事法院的无罪判决中的法律错误提交上诉法院征询意见。一般情况下对于刑事法院所作的无罪判决，控方无权向上诉法院上诉。但是为了统一对法律的解释和正确适用法律，维护司法的公信力，纠正刑事法院在适用法律问题上的错误，1972 年《刑事审判法》确定了总检察长有权将法庭审判中涉及的法律问题交给上诉法院，从而要求后者就此问题发表意见，并作出一项对以后起诉工作有益的裁定。但是，上诉法院的意见和裁定对刑事法院对被告人作出无罪判决的效力不会产生影响。❶ 总检察长通过这项权力的行使不仅可以纠正初审法官在解释法律时所犯的错误，或者澄清解释中不清楚之处，从而通过上诉法院发布意见统一对法律的适用；而且为控诉方获得了一项有助于在将来的案件中能够起诉其他犯罪嫌疑人的权利。

（3）对量刑畸轻的判决提请上诉法院改判的权力。作为控诉方的当

---

❶　［英］李约翰·丁·爱德华兹：《英国总检察长》，工耀玲，等，译，中国检察出版社 1991 年版，第 203－204 页；王以真主编：《外国刑事诉讼法学》，北京大学出版社 2004 年版，第 118 页。

事人，不能对刑事法院作出的判刑判决直接提起上诉，但可以通过总检察长以刑事案件的判刑"过分宽容"为由对某些案件中的判刑畸轻的情况向上诉法院提交审查，以改判为较重的刑罚。总检察长的这一权力的行使范围也在逐渐地扩大，最初它只适用于刑事法院的正式起诉罪，1994年则扩大到部分犯罪中。对检察长的这种上诉，上诉法院如果认为一审量刑判决属于过分宽容，上诉法官有权直接作出更为合适的量刑判决。

（4）对审判前程序中法院作出的程序性裁定的上诉。1987年《刑事审判法》第9条规定，在严重诈骗案件中，正式审判之前可以举行"准备性听证程序"，控辩双方对于法官在该程序中就证据的可采性以及其他法律问题作出的裁定，可以在经过许可后向上诉法院提出上诉。1996年《刑事程序与侦查法》将控辩双方对审判前关于证据可采性以及法律问题裁定的上诉权，扩大到诈骗罪以外的案情复杂、审判持续时间长的重大案件。2002年随着英国政府发布以实现所有人的正义为目标的改革《白皮书》和2003年《刑事审判法》的公布，更进一步确认和扩大了控诉方的上诉权限。

3. 英国为限制上诉采取的各种措施

在英国，法律为被告人对定罪和量刑判决抑或是程序性裁判提供了多种形式的上诉救济渠道，但是相比于其他国家，其上诉的比率却是最低的。这主要是英国对上诉案件采取了多种控制的办法与措施。

（1）对上诉案件实行上诉许可制。除不服治安法官的裁决向刑事法院上诉不需要许可之外，向其他法院提起上诉时，上诉人都必须事先取得适合上诉的书面证明或者许可后才能进行正式的上诉。英国的上诉许可实际上是对当事人上诉权利的限制，通过许可能够事先筛选和过滤掉被认为上诉理由不充分的绝大部分案件。"根据1999年的司法统计，在1999年对有罪判决量刑判决、或者有罪判决和量刑判决的共计8274个上诉许可中，上诉许可程序否决了其中的5500个申请"❶。相比其他国家针对第一审裁判通常不受限制的上诉权而言，实行上诉许可制是英国法的主要特

---

❶ 孙长水："英国刑事诉讼制度研究"，载《湘潭大学社会科学学报》2002年第5期。

点，也是最为有效的限制上诉的措施。

（2）广泛适用的简易程序和对有罪答辩的上诉限制。在英国，治安法院以简易程序审判95%的刑事案件，不仅加快了案件的处理速度，也节约了司法成本。根据英国皇家刑事司法委员会（1993年）的报告，在刑事法院审判的每一个案件的平均诉讼费用高达13500英镑，而在治安法院只需1500英镑。❶ 因此在英国既采取措施限制进入刑事法院初审的案件数量，又采取量刑折扣等方式鼓励被告人尽早作有罪答辩，以避免审判中巨额费用的支出。在实践中尽管治安法院一审的案件，对于被告人而言是一种权利性的上诉，但是由于大部分被告人在治安法院审判中作出有罪答辩，这部分被告人通常只可以就判刑判决提出上诉；而且在治安法院审判的案件中，治安法官只具有判处较轻刑罚的量刑权限，因此客观上减少了向刑事法院提出上诉案件的绝对数量。

（3）上诉理由与标准方面的措施。上诉必须涉及法律或者司法管辖权问题的要求，控制了许可从治安法院和刑事法院上诉到高等法院的案件数量。虽然从理论上说向上诉法院提出的关于有罪判决的上诉不需任何理由，《1995年刑事上诉法》确定的上诉许可和上诉裁判的标准也只是一个主观性较强的"定罪不安全"这一判断标准，而没有具体的客观标准。然而，被告人为了保证上诉申请被许可和上诉获得成功，通常需要具体阐述上诉理由，如果仅以陪审团的"定罪不安全"而不说明具体理由时，所提起的上诉是很难成功的。因为陪审团并不需要说明作出有罪判决的原因，因此法庭很难判定陪审团在评定案件事实时或者对这些事实适用法律时是否存在不安全的因素而导致错误的发生。上诉法院原则上只对法律问题进行审查以及限制在上诉审中提出新的证据等，限制了被告人提出上诉的理由和上诉法院判断下级法院裁判的标准，这对当事人上诉权的行使无疑都会产生相应的影响，客观上制约了被告人提出上诉的欲望。

（4）被告人对上诉风险的承担。英国虽然也确立了禁止不利变更原

---

❶　周欣：《欧美日本刑事诉讼——特色制度与改革动态》，中国人民公安大学出版社2002年版，第57页。

则，但是它的贯彻却是不彻底的，被告人因上诉存在着潜在的被加重刑罚的危险性。这种危险存在于两种情况，一是被告人对治安法院作出的判决向刑事法院提出的上诉不适用该原则，刑事法院可以对被告人加重刑罚。由于该上诉是不需要许可的一种上诉，英国学者认为加重刑罚的办法可以防止完全无理的上诉的提起。二是被告人对于刑事法院的量刑判决向上诉法院提出上诉的，也可能导致事实上加重刑罚的危险。在英国为了制止无意义的上诉，上诉法院可以采取不将被告人在二审中被关押的那段时间加入刑期，因此，不服定罪的上诉不仅会被拒绝和驳回，还可能根据上诉法院的指示，致使被告人在二审期间内被实际关押的时间不予计算到刑罚的期限内。❶ 这样，虽然上诉法院没有直接加重其刑罚，但是实际上被告人等于被多关押几个月的时间。虽然在实践中这种情形不是总能发生，却是对被告人构成的一种严重威胁，使得他们不能轻易地对判决提出上诉。

4. 英国刑事司法改革与刑事上诉制度的改革

英国的刑事司法改革可以回溯到 20 世纪 80 年代，最初改革的动因是在 70 年代发生了一连串的刑事错案，引起社会公众对刑事司法的关注与不满，因此英国政府建立了皇家刑事司法委员会研究探讨刑事司法改革，并因此拉开了刑事司法制度全方位改革的帷幕。随着英国 1998 年《人权法》的实施及《欧洲人权公约》成为英国国内法的组成部分并具有最高的法律效力，如何遵循公约使被告人获得公正的审判，也是促使英国刑事司法改革的重要因素。另一方面由于犯罪率的大幅上升，尤其是犯杀人等重罪的罪犯因法官在审判中的不当程序性裁判或者因证据不足而被判无罪的情况越来越多，而控诉方对无罪判决没有上诉的权力，也不能因发现新证据重新进行起诉，这又引起被害人和社会公众的普遍不满，现行刑事上诉制度的公正性备受质疑。在此背景下，英国开始了以探讨扩大检察机关的上诉权为内容的刑事上诉制度改革的研究。2002 年 7 月英国政府根据罗宾·奥尔德先生于 2001 年提供的关于《英格兰和威尔士的刑事法院考察》（以下简称奥尔德报告）和约翰·哈里斯先生于同年提供的《使刑罚

---

❶ 尹丽华：《刑事上诉制度研究》，西南政法大学博士学位论文，2005 年 7 月。

有效起来：考察英格兰和威尔士量刑系统的报告》的咨询文件，发布了刑事司法改革的《白皮书》，《白皮书》以"实现所有人的正义"为宗旨，拟定的改革目标是建设强大和安全的社会，加强对犯罪案件的控制和打击，提高刑事司法效率，对案件中的被害人和证人提供更多的保护，追求司法公正，实现更公平更有效的审判。2003 年英国通过了《2003 年刑事审判法》（又译为《刑事司法法》，以下简称《审判法》）对涉及刑事审判程序和量刑程序方面的一些制定法进行了补充和修正，补充修改的内容多来源于《白皮书》中的改革建议。奥尔德报告中的许多建议与上诉制度相关，但他提出将治安法院和刑事法院合并为刑事法庭、治安法庭和地区法庭，并提出对治安法庭的裁判也应以上诉许可的方式向刑事法庭提出上诉，以及刑事法庭的二审也应采取事后审查制等以提高上诉审判效率为目标的一些改革措施，并没有被《白皮书》和《审判法》所接受。《白皮书》中与刑事上诉制度直接相关的改革建议是以改革禁止双重危险和扩大检察机关的上诉权为主要内容的。禁止双重危险是英国数个世纪以来实行的一项古老的规则，是被奉若神明的英国刑事司法制度的基石。按照这一原则，陪审团裁判被告人无罪后，控诉方不能直接提出上诉，在发现证实被告人有罪的新证据后也不能重新侦查和起诉。《白皮书》由此提出改革禁止双重危险原则，并认为这与《欧洲人权公约》的内容不相违背，公约第七议定书的第 4（2）条中明确承认在新的证据出现的情况下可以对案件进行重新审判的重要性。《白皮书》决定将重新起诉的案件由此前法律委员会改革建议中的只适用于谋杀案件扩展到一些其他的严重犯罪，如强奸、误杀和武装抢劫。而《审判法》则确定了 29 种犯罪成为禁止双重危险的例外，控诉方有权在新证据的支持下向上诉法院提出撤销对被告人的无罪判决，并可以重新对其侦查和起诉。❶

除控诉方对无罪裁判重新起诉外，《白皮书》还建议扩大控诉方在开庭前的准备性听证程序中针对证据的可采性和法律问题作出裁定的上诉

---

❶　陈光中主编：《21 世纪域外刑事诉讼立法最新发展》，中国政法大学出版社 2004 年版，第 180－181 页。

权，及建议控诉方对所有监禁罪的保释提出上诉的权利。[1] 在新的《审判法》第九编增加规定了针对刑事法院的法官作出的两种裁判控诉方拥有对等的上诉权。第一类包括法官在作总结性提示之前的审理过程中或者在审前听证程序中，作出的导致审理终结的裁定。[2] 第二类有关证据性裁定的上诉权，另外法院对被告人作出的保释裁判，控方也享有提起上诉的权利，新的《审判法》就控诉方上诉权行使的范围和程序作出详尽具体的规定。

英国近些年刑事司法改革的总体趋势是向着查明事实真相和控制犯罪的方向发展，这似乎是一种逆传统的改革方向，却也是新的平衡观念的使然。英国在长期的历史发展中，形成了以对抗制、陪审团审判和一系列证据规则为程序保障的普通法系司法制度，其特点是重视技术性的程序规则和保护被追诉者的权利，这对维护程序正义和保障无辜者利益是有益的，但不利于发现事实真相和有效地查处犯罪。进入新世纪后英国政府下决心进行了以有效控制犯罪和提高审判效率为核心内容的刑事司法改革，并明确地提出了公正是对所有人的公正，应当在控制犯罪与保障人权、保障被害人权利和被告人权利之间实现平衡，而不是只对被告人一方公正的新的改革理念。英国刑事司法改革虽然向控制犯罪方面转向，但它是在传统的过于强调对被追诉者的保护和程序公正，而忽视实体公正的传统观念的前提下，为实现对犯罪的有效控制对司法制度作出的重新调整，其保证被告人获得公正审判的权利和对被告人权利保障的理念不可能被控制犯罪的价值理念所取代，而是在两者间努力实现的一种平衡追求，是在将真正罪犯绳之以法与在民主社会中保障无辜者免受冤假错案迫害之间建立起来的合理权衡的司法制度。可以说通过近些年的刑事司法改革，英国的刑事司法制度和上诉制度具有较为明显的向大陆法系国家靠拢的趋向，尤其是控诉方上诉权限的扩大和对禁止双重危险原则的修正，也使英国法律显现出与美国法律间的差别。

---

[1] 最高人民检察院法律政策研究室编译：《所有人的正义——英国司法改革报告》，中国检察出版社 2003 年版，第 3、86－87 页。

[2] 尹丽华：《刑事上诉制度研究》，西南政法大学博士学位论文，2005 年 7 月。

（二）美国的刑事上诉制度

人们常用英、美法系表明英国法与美国法之间不可分割的渊源关系，在刑事法律制度中，美国在承袭英国传统的对抗式诉讼程序的基础上，形成了自己的特点，成为当代具有代表性的两大刑事诉讼模式之一——英、美法系当事人主义诉讼的典型。在刑事上诉制度方面，美国既与英国有某些相同的特征，又形成了自己的法律特点。美国法院实行双轨制，联邦法院实行三审终审的刑事审级制度，大部分州也实行三审终审制。一些州法院还将初审法院分成审理轻微刑事案件的限制管辖权法院和审理重罪案件的一般管辖权法院。一般管辖权法院除对案件进行初审外，对不服限制管辖权法院判决提出"上诉"的案件，具有重新审判的权力。在许多州限制管辖权法院适用的程序很不规范，庭审中没有审理程序的记录。由于上诉法院是依据法庭审判记录进行上诉审查的，因此为了给被判有罪的被告人提供审查有罪判决的机会，允许被告人向一般管辖权法院提出上诉，该法院对案件重新审判并制作记录，这种审理就像限制管辖权法院没有进行过审判一样，因此允许被告人基于重审记录按照普通上诉程序提起上诉，但是也有的州规定重审的裁决是最终的裁决不允许上诉。由于一般管辖权法院的重审不同于大陆法系国家的第二审，也与英国对治安法院不服向刑事法院提出的重审型的上诉有所区别，因此美国的这种上诉并不具有一般上诉的含义。● 由于各州对限制管辖权法院的规定差别太大，我们在论述美国上诉制度时一般不涉及对限制管辖权法院的上诉问题。

1. 美国刑事上诉中的法律救济程序与事后审查制

在美国，上诉程序通常被理解为对有罪的被告人所适用的法律救济程序，然而法律对被告人提供的救济范围和救济方式上，具有明显不同于其他国家的特点。

（1）被告人的权利性上诉与限制性上诉。上诉权是被告人维护自己

● 卞建林，刘玫：《外国刑事诉讼法》，人民法院出版社、中国社会科学出版社 2002 年版，第201 页。

合法权益的重要法律救济权，但是在美国并非每一被告人都会因此获得上诉法院的两次救济。被告人的第一次上诉被确定为权利性上诉，得到宪法或者是制定法上的保护。如果被告人在规定的期限内提出上诉，上诉法院就必须考虑，并且对没有律师帮助的被告人免费提供律师。如果被告人的第一次上诉失败，可以向最高法院提出第二次上诉，但是第二次的上诉对于被告人来说已经不是一种权利，而是一种限制性的上诉，收到上诉申请的法院没有法律上的义务必须受理这一上诉，而是具有受理与否的自由裁量权。如果认为该案件不值得审查，上诉法院有权直接将其驳回。美国州最高法院和联邦最高法院都拥有对上诉案件的裁量管辖权，由于这种上诉不再是被告人的权利，政府也不再为被告人提供律师帮助。

美国联邦最高法院虽然也是上诉案件的管辖权法院，但是由其审判的案件数量被控制在极少的范围内，在这方面，最高法院采取的最为有效的措施即实行案件裁量上诉制度。通常当事人提出上诉时应当提交申请调卷令，最高法院则就这些调卷申请裁量决定有无复审的必要。通常，一年中会有近7千件案子要求最高法院考虑其调卷申请，而其中只有不足2%的案件被获准上诉审理。

（2）只为被告人提供法律上救济的上诉审程序。无论是权利性上诉还是限制性上诉，美国上诉审程序只依据审判法院制作的书面记录来审查法律问题，上诉法院不审查事实问题的理由之一是认为直接口述证据的可信性优于上诉法院依据间接书面证据的可信性，陪审团或者独立审判的法官在亲自听审的形式下对事实的认定，比之上诉法院以书面的记录所获得的判断更为可靠，因此下级法院的事实认定不会被轻易贬抑。上诉法院不审查事实问题，更重要的原因则是出于对陪审团的尊重，如果初审法官或上诉法院的法官以不赞同陪审团的判定为理由而完全推翻该事实判定，则美国宪法赋予代表人民的陪审团审判的权利也就丧失了存在的意义。

美国的初审法院和上诉审法院在职能和管辖权限上具有明确的分工，上诉审法院不对初审法院认定的事实进行审查，因而在实务中被告人的上诉通常以原审法院在审判过程中具有法律上或程序上的错误为理由请求撤销原判，这些法律上或者程序上的错误可以是在侦查、逮捕或者是在审判过程中发生的，而被告人宣称法官在裁决上有误或者是不适当地认可了警察在侵犯公民宪法权利的情况下收集的证据，被告人也会提出法官没有向陪审团作出恰当说明，或者是被告人作出的认罪是非自愿的等。在有陪审团审判的案件中，被告人的上诉理由多是与法官就案件中的法律问题向陪审团作的总结指示有关，在陪审团进行裁决前，法官对陪审团就事实认定的证据采纳问题作出的指示，对指控事实的法律构成方面的解释等都可能直接影响对案件的裁决，这些都被认为是与法官的决定相关的法律问题。

　　初审法官对于审前程序和审判过程中的一些诉讼程序问题，基于当事人的申请或者法官依据裁量权会作出程序性的裁判，对此被告人如果认为具有法律上的错误也可以提起中间上诉或者在判决不服时一并提出上诉。被告人还可能宣称在审判时没有得到律师的有效帮助，因而侵犯了被告人获得律师有效帮助的宪法性权利，以此作为对法律问题上诉的理由。由于《美国联邦宪法》前 10 条修正案将大量刑事被告人权利确定为宪法性权利，而这些权利又通过第 14 条修正案被适用到各州，因此被告人在刑事上诉中可以其宪法性权利受到初审法官的侵犯作为法律上诉的重要理由，并可以上诉到最高法院。对于法律问题的上诉，被告人在上诉书中应说明请求撤销或者纠正原判决的理由和适用的法律，以方便上诉法院审查。在美国的传统上，出于对初审法官量刑裁量权的尊重，通常不允许对刑罚提出上诉，但是近些年对量刑的上诉也在逐渐增多，如作出有罪答辩的被告人通常不允许对定罪提起上诉，但对量刑判决不服能够提出上诉。在量刑方面被上诉法院所考虑的是与刑罚的合理性和过分性或者明显偏离量刑标准有关的一些问题。❶

　　（3）上诉法院审查案件采用事后审查制。美国刑事上诉审的结构无论是二审还是三审都属于典型的事后审结构，上诉法院不传唤证人，也不再接受有关案件事实争议的新证据。在这种事后审模式中，被告人通常也不需要出庭，但辩护人或者控诉人可申请进行口头辩论，或者法官认为必

---

❶ ［美］爱伦·豪切斯泰勒·斯黛丽、南希·弗兰克：《美国刑事院诉讼程序》，陈卫东，徐美君，译，中国人民大学出版社 2002 年版，第 605 页。

要可组织口头辩论。中级上诉审的审查通常由 3 名职业法官组成合议庭进行，若不同的合议庭对于类似案件的处理存在分歧，可召集该上诉法院的所有法官出庭听审，因而可能会形成多达 20 多人的法庭会议来保证法律适用上的统一认识，并对下级法院起到约束作用。

美国的最高法院审理案件的方式主要是阅读案卷或下级法院的记录，听取双方律师的口头辩论，然后开会讨论，最后书写意见并作出判决。9 名大法官共同参与对案件的讨论，构成了美国最高法院审理案件的特色，其目的是保持联邦法律的最高效力和统一性。由于最高法院的任务是保障更加广泛的法律利益和法制利益，是对法律及司法制度提供更多的贡献，而不局限于改正下级法院的误审，因此只有案件涉及重大的法律和宪法问题时才能获得最高法院的审查，虽然其审查案件的范围极小，但是最高法院通过对一个个具体上诉案件的审判在保证法律的统一适用和发展法律规则方面起着重要的作用，它确立和发展了一系列涉及被告人宪法性权利的规则，并通过宪法修正案第 14 条的正当法律程序的条款使其法律效力通达到各州。美国大法官认为最高法院所做的一切，或者说能做的一切，仅是发布深思熟虑的判决，它拥有的唯一权力是审判权。然而，正是最高法院通过集体讨论和深思熟虑所形成的一个个判决意见，构成美国法律的重要组成部分，成为下级法院必须遵循的具体法律规则。据统计，在最高法院审判的案件中有 80% 的案件推翻了下级法院的判决。❶

2. 美国刑事上诉审中的几个相关规则

在美国刑事上诉制度中确立了禁止双重危险规则、未提出视为放弃规则、无害错误规则和终局判决规则等。以下介绍这几个法则确立的原因，并分析其法理基础，这对于我国刑事上诉制度的完善或许有所帮助。

（1）禁止双重危险规则，也称一罪不二审或者一罪不二罚规则，按照这一原则，"如果被告人被宣告无罪以后，即使很快发现被告人这一犯罪的新证据时，控诉一方不仅无权就同一罪行把被告人再交付审判，也不能提

---

❶ 欧阳涛，等：《英美刑法刑事诉讼法概论》，中国社会科学出版社 1984 年版，第 261 页。

出上诉"❶。禁止双重危险原则是英国普通法中的重要原则，美国独立后，这一原则曾被一些州通过人权法案或宣言所承认，最终确立于美国联邦宪法第五修正案之中，成为著名的权利法案的一部分，适用于各州和联邦司法程序之中。美国联邦宪法第五修正案规定："任何公民不得因同一行为而受到身体、生命、财产的两次以上的危险。"由于联邦宪法将被告人免受双重危险作为一项宪法权利加以保护，如果允许控诉方对无罪判决上诉，无疑违反了宪法规定。也有一些州允许就初步指控被审判法院驳回的检察官提起中间上诉，或允许起诉方在审判裁决后向上诉法院寻求咨询裁决，但这种上诉只能寻求法律宣告，而不能造成被告人无罪判决的撤销，也就是说检察官在不违反禁止双重危险的情形之下对部分法院的裁决可以提起上诉，导致上诉法院纠正初审法官的法律错误，而不给被告人带来不利的影响。因此这种上诉与大陆法系国家非常上诉与非常上告制度具有相同的性质。根据禁止双重危险原则，如果被告人被法院判决无罪，案件到此结束，无论检察机关有什么理由，甚至几天后找到了被告人就是罪犯的确凿证据，控诉方也不能上诉或者重新起诉。双重危险原则不仅适用于陪审团判定无罪的情况，也适用于法官审判的案件中。在实践中一个案件只要起诉到法院，程序一旦启动，第一次危险就已经构成，如果陪审团判定被告人有罪，但是法官以证据不充分宣布了被告人无罪的，检察官也不得提出上诉，这是联邦最高法院于 1978 年通过"巴克斯诉美国"（Barksv. U. S.）一案确定的。❷ 当然，禁止双重危险原则也有不适用的一些例外情况。

禁止双重危险原则的核心意义在于保证被告人不因同一行为受到重复的起诉和审判，因此控诉方对于无罪判决不仅不能通过发动再审，促使法院对一个已决案件重新审判，而且对于一个已经进入第一审程序的案件也不能随意地重新起诉和提出上诉。该原则强调对追诉权的限制，使拥有强大追诉力量的政府与处于受追诉地位的弱小的公民在权利行使上能够得到平衡，防止政府利用其超强的地位，对个人进行任意的追诉，从而维护刑

---

❶ 欧阳涛，等：《英美刑法刑事诉讼法概论》，中国社会科学出版社 1984 年版，第 261 页。
❷ 李义冠：《美国刑事审判制度》，法律出版社 1999 年版，第 132 页。

事诉讼中的"公平游戏"规则。❶

（2）未提出视为放弃规则。所谓未提出视为放弃规则，指除少数例外情形外，对于一审过程发生的争议或者错误，诉讼当事人如果没有在原审审判中指出并保留其权利，则不得再向上诉审法院主张。这是美国联邦和各州刑事上诉程序遵循的一个基本规则。例如审判中当事人一方提出传闻证据，另一方没有就此提出异议，便视为放弃了对该问题上诉的权利，将来不得以此作为上诉的理由。而一旦当事人在初审程序中对这些问题提出异议时，一审法院的处理又对其不利，这是当事人上诉权赖以实定化的大前提。在实务中比较常见的异议多发生在证据的适用方面，如控诉方询问证人的问题属于传闻性质的问题，被告人就应当立即提出反对；但法官否定了被告辩护律师的反对意见，让该证人将传闻事实都说了出来，这样法官就作出了一个错误的决定。由于辩护律师当场提出了反对，他也就保留了对法官的法律错误上诉的权利，可以在上诉书中指出法官的这个错误，从而要求将有罪判决推翻；而如果当时没有提出反对意见就错过了机会，将不能就这一错误提出上诉。

由制定法确立的异议上诉制度或异议保留制度，即当事人上诉所争议的事项应当是在原审中提出异议的事项，未提出异议的，就视为放弃上诉权。美国学者认为，上诉问题的提出必须首先应在审判法院提起的规则，这是给予审判法院一个纠正错误的机会。现代美国刑事审判确定此上诉规则，其理论基础则是为贯彻当事人主义和确保诉讼经济。它是当事人主义诉讼模式下的一种必然结果，在该诉讼模式中，诉讼的争执及证据应由当事人自行收集并提交于法院，法院并不主动地收集调查证据，因此在审判中当事人对证据调查中有异议就应当及时提出，而且当事人主张权利时应即提出主张，以利于他方当事人有所回应并给予反驳和纠正的机会，因此在原审时未提出异议的问题，在其后限制向上诉法院提出，才能确保对对方当事人的公平。而且这一规则的适用，也达到了提高审判效率的目的。如果没有这一法则，败诉的一方提出上诉后，上诉审法院可能推翻原判并

---

❶ 陈瑞华：《刑事诉讼中的重复追诉问题》，载《政法论坛》2002 年第 5 期。

将案件发回重审，必然致使国家和他方当事人负担重新审判的相关费用。如果在原审中就存在的问题提出主张，并在原审中解决了该争执，也就省却了上诉审和更审的费用。另外这样做也有利于下级审法院裁判作出公正的评判。当事人于原审时未就存在的问题提出主张和异议，初审法院也就没有机会作出正确的裁判，如果因此指摘下级审法院的裁判有错，对下级审法院则是不公平的。

当然，在少数的情况下，上诉人也能对最初在审判法院并没有提出的问题提出上诉。这包括，其一，如果审判法院的错误在上诉法院看来是明显错误，那么即使没有在审判法院提起，被告人也可以上诉，这种例外最可能发生在触犯宪法权利的案件之中。其二，由于法律的规定，而使上诉人无合理的时间或机会提出的，也可以成为上诉的理由。其三，有关审判权的错误，若未于审判法院提出异议，在上诉时也可以提出，传统上向来承认这一例外。其四，为了诉讼经济和社会公共政策的考虑，如当所争执的法律问题有再度发生的高度可能，或者是公众所关心的，或者是具有较大的公共政策方面的问题，也可以允许被告人在上诉审中提出。

（3）终局判决规则。美国上诉法院的管辖权中一直起支配作用的一项规则是终局判决规则，即上诉法院原则上只接受下级法院的终局判决而提起的上诉。美国联邦最高法院于 1945 年在"凯特林诉美国"一案中，作出了一个被视为经典型的定义："终局判决乃指在案件的实质方面结束了诉讼的判决，法院除了执行该判决外，已无事可做。"❶

美国确立终局判决规则的法理基础，显然是出于诉讼经济和提高审判效率的考虑，即减少案件的直接成本，防止因大量的上诉而中断与拖延审理，避免"零碎的判决"和减少审判法院的中间决定可在案件最终决定之前即时提起上诉所造成的费用、延误和法院工作量的增多。因此，案件终结后的上诉符合诉讼经济和审判效率价值。基于这一原则，诉讼中所涉及对法官初步指令的不服，都应当在审判终结时的上诉中集中提出，由上诉法院一并加以解决，总比零散的凡遇到问题就上诉的效率要高。

---

❶　汤维建：《美国民事司法制度与民事诉讼程序》，中国法制出版社 2001 年版，第 522 页。

但是如果毫无例外地恪守该规则，就可能会使审判法官在诉讼的早期所犯的严重错误得不到及时纠正，致使以后的审判带上严重的瑕疵，以致不得不将案件推翻重新审理而影响法院的审判效率。因此美国对终局判决规则也确立了例外情形，即上诉法院在某些情况下也会允许案件当事人在获得初审法院的终局判决前提起中间上诉。可以提起中间上诉的情形有的是通过制定法加以列举，这在性质上属于当事人的诉讼权利，上诉审法院不得否决；有些属于上诉审法院可以裁量接受的范围。例如审判法院裁决警察对被告人取得的讯问为非法的并排除该口供，起诉方就可能对该裁决提起中间上诉，因为证据排除可能严重地破坏州地方的案件，而且问题的即时复审会对案件结果产生重大影响。起诉方对审判法院的决定可以上诉的情形并不多，而中间上诉即是其中的一种，允许控诉方提出中间上诉制度，在一定程度上为控诉方和社会公共利益的维护提供了救济。❶ 可以说终局判决规则及其例外是对诉讼中的司法经济和程序公正两方面的价值需要加以辩证权衡的结果。

（4）无害错误规则。美国的无害错误规则也源于英国，在 19 世纪中叶以前，英国上诉法院只要发现地方法院在证据取舍上存在错误，几乎将案件全部发回重新审判，这被称为 ExchqeuerRule（有害错误规则）。在有害错误规则下，发回重审是很普遍的现象，以致案件多次在地方法院和上诉法院之间循环。后来英国于 1873 年通过制定法规定，除非审判法院发生证据取舍上的错误是显著错误或者会导致司法不正义，否则毋须发回重审，从而确定了无害错误规则。即原审法院虽有错误，但是对于判决结果和基本权利无害的，不再发回重新审判。

美国早期继承了英国的有害错误规则，一直到 20 世纪初期，一些州相继制定与英国类似的法律，如今联邦和大多数州都通过了关于无害错误的制定法，规定上诉法院只有在错误触犯了被告人基本权利和实际影响案件结果的情况下才能撤销有罪判决。美国学者认为无害错误规则使上诉法官能无所顾忌地指出下级法院存在的错误，甚至是轻微的过错，而不必因

---

❶ 尹丽华：《刑事上诉制度研究》，西南政法大学博士学位论文，2005 年 7 月。

为有罪证据充分而撤销有罪判决。要是没有无害过错规则，上诉审的法院可能会对是否指出下级法院存在着程序性的错误有所顾虑，因为如果指出将有可能放纵显然有罪的被告人；而不予指出，将不利于法律的明确和正确执行程序规则。因此如果上诉法院裁判错误是一种无害错误时，它的裁决将有助于明确法律，而被告人的有罪判决也不会被撤销。❶

英国及美国的无害错误规则的理论基础来源于三个方面。其一，诉讼法或证据法本身的设计不可能完美无瑕，法官在个案审判中适用诉讼法和证据法时，无法保证不发生些微差错，轻微的过错应当被允许。否则因轻微的错误，案件便被撤销或者发回，将可能使真正的犯罪分子最终得不到法律的惩罚，而损害刑事审判的公正。其二，上诉审程序也不可能是最佳的程序，上诉审法院无法知悉或评估错误对作为事实认定者的陪审团的影响，以及该错误对陪审团评议时的影响。其三，确立无害错误规则也是出于对节省司法资源的考虑，如果无论错误对判决结果的影响程度如何，而一律发回重审，不仅是对国家司法资源的浪费，使案件长期处于不确定的状态，也可能导致当事人滥用司法资源，随意提出上诉。❷

事实上在英国和美国由有害错误规则转向无害错误规则，也反映了法律价值观念上的转变，是对审判正当性程度与审判的实体公正的权衡考虑。美国联邦最高法院认为，"宪法保障被告人受公平审判的权利，并不保障被告人享有一个完美无瑕的审判"，审判法官难免发生错误，但是错误不应该当然导致发回重审，刑事审判的中心目的是决定被告人有罪与否，提升公众对于司法程序的尊敬与信心，应专注于审判的公平性，而不是不重要的错误。❸

在 20 世纪 60 年代以前联邦法院审判的上诉案件中涉及宪法错误时，都采取案件发回重审的形式，而无论错误的轻重与有害或者无害。1967年美国的联邦最高法院在审 chapmam. V. callfornia 一案时，最高法院表示

---

❶　[美]爱伦·豪切斯泰勒·斯黛丽、南希·弗兰克：《美国刑事院诉讼程序》，陈卫东，徐美君，译，中国人民大学出版社 2002 年版，第 608－609 页。

❷　王兆鹏：《当事人进行主义之刑事诉讼》，台湾元照出版公司 2002 年版，第 267 页。

❸　同上注，第 278 页。

宪法错误也得区分"当然发回错误"和"无害错误",对于前者,最高法院表示"有些宪法权利,为公平审判所不可或缺的权利,违反权利永不得视为无害错误",并在附注中举出不得视为无害错误的判决案例:非任意性自白错误成为证据;违反受律师协助的权利:由非中立的法官审判。最高法院表示,如果存在这样的错误,必须发回重审。被告人如果以其他的宪法性错误提起上诉,而该宪法性的错误又不属于必须发回的严重错误,则适用无害错误规则进行审核,其审核的标准是控诉方提供证据使上诉法院产生毋庸置疑的心证,该错误不会影响判决的正确结果,在这种情况下上诉法院应当维持原审的判决。

综上所述,美国的刑事上诉审中确定了一系列法律规则,既有约束上诉法院管辖权的终局判决规则,又有决定被告人上诉权行使的未提出视为放弃规则,还有与控诉方上诉权相关的禁止双重危险规则,更有制约上诉审法院能否撤销和发回重审的无害错误规则。这些规则共同构成了美国刑事上诉制度中各方权利行使的核心部分。相比之下,我国的刑事上诉制度不仅立法规定过于粗疏,缺乏协调上诉各方权利行使和运作的规则,在学理上对这些问题也缺乏足够的探讨和研究。特别是美国刑事上诉审程序中的禁止双重危险和无害错误规则的确立及适用,既保证了对被告人的公平审判,又兼顾了上诉效率,解决了对被告人宪法权利的救济和审判公正之间的关系。然而根据我国的刑事诉讼法的规定,上诉法院发现原审法院存在程序性错误时,应当用裁定撤销原判发回原审法院重审,在司法实践中更对事实不清、证据不足的案件反复进行发回重审的处理。这不仅影响诉讼效率,更使被告人处于重复追诉的状态,造成对被告人权利的侵犯。对于法律所规定的程序性错误在什么样的情况下该发回重审,在什么样的情况下可以维持,学理上也缺乏深入的研究。借此问题,希望能够引起人们对我国刑事上诉审的审查和处理标准的重视和探讨。

3. 美国的间接上诉——人身保护令制度

基于正当法律程序的理念和对个人权利保障的上位价值观的追崇,美国的法律制度中除了设立普通上诉途径对被告人提供法律救济外,还确立了间接上诉制度,其中最重要的当属人身保护令制度。人身保护令源于英国并在美国得到广泛的适用，不仅在审前程序中受到羁押的人可以向法院申请人身保护令以审查羁押行为的合法性，在法院审判之后受到有罪判决的被告人也有权申请人身保护令以审查被监禁行为的合法性。美国从20世纪初期开始，允许以侵犯宪法权利为由被法院判决有罪并关押的人，向州法院及联邦法院申请人身保护令。虽然人身保护令制度从性质上被界定为民事诉讼，但在刑事案件中人身保护令成为被监禁者普遍采用的一项重要的权利救济手段，也成为与刑事上诉制度具有密切联系的对宣告有罪的人间接救济的制度。在刑事诉讼中，被告人如果用尽了向州最高法院（如果涉及联邦问题则向联邦最高法院）的上诉手段，就丧失了直接上诉的机会，但是仍感到委屈和不公的被告人可以通过间接攻击机制再向法院提出诉讼，即人身保护令诉讼。除非有制定法上的特别限制，被告人的人身保护令的申请一般可以随时提出，且可以从州三级法院开始，一直行使至联邦三级法院，因而申请者可能多次获得该种救济。

如果被告人认为州法院在审判或上诉中剥夺了其任何一条宪法权利，都可以申请联邦法院下达释放令给予人身权利的保护。由于美国的人权法案包括范围较广，且最高法院对它的解释又比较宽松，所以很多程序上的错误都可以被解释为违反宪法，其人身保护令案件也大为增加。美国近年来很多州又恢复了死刑，这使得人身保护令的使用更加频繁，几乎所有的被州法院判处死刑的被告人都会向州法院和联邦法院申请人身保护令，一些囚犯几乎运用他们所有的监禁时间寻求宣告有罪后的救济。❶ 据统计，每年大约有接近1万件这样的案件被递交到联邦的地区法院。而且被告人用尽了全部的手段，如果仍被维护原判话，被告人还可以回过头请求所在州的州长赦免或减刑，甚至可以请求美国总统赦免和减刑。因此一桩死刑案件从判刑到执行死刑，平均要经过10年以上的时间。❷

4. 美国刑事上诉制度的改革

美国法院在最近几十年里对刑事上诉制度进行了一系列的改革，这些

---

❶ ［美］爱伦·豪切斯泰勒·斯黛丽、南希·弗兰克：《美国刑事院诉讼程序》陈卫东，徐美君，译，中国人民大学出版社2002年版，第612-615页。

❷ 杨诚，单民主编：《中外刑事公诉制度》，法律出版社2000年版，第149页。

改革的措施都指向一个共同的目的——提高刑事审判的效率，减轻上诉法院的工作负担。这些改革措施包括：

（1）减少口头辩论的案件或压缩口头辩论的时间。上诉法院审判案件听取控辩双方的口头辩论是英美法系的传统，但自 20 世纪 80 年代开始，联邦上诉法院有多达 33% 的刑事上诉案件，一些巡回区则有多达 55% 至 65% 的案件不再进行口头争论，即使是口头争论时也倾向于比较简短，一般时间限制在 15～30 分钟以内，这种改革显然是上诉案件的大量增多使上诉法院的负担过重所致。在美国这种口头辩论减少的趋势也受到了人们的批评，波斯纳是诉讼效率原则的积极倡导者，但是他却不是很认同此方式的效率性，他指出尽管压缩口头辩论是一种应对沉重案件负担的合理方式，但是它却可能导致拖延，因为更充分的辩论可对相关问题作出充分的探讨，可以让法官尽快作出判决，它可以减少法官为了作出一个值得尊敬的判决而在辩论后进行研究的数量。而这似乎正是英格兰的上诉法院能快速处理上诉案件的一个因素。

（2）为减轻上诉审法官的负担，上诉法院实行专职律师制度。专职律师的主要职责是先行对上诉案件进行甄别，以区别出案件的"重要性等级"，这样使法官能够根据律师提供的信息，来决定每个案件所需要的时间、案件审理的方式，有选择地决定如何以及何时写具体详尽的意见书。通过专职律师帮助法官进行案件的甄别，可以把一些简单的、司空见惯的、事项只涉及将确定的法律规则适用于特定的事实并可以预测结果的案件归入简单处理的范围之内，而对案情复杂和提出新的法律问题的案件、重大公共利益存在争议的案件，或者可能产生重大的先例价值的案件则列入重点审判的范围，实现上诉审程序的繁简分流，成为提高审判效率的有效办法。

（3）对案件判决不发表意见或者不印发法官意见。不发表法官意见是联邦法院改革采取的另一个回应案件增长的措施，现已成为处理不经口头辩论的上诉案件的通常方法，也成为处理经辩论案件的常用方式。过去联邦上诉法院的所有判决意见都在《联邦判例汇编》中发表，随着上诉数量的迅猛增长，上诉法院对于一些没有先例价值的案件，只是在口头辩论结束时由法官作出口头的裁决；而其他案件，尤其是没有进行口头辩论时，法院签署简短的书面指令，这种做法已经成为绝大多数上诉法院裁决的基本方式。与不发表法官意见相关的办法是不印发法官的意见，从而节省了时间，因为法官不必提供案件事实的描述。❶

（4）限制被告人的人身保护令诉讼。由于广泛适用的人身保护令构成对司法终结性的威胁，也增加了诉讼的成本并降低了诉讼的效率，招致了人们对人身保护令政策的批评。已故前首席法官沃伦·伯格认为该政策允许被宣告有罪的被告人重复地进行审查，"不必要地延误了司法以及超出合理期望地增加司法系统的负担"。人身保护令的实施由于涉及保护个人和宪法性权利与控制政府权力的需要，以及判决的终结性、确定性的维护与国家司法资源的承担能力等多方面利益的权衡，美国国会在最高法院的支持下对人身保护令的使用作出了严格的限制：规定只能有一次人身保护令审查，并在有罪判决作出后有限的一段时间里提出申请等。❷

综上所述，为减轻上诉法院的工作负担，减少上诉案件的数量，达到上诉法院审判案件高效率的目的，美国上诉法院在程序上也实施了多种改革措施，但这些措施并未取得完全的成功。由于上诉案件还在继续增加，致使偏离传统上诉程序的这些做法也常常受到抨击和指责。从美国对上诉审制度的改革中，我们也体会到审判效率价值的实现与公正和人权保障价值之间的冲突与矛盾，以实现效率价值为目标的上诉审程序的简化是以牺牲一定程度上的公正与权利的有效救济为代价的。

二、大陆法系刑事上诉制度之考察

（一）法国的刑事上诉制度

法国作为大陆法系的代表，其刑事司法制度和诉讼结构在长期的历史演变过程中形成了自身独特的风格和面貌，在刑事上诉制度方面也不例

---

❶ 尹丽华：《刑事上诉制度研究》，西南政法大学博士学位论文，2005 年 7 月。

❷ 宋冰编译：《程序、正义与现代化》，中国政法大学出版社 1998 年版，第 407 页。

外。俄罗斯学者将法国普通上诉程序的特点概括为：上诉法院对案件进行实质性审判，既审理事实问题又审理法律问题，并在重新调查证据的基础上对案件作出新的判决；陪审团作出的判决不能向上诉法院提出上诉；上诉法院只在当事人提出的上诉请求范围进行证据调查，对于当事人没有提出上诉的部分，不进行审查；上诉法院作出的新判决不得恶化被告人的地位。❶ 这一概括比较恰当和全面地反映了法国刑事上诉法院的基本特点。

1. 向上诉法院提出的普通救济程序

（1）向上诉法院提出的上诉具有广泛适用之特点。上诉法院是对违警罪法院和轻罪法院一审裁判不服进行二审的法院，也是对审前程序中预审法官作出的带有司法裁判权性质裁定进行上诉审查的法院。根据法典规定，不仅审判法院作出的实体判决可以上诉，预审法官作出的大量具有裁判权性质的裁定也可以向上诉法院提出上诉，并且构成法国刑事上诉制度的重要组成部分。在审前程序中，预审法官具有较为广泛的诉讼行为权，可以作出大量的裁定，但要接受上诉法院预审庭的监督。因此，对预审法官实施的诉讼行为，作出的诉讼裁定和决定，一旦被认为违反刑事诉讼法规定的情况，检察官及当事人都可以向上诉法院的预审庭提起上诉。在实体判决方面，对轻罪法院作出的判决，法律允许该案中的任何当事人包括被告人、应负民事责任的人、检察官，甚至驻上诉法院的检察长提出上诉。但是对违警罪法院作出的判决，并不是所有的当事人对所有判决都能提起上诉，比较轻微的案件不得提出上诉。总体而言，法国对于上诉的裁判和上诉人范围都规定得比较宽泛，尤其是法律不仅允许一审中的检察官提出上诉，还包括驻上诉法院的检察长提出上诉的规定，体现出"上诉途径具有公共秩序之性质"。❷

（2）上诉法院采取复审制对当事人提供事实和法律的全面救济。刑事第二审的设置采用什么模式，以及对案件的当事人的救济范围与一国的

---

❶ ［美］爱伦·豪切斯泰勒·斯黛丽、南希·弗兰克：《美国刑事院诉讼程序》，陈卫东，徐美君，译，中国人民大学出版社2002年版，第615页。

❷ ［法］卡斯东·斯特法尼等著：《法国刑事诉讼法精义》（下），罗结珍，译，中国政法大学出版社1999年版，第806页。

立法价值观和具体诉讼制度的整体性架构相关。查明案件事实，保证案件获得公正处理是法国刑事诉讼中占主导地位的价值目标，在上诉制度的设计中不仅要保护被告人的利益，同时还要维护社会整体的公共秩序和利益。因此法国的上诉审程序不同于英、美国家以法律审为特点的二审程序，是一种事实审程序，即二审法官不受一审法官认定事实的限制，在上诉审中法院对案件事实重新进行调查，允许当事人补充提供新证据和提出新理由，给予当事人事实和法律上的全面的救济。

上诉法院审理案件由 3 名职业法官组成合议庭进行，其具体的审理程序与轻罪法院的一审程序相同，双方当事人都应当到庭，并按照一审程序对案件进行调查，但是上诉法院没有义务再次听取已经在一审作证的证人证言，而可以根据一审的庭审记载的证言认定事实。而且根据法律规定，在所有的情况下，上诉法院有权派一名审判法官对案件进行补充侦查，❶从中可以看出法国刑事上诉制度对案件事实真相的重视和上诉审程序的事实审特征。

（3）实体裁判对抗程序缺陷——上诉法院的提审权。法国刑事上诉制度中颇具特色的程序制度是上诉法院的法官享有对程序违法案件的提审权。《法国刑事诉讼法典》第 520 条规定："如果原审判决因为不可补正的违反或缺失法律规定的必要程序而被撤销，上诉法院应当提审并对案件实质作出判决。"也就是说，上诉法院在审查时发现原审裁判未遵守法律规定的形式，存在程序违法情况时，一般不是将案件发回重审，而是运用提审权，直接对案件的实体问题作出裁判。上诉法院的提审权适用的范围比较广泛，法院的判例又对此作出扩大的解释，上诉法院能够在较大的范围内适用提审权，而不因存在程序上的问题撤销原判，发回原审法院重新审判。应对上诉法院的提审权，在法国历来是一项颇受争议的内容，其焦点在于提审权是对"两审终审制"和"上诉不加刑"原则的侵蚀。由于上诉法院在当事人争议判决中存在程序问题时，允许上诉法院对案件进行

---

❶ ［法］卡斯东·斯特法尼等著：《法国刑事诉讼法精义》（下），罗结珍，译，中国政法大学出版社 1999 年版，第 833 页。

审理并裁判，且作出的实体裁判为终审裁判，这样当事人实际上无法获得对实体问题的异议和要求重新审判的机会，因此上诉法院的提审案件也就剥夺了获得第二级法院审理的可能。提审权的适用也违背了上诉不加刑原则，因为根据提审权上诉法院适用于第一审程序对案件进行裁判，而不管上诉人资格和上诉理由和异议范围如何，上诉法院都可能对未提起上诉的那一部分当事人的事实进行处理，因此上诉法官在哪怕只有被告人一方提起上诉的情况下，也能够加重上诉人与其他当事人的不利处境，这就与刑事诉讼法确立的上诉不加刑原则相违背。❶ 法国刑事上诉制度中的提审权的规定及扩大适用，反映了法国刑事诉讼中的法官职权主义的色彩和对实体的追求，相对地忽视了诉讼中的程序公正和对当事人权利的保障作用，也反映了刑事诉讼中对诉讼效率价值的追求。

2. 法国重罪案件上诉制度的设立

法国刑事诉讼中，重罪法院审判的案件实行一审终审，没有通常意义上的上诉制度，重罪法院作出判决后便产生法律效力，当事人对重罪法院的一审判决不能按普通上诉审程序向上诉法院提出上诉，但可以就法律问题向最高法院提起非常途径的上诉。随着新世纪法国所进行的刑事司法改革，重罪案件的审判程序也发生了重大的变革。

(1) 法国重罪案件设立上诉制度的主要原因。在法国，违警罪法院和轻罪法院判处的较轻案件能够上诉，而重罪法院判处的重大案件却实行事实问题一审终审，这似乎不大合乎逻辑。然而法国的传统却告诉我们：重罪案件由通过法定程序选出的陪审团参与审判，这种被称为"人民法庭"所作的判决被认为是"从事实的角度对最后真相的表述"，其裁判也就是人民的裁判，按照"人民的决定应当是正确的"这一观念，其判决就应当是不容置疑的，因而法官是不能改变人民作出的裁决的，因此法国重罪案件实行一审终审制的理论根据就是所谓的"人民主权说"。❷ 此外还由

---

❶ ［法］卡斯东·斯特法尼等著：《法国刑事诉讼法精义》（下），罗结珍，译，中国政法大学出版社1999年版，第835页。

❷ ［法］卡斯东·斯特法尼等著：《法国刑事诉讼法精义》（下），罗结珍，译，中国政法大学出版社1999年版，第835页。

于重罪案件实行严格的预审法官和上诉法院起诉审查庭的两级预审制，它是专门为重罪法院审判的案件设置的过滤保障机制，"这一严格的审判前程序，也是法国刑事诉讼法一向不允许重罪被告人提出审级意义的上诉的重要的法律基础"。❶ 因此陪审团审判和两级预审是法国没有设立重罪上诉制度的两大重要原因。2000 年法国通过了 2000－516 号关于加强保障无罪推定和被害人权利的法律（以下简称"2000 年法律"），对刑事诉讼法作出重大修改，其中对审判阶段的最大改革内容之一，就是从 2001 年起设立重罪法院裁决的上诉制度。那么为什么法国会打破固有的传统，设立重罪上诉制度呢？应当说这有两个方面的重要原因，一是加强刑事诉讼中人权保障的需要；二是欧洲《人权公约》对法国法律的重大影响。20世纪 80 年代之后，随着整个国际社会人权保障观念的深入和发展，对法国传统的重实体轻程序，重控制犯罪而视对公民权利保障的价值观造成很大的冲击，也促使其加快了司法改革的步伐，逐步完善了人权保障的程序立法。从 1983 年开始法国的《刑事诉讼法典》多次进行修改，其中 1993年 1 月的法律修改被理论界称为对刑事诉讼具有深远影响的法律改革。1997 年法国又开始了新一轮的刑事司法改革，而"2000 年法律"是对现行 1958 年刑事诉讼法典及其他有关法律的最为雄心勃勃的改革之一，"也是新任司法部长基古夫人于 1997 年 10 月宣布的司法改革计划的重要组成部分"。"2000 年法律"涉及刑事诉讼的各个阶段，包括先行羁押、设立重罪判决上诉、加强被害人的保护、实现刑罚执行的司法化等诸多内容，其中重罪上诉制度的设立成为该法律的核心部分。1974 年法国加入欧洲《人权公约》，但是对公约中的个人申诉权的条款予以保留；1984 年法国正式加入该条款，即法国公民如果认为法院对其终审判决具有侵犯该条款所确认的基本权利，可以直接向欧洲人权法院提起上诉。迄今为止，法国已有多人提出过这样的上诉，欧洲人权法院也在判决中谴责法国法院的一些裁决违反欧洲《人权公约》的内容。《人权公约》第 6 条赋予了被告人

---

❶ 卞建林，刘玫：《外国刑事诉讼法》，人民法院出版社、中国社会科学出版社 2002 年版，第112 页。

有获得公正审判的权利，该公约第 7 号议定书第 2 条确认了被法院宣告犯刑事罪的任何人都有权请求上一级法院审查对其作出的有罪宣告或判刑判决，而法国重罪一审终审的传统与公正审判权和获得两级法院审判权的规定相违背。可以说人权保障的观念的逐步加强和《人权公约》的制约机制，是直接推动法国刑事司法改革和设立重罪案件上诉制度的重要原因，并在改革的进程中逐步地向着程序正义和人权保障的方向努力。❶

（2）重罪程序的改革——重罪轮转上诉制度的设立。重罪上诉制度的设立，使被判决者获得了第二次申辩的机会，从程序和实体上对于保障被告人的权利都有着重要的意义，也与《人权公约》的原则相符合。但是"2000 年法律"并未设立重罪上诉法院，而是确立了由最高法院指定另一个重罪法院对案件进行重新审理的制度。被指定的重罪法院审理上诉案件基本上适用原程序规则重新进行审判，不过重罪上诉仍保留了一些上诉原则，如重罪法院并不一定要了解全部的案卷材料，对当事人没有提出上诉的部分不再进行庭审调查，判决不得加重被告人的刑事责任和民事责任。需指出的是，法国于 2002 年和 2004 年又对刑事诉讼法作出新的修改。其中 2000 年的法律规定重罪法院作出的无罪判决，检察官不能提出上诉；而 2002 年 3 月的法律修改为检察官和检察长对重罪法院作出的无罪判决也可以提出上诉。法律的这一改革，体现了法国刑事诉讼中对惩罚犯罪和保障人权并重的平衡精神和检察官维护社会利益的立场。❷

法国的重罪上诉制度与其他国家上诉制度相比，最大的特点是没有专门的上诉法院，而是由另一个重罪法院重新审判，这种上诉被称为轮转上诉制度或者巡回上诉制度。在法国，之所以没有设置常设上诉法院，资源和资金上的沉重负担显然是主要原因；此外，还由于其上诉案件的审理仍旧采用陪审制，由于多数由非职业人员组成，这在性质上与创设一个常设的和不变的上诉机构是不相容的。不过法律还是对轮转上诉作出重要的校正，即对上诉案件审判时，陪审团的人数由原来的 9 人增加到 12 人，目

---

❶ 尹丽华：《刑事上诉制度研究》，西南政法大学博士学位论文，2005 年 7 月。
❷ 陈卫东，刘计划，程雷：《法国刑事诉讼法改革的新进展》，载《人民检察》2004 年第 10 期。

的在于给第二审的裁决以更大的合法性。随着重罪上诉制度的设立，对重罪案件实行二级预审制也就变得没有必要了，因此新法取消了作为法国刑事司法传统重要特征的二级预审制。

3. 对最高法院上诉性质的认识

（1）法国最高法院的审级属性。法国最高法院的刑事审判庭是专门管辖刑事上诉案件的法庭，不对上诉案件的事实问题和实体问题进行审判，仅负责从法律角度对下级法院的裁判决定进行审查，对各级法院适用实体法律和程序法律进行监督，最终确保法律解释的统一，促使各级法院对法制的遵行。对于最高法院的功能与属性的认识，法国学者认为它与上诉法院不同，上诉法院既审查案件的事实问题，也审查法律问题；而最高法院不是事实审法院，它不对诉讼本身进行审理，而是从法律的角度判断向其提出的上诉，如果认为法律得到正确的适用则驳回上诉，否则将会被撤销，因此"不构成案件的第三审级"。❶ 可见法国学者对于审级法院，是以该法院是否进行事实审查为标准来理解的。如果单从审查的范围是事实问题还是法律问题来认识最高法院的属性与功能，应当说对案件进行法律审是各国（除我国）最高法院的共同特点。但是在各国的法院系统中，最高法院被作为审级法院，通常也就是第三审级的法院。法国最高法院的性质和受理案件的范围确实具有自己的特点，表现为：其一，按照刑事诉讼法典的规定，准许向最高法院提出上诉的是具有司法裁判权性质的决定，均应是终审作出的决定；而其他国家最高法院作为最高审级法院，受理的对象通常是非终审案件。如日本、德国和我国台湾地区"刑事诉讼法"都将"最高法院"称为"终审法院"，在当事人提起上诉时，最高法院作出裁判后才产生终审的既判效力。法国法典所界定的终审裁判与决定是指不得再向上诉法院提出上诉或者不得提出缺席裁判异议的决定，或者已由上诉法院作出宣告的裁判。而终审的裁判又不等于具有既判力的裁判，其中为当事人利益提起的上诉就不属于具有既判力的案件，而检察长

---

❶ ［法］卡斯东·斯特法尼，等：《法国刑事诉讼法精义》（上），罗结珍，译，中国政法大学出版社1999年版，第30页。

为法律利益提起的上诉案件和再审之诉的案件都属于具有既判力的案件。❶其二，最高法院是撤销性质的法院，撤销判决构成了法国最高法院的特色。上诉请求人只有以"撤销理由"的形式才能向最高法院提出上诉，由于最高法院不就事实进行审判，所以发现下级法院的裁判存在法律上的错误时，不是以自己的判决代替下级法院的判决，而是将该判决全部撤销，然后将案件回转至另一个与原审同一级的同一性质的法院，以使同一案件从事实上与法律上得到重新审理，因此法国的最高法院素有撤销法院之称。

笔者认为，法国最高法院与其他国家最高法院法律审在功能上并没有实质性差别。在审级的意义上，各国的最高法院都被定位为对法律问题审判的法院，法国的最高法院也是"法律的法官"承担审查法律问题的职责，以实现和维护法律的统一和正确适用为目的，并且与其他国家最高法院审理第三审案件范围、期限及效果上的要求也没有实质性的区别。虽然向最高法院提起的上诉被确定为非常上诉途径，但是其中为当事人利益提起的上诉，法律规定了严格的上诉期限，当事人只有 5 天的上诉期限，比其他国家允许上诉的期限还要短暂；并且提起上诉后也产生裁判中止的效果，即在上诉的期限内和整个上诉期间里刑事裁判处于暂行停止执行的状态。因此，我国的学者也认为，在法国"实际上重罪案件是经二审终审"的，即重罪法院作出一审判决后，当事人可以向最高法院就法律性问题为当事人利益提出上诉。❷现在由于重罪上诉制度的设立，对重罪法院一审的案件可以进行第二次的事实审，之后当事人还可在法定期限内当事人就该案件涉及的法律性问题上诉到最高法院，因而实际上对重罪案件也实现了三审终审制。轻罪和部分违警罪法院初审的案件符合法定的上诉理由时，也允许上诉至最高法院，因此法国的最高法院也具有第三审法院的功能和作用。

但是，最高法院刑事庭所受理的刑事案件并不是全都属于审级意义上

---

❶ ［法］卡斯东·斯特法尼，等：《法国刑事诉讼法精义》（上），罗结珍，译，中国政法大学出版社 1999 年版，第 862 页。

❷ 陈光中，徐益初主编：《外国刑事诉讼程序比较研究》，法律出版社 1988 年版，第 260 页。

的第三审。最高法院受理的上诉案件分为撤销之诉与再审之诉两大类，撤销之诉又包括为当事人的利益提出的上诉和为法律的利益提出的上诉两种，再审之诉是针对终审裁判发生事实上的错误所设置的特别救济程序。其中，为当事人利益向最高法院提起的上诉效果实质上与其他国家审级范围内的法律审上诉的性质大体相同，应当将其视为第三审上诉；而申请再审程序显然不属于第三审上诉，与其他国家的再审制度具有同一性质。而为法律之利益由检察长提起的上诉也不应属于审级意义上的上诉，这种上诉仅由驻最高法院总检察长，或者由上诉法院检察长针对发生既判力的裁判提出的上诉，其目的是对下级法院的法官所作裁判中发生的法律上的错误进行审查、纠正，以此保证法院判决的统一和对法律的尊重。它是一种纯理论上的撤销原判，不会产生案件发回重审的效果，也不会对案件的各当事人的命运有所影响，尤其是对判决无罪的被告人地位不会产生不利影响，其性质等同于日本和我国台湾地区刑事诉讼中的非常上诉程序。

（2）为当事人利益提起的上诉程序——法国的第三审上诉程序。尽管法国将向最高法院提出的上诉都确定为对终审裁判的非常上诉途径，但笔者认为其中为当事人的利益提出上诉可以看作审级意义内的第三审程序，相当于为当事人提供的一种法律上的救济手段。

为当事人利益提出上诉的程序与上诉法院审判的程序有所不同，它是在原审法院认定事实的基础上专门就案件的法律性问题进行的事后审查与判断方式。当事人提出这种上诉时，应当提出上诉理由书阐明具体的上诉理由，并且指出原判决所违反的法律条文。刑事庭由5名职业法官组成合议庭进行审理，通常采取不开庭审理的方式进行审查，即使在开庭时当事人也可以不出庭，而由代理律师出庭就上诉理由进行口头陈述，最后检察院提出意见。合议庭经审查和讨论认为上诉没有根据，应作出驳回上诉的判决；上诉理由不足时，法院也作出驳回上诉的判决。如果认为上诉有法律上的依据，则作出撤销。在法国撤销判决通常都是全部撤销，并将案件发回到作出被撤销的裁判法院属于同一类、相同级别的另一个法院重新审理。在法国受移送的法院可以不受最高法院刑事庭作出解释的约束，而有自由评断案件的权力，甚至可以作出与原审法院相同理由的裁判。在此情况下，当事人可再一次向最高法院提出上诉，如果上诉的理由与第一次相同且涉及相同的当事人，应当由最高法院大法庭解决最高法院与下级法院之间可能发生的法律问题上的冲突。如果案件并无任何需要实体审理的事由，最高法院对其受理的案件也可以作出撤销原判而不发回重审的裁判。

（二）德国的刑事上诉制度

近些年来，德国以提高诉讼效率价值为目标的刑事司法改革，形成了对实体真实的观念冲击，如通过立法放弃了起诉法定主义的传统，审前程序中检察机关不起诉的范围在逐步扩大。在审判程序中一种被称为"协商文化"的控辩双方的协商与辩护方与法院之间的协商也通过最高法院的判例得到肯定并普遍适用于刑事司法领域，构成了美国辩诉交易制度的德国版本。但是这些改革对刑事上诉制度并没有产生直接的影响。德国的普通法院由四级法院构成，实行三审终审与两审终审相结合的多元审级制度，其审级内的法律救济程序由上告、上诉和抗告组成。其中上告和上诉是针对法院判决不服设置的第二审和第三审上诉程序，而抗告是对法院裁定、审判长的决定设立的上诉程序。在上告审程序中实行典型的复审制，给予当事人事实和法律上的全面救济；在上诉审程序则实行事后审制，只为当事人提供法律上的救济，而且在德国刑事诉讼中还设置了体现效率价值的越级上诉制度。

1. 德国的第二审上诉——上告审程序的特点

首先需要说明的是，第二审上诉专指州法院审理的不服地方法院一审判决提出上诉所适用的程序，其他上级法院受理的上诉都属于第三审上诉，尽管该案件可能只是第一次上诉的案件。换句话说，凡是上诉法院对事实和法律问题都进行审查的上诉属于第二审上诉——适用上告程序，只对案件中涉及的法律问题进行审查的上诉属于第三审上诉——适用上诉审程序。

（1）上告审法院以复审方式对事实和法律进行全面审查。德国的上告审也是广泛救济性质的事实审程序，但是在上诉资格方面有上诉利益的限制，如果上诉人没有上诉利益，提起的上诉不会被州法院所接受。德国学者认为："如果一裁判不会带予一人不利影响，则其亦无为法律所保障之权利，以更改该裁判，也为此并无必要予其提起法律救济之权利。因此法律上不利益之成立乃为提起法律救济时的一般性实际的许可性要件"❶。对此，被告人不能对无罪判决提出上诉，即使他不同意法庭作出的判决理由。德国的检察机关是重要上诉人，它是维护公共利益的国家机关，无论是就有利还是不利被告人的情形，只要是裁判不正确，都被认为造成了检察机关的不利益，因此检察机关也有权对不利被告人的判决提出上诉。依据 1993 年 3 月 1 日起生效的《刑事诉讼法》第 313 条的规定，在极轻微的法律上不利益的案件中，是否允许上诉由上诉法院裁决，如果上诉法院根据其自由裁量权，认为上诉明显无意义，就可以拒绝受理该上诉。德国的上告审结构是一种复审型的结构，审查和审判的程序一般与第一审程序没有区别，因此这种审理的方式，在德国也被看做对诉讼标的进行的第二次之第一审。二审法院不以一审所认定的事实为基础，而是按照直接、言辞原则对案件事实和证据进行调查，在审判中允许当事人提供在一审程序中没有提出的证据和新的事实。在第二审上诉中不仅当事人应当出庭，证人也应当出庭作证；只有在其查明真相的义务限度内，而且被告人同意的情况下，上诉法院才可以以地方法院的庭审笔录来代替证人的实际出庭作证。

（2）上告审程序以自为判决为原则，严格限制发回重审。如果上诉法院通过审理在定罪和量刑等方面得出与一审法院相同的结论，法官将驳回上诉维持原判；如果法院认为上诉理由成立，原审的判决存在着事实或者法律上的错误，法院应在上诉人的上诉范围内撤销原判，并依据庭审调查直接获得的结果作出新判决。正是由于德国的第二审对案件的事实和证据进行直接调查，法官对证据的认识方式与第一审法官几乎没有什么差别，因此法官对法律和事实问题可以径行作出判决以取代下级法院的判决，否则二审法院完全重复第一审程序也就变得没有实际意义了。1987

---

❶ ［德］克劳思·罗科信：《刑事诉讼法》（第 24 版），吴丽琪，译，法律出版社 2003 年版，第 490 页。

年《刑事诉讼法》未作修改前，上告审法院审判后往往随意撤销原判，并将案件发回重审，1987年这种任意发回重审的规定被废除，法律要求只有在下级法院发生管辖权错误时，才能撤销原判并将案件发回有管辖权的法院重审。上告法院的复审制结构由于是第一审程序的重复，不利于体现诉讼效率价值，因此也招致德国学者的批评，他们认为这是一种浪费和重复的审理形式，"稀缺的司法资源被一个只要一方当事人要求，甚至不提出任何理由就给予全新的审判制度浪费了。而且，对于发生在离犯罪时间更远的几个月后的新的审判能更好地查明事实这一点，也令人怀疑。"❶也有人提出，由于二审的第二个事实审的存在，将会导致第一审的法官在审判中出现马虎而不仔细审查的可能，其结果是诉讼程序的重点移向第二审，而忽视和削弱了第一审的事实认定功能。❷虽然学者对第二审上诉有不同的看法，但是在近年来的刑事司法改革中，并没有对上诉制度及二审审理方式进行改革，仍旧体现上诉审对事实真相查明和追求实体公正的价值目标，及对个案当事人提供的有效救济。

2. 德国的第三审上诉——上诉审程序的特点

德国的第三审上诉与第二审上诉的最大的区别是只审查法律问题，地方法院判决的案件也可以只就法律问题越级上诉于第三审法院，越级上诉制度体现了第三审法院在维护法制统一方面的功能，也是对诉讼效率价值的认可。

（1）第三审上诉完全由职业法官组成合议庭进行审理。与英美国家上诉法院完全由职业法官组成合议庭不同，德国的上告审程序是由职业法官和非职业法官组成的混合型上诉法庭对事实和法律问题进行全面审理，而州高等法院和最高法院进行法律审时只由职业法官进行。按照法典的要求，高等法院和最高法院审判上诉案件分别由3名和5名职业法官组成合议庭进行，由于最高法院具有统一法律解释和适用的重要功能，当不同的

---

❶ ［德］托马斯·魏根特：《德国刑事诉讼程序》，岳礼玲，温小洁，译，中国政法大学出版社2004年版，第220页。

❷ ［德］克劳思·罗科信：《刑事诉讼法》（第24版），吴丽琪，译，法律出版社2003年版，第501页。

合议庭之间存在对类似案件处理上的分歧时，最高法院通过设置联合合议庭和法官大会等程序，共同审判最高法院合议庭之间存在意见冲突的案件或被认为提出了重大原则性法律问题的案件，以发挥最高法院保证全国范围内法律统一正确适用的作用。

（2）上诉审程序是一种附理由的法律救济程序。与第二审上诉不同，允许提出第三审上诉的案件仅限于法律问题，因此第三审上诉是一种有限上诉。即当事人只能以事实审的法官作出的判决违背法令包括实体法和程序法为理由提出上诉，刑事诉讼法规定了能够上诉的相对和绝对的上诉理由。绝对的上诉理由属于特别重大的程序违反，不需顾及是否对判决有无影响；而相对的违背法令的理由，虽然有错误的发生，如果对裁判不发生影响，则该违背法令还不能成为第三审上诉的理由。第三审法院对当事人提起的上诉实行预先审查制度，以过滤和筛选出不符合上诉理由的案件，控制上诉到第三审法院的案件数量。但是为防止第三审法院在预先审查中随意驳回上诉，法典设置了保全措施：即第三审法院在驳回裁定前需有一检察官的声请，必须由检察机关和法院这两个机关均一致地认为该第三审上诉明显无理由时才能驳回；同时检察官应将声请及其理由告知被告人，被告人可以在两周内提出书面的答辩。即便如此，在实务中仍有80%的案件被认为明显无理由和没有意义未经开庭审理而被驳回。❶

（3）上诉审法院以撤销原判发回重新审理为原则。州高等法院和最高法院审理第三审上诉案件的程序有别于第二审程序，应当受到下级法院的事实认定的约束，因此不得再进行证据调查，只有因程序错误提出上诉而且从审判的笔录中无法判断该项错误的成立与否时，才例外地进行调查证据。如果上诉审法院审理后认为下级法院的判决无误，应以上诉无理由加以驳回。如果认为上诉理由成立，应当撤销原判，因为第三审法院无法亲自为案件事实进行重新调查，因此原则上应将案件发回原审级法院或者同一州的其他重审，下级法院重新审判案件时受上诉法院作出决定的

---

❶ ［德］克劳思·罗科信：《刑事诉讼法》（第24版），吴丽琪，译，法律出版社2003年版，第526页。

约束。

3. 德国的抗告——针对裁定和决定的上诉程序

抗告是为不服法院的裁定及审判长的处分决定、侦查程序的法官作出的处分决定而设置的一种法律救济程序，属于针对法院作出的各种程序性裁判不服所适用的上诉程序，也被称为居间上诉程序。在德国，抗告是一种适用范围较广泛的法律救济形式，只要是法律无明文规定不得抗告的，都可以提出抗告。但是为了防止整个审判程序变得支离破碎，通常情况下，对审判法院于判决宣告之前所作出的与判决内容有着直接关联的裁判不得提出抗告。例如，对证人是否需要宣誓或有关证据申请的裁判，由于此种措施与判决的宣示有直接的关联性，如果当事人不服，可以以对判决不服为理由提出第二审及第三审的上诉。因此抗告审程序所针对的主要是侦查法官在审判前所作出的各种决定，以及初审法院在审判过程中所作出的与判决无明显关联的裁定，尤其是那些与审前羁押以及其他强制措施有关的司法处分，其目的在于撤销法院的裁定或强制其履行作出某些裁定的义务。

提出抗告人的范围较为广泛，被告人、辩护人和其他代理人以及检察机关等都可以提出抗告，抗告所涉及的其他人也有权提出，如在强制作证程序中的证人、扣押时的保管人及在返还扣押物品时的受害人等。因此在德国抗告具有广泛适用的特点，虽然提出抗告后不停止司法决定的执行，但是在司法实践中仍然被相当频繁地使用。抗告首先向作出裁定或决定的法院提出，该法院可重新考虑并修正或者撤销所争议的裁定或者决定，从而排除上诉的根据。但法院希望维持原来的裁定或决定时，则要在3天内将有关的事项移交给上诉法院，构成对该裁决的上诉。上诉法院对于抗告的问题有权进行事实和法律上的审查，但不必经过言辞审理，可以在案卷和双方当事人的诉讼要点摘要的基础上作出决定。一般说，法院对抗告作出的决定是有最终效力的，但是对于州法院作出的关于审前羁押的决定，可以进一步抗告到州高等法院。❶ 该程序的设置对于诉讼程序过程中的公

❶ 尹丽华：《刑事上诉制度研究》，西南政法大学博士学位论文，2005年7月。

民权利救济具有积极的意义。

(三) 日本和俄罗斯的刑事上诉制度

日本和俄罗斯的刑事诉讼制度都具有大陆法系传统，但这两国在刑事诉讼制度上都发生了重大变革，形成了有别于职权主义更倾向于当事人主义的混合式的诉讼模式。在刑事上诉制度方面，两国和法、德有一些共同的特点，如都通过专门的刑事诉讼法典对上诉制度作出较为具体详尽的规定；在上诉人方面，都作出比较宽泛的规定；在刑事上诉原则方面都确立了禁止不利变更原则和有限审查原则，等。但是，这两国刑事上诉制度方面又有不同于大陆法国家也不同于英、美、法国家的特点。

1. 日本刑事上诉制度的主要特点

日本现行的刑事诉讼法于 1949 年实施以来，在 50 年的时间里，几乎没有进行过大的增补和修改，被认为是"没有悬念的法律"，然而自 20 世纪 90 年代开始，日本开展了较大规模的司法改革制度，尤其是最近几年更加速了刑事司法改革的步伐，制定了专门的电子通信监听、犯罪被害人保护措施和裁判员参与刑事审判等单行法律。随着这些单行法律的颁布，刑事诉讼法也进行了相应的修改，并于 2004 年 5 月在国会上获得通过。[1] 最新的修改主要以提高审判职能和效率以及国民参与司法为核心目标，设立了审前争议整理程序和证据开示程序；建立了重大案件的裁判员制度；确立了起诉阶段的即决审判程序等。[2] 但日本近年来对刑事上诉制度一直未作相应修改。日本的上诉制度由控诉、上告和抗告构成。其中控诉和上告都是针对不服判决所设置的上诉程序，而抗告则是针对法院作出的各种裁定或命令所设置的上诉程序。"二战"前日本的刑事上诉制度具有大陆法特点，在控诉审中实行如同法、德的复审型结构，"二战"后改采事后审制。

(1) 以事后审为基本特征的控诉审程序。日本控诉审的结构究竟是

---

[1] 陈光中主编：《21 世纪域外刑事诉讼立法最新发展》，中国政法大学出版社 2004 年版，第254—258 页。

[2] 彭勃："日本刑事诉讼制度的新变革"，载《人民法院报》2005 年 1 月 7 日。

事后审制还是续审制,在日本学者中有不同的争议和认识,"二战"之后,日本新刑事诉讼法制定时深受美国的影响,对二审控诉结构进行了改革,改革后的"控诉审原则上是审查一审判决当否的'事后审',并非与一审判决的当否无关的、重新开始的一审的'复审',也不是继续第一审审理的'续审',但是也有例外"❶。结合日本刑事诉讼法就控诉审上诉理由的规定,我们认为,日本控诉审的基本结构形态属于事后审形态,但并非完全对法律问题的事后审,也包括对某些事实问题的事后审。从法律规定的审查内容看,一般限于对法律问题的审查;"但是就实际运作看,很难完全成为道地的、纯粹事后审查审(即法律审的事后审查审)结构。换言之,刑事第二审之结构,除具有事后审的性质(主要的性质)外,亦具有审查事实误认或量刑不当等具有事实审特性之上诉(事实审之事后审查审)"❷。因此,日本的事后审,与美国上诉法院所采取的只就原审法院有无法律上的错误进行审查,不审查案件的事实问题也不接受新证据的事后审形态,有一定的区别。

根据刑事诉讼法的规定,控诉审法院一般仅就第一审判决所认定的事实及适用法律是否适当进行事后审查,上诉人的上诉理由就是第二审的审理中心,原则上法院应基于原审法庭调查的根据和诉讼笔录所展示的事实,判断有无提出控诉的理由。但是依据法典第382条的规定,以量刑不当或误认事实为理由提出控诉时,如果有证据证明的确是由于不得已的事由,在一审辩论终结前未能请求调查的证据所能证明的事实,以及在第一审辩论终结后判决前所发生的事实,都可以成为控诉的理由。因此在控诉审中并非完全不允许法院依职权对事实进行重新调查,在判断有无上诉理由存在的情况下,可出现对新事实和新证据的调查,而且需要在公开的法庭上以言辞主义和辩论主义进行调查,并可在调查的基础上撤销原判并作出自为的判决。日本的通说认为,控诉审是事后审,但撤销原判、自行审理的是续审。可以说,日本的控诉审是一种以事后审为主并兼有一定限制

---

❶ 裘索:《日本国检察制度》,商务印书馆2003年版,第210页。
❷ 黄朝义:"刑事卜诉审构造问题",载《东吴法律学报》(台)2001年第13卷第1期。

程度上的续审特征，这就与美国的法律意义上的事后审有所不同，体现出一定程度上的混合式特点。

（2）以严格的法律审之事后审为特征的上告审程序。上告审程序也是事后审程序，与控诉审不同的是上诉理由受到严格的限制，它是对违反宪法性的重大法律问题及违反最高法院或者高等法院的判例等法律问题进行审查的程序，也就是说只有涉及宪法和法律解释的重要事项才能提出上告，而且上告审法院通过程序审查先行驳回不符合法定理由的上诉案件，从而减少上告审法院实际审理的案件数量。日本之所以对上诉到最高法院的案件规定了严格的理由之要件，除为有利于实现最高法院发挥统一法律适用与解释的功能外，还有一个现实的原因——最高法院只有 15 位大法官，过多的上诉将无法承受。日本将控诉设计为主要以违反法令为控诉理由的上诉程序，并采取事后审的结构，使日本的第二审侧重于对当事人提供法律上的救济而非事实上的救济，在客观上对减少向最高法院提出上诉的案件起到分流的作用。这样最高法院的上告审程序更能够关注对违反宪法和判例等重大法律问题的审查，在实现统一法律适用功能方面发挥重要作用。

2. 俄罗斯的刑事司法改革和上诉制度的主要特点

苏联解体后俄罗斯走上了全面司法改革之路，2001 年 11 月通过的《俄罗斯联邦刑事诉讼法典》（以下简称新法典）是刑事司法改革的重要成果之一。新法典大量地吸收和借鉴了英、美法中对抗制成分，形成了辩论式的刑事诉讼结构。俄罗斯依据多元诉讼价值理念制定的新法典与原来的苏俄法典相比在许多方面都有重大改变，它重新划分了法院、控诉方和辩护方各自的职能和地位，突出强调了法院在刑事审判中的中立与被动，设置了多种刑事审判程序以保持刑事诉讼的公正与效率价值间的平衡。新法典在某些方面的规定具有一定的超前性，如法典第 75 条就有"证据不允许采信的规定，使我们可以毫不犹豫地认为收集证据时的任何违法，都会导致在审理时将它们排除证据的清单"。这种不加例外地对违法取得的证据完全排除的做法，就连以强调正当程序为首要价值的美国也没有采纳，而是在适用中允许有某些例外情形的存在，因此这在俄罗斯是颇具争议的条款之一，它招致理论界和实务部门批评和质疑。新法典从起草到实施经历了十余年的立法过程，它是对俄罗斯刑事司法改革的总结，也是俄罗斯在通往法治国家道路上迈出的重要步伐。当然现在对法典中的一些新规定进行全面和最终的评价为时尚早，它所体现出的革新观念对于俄罗斯的普通民众还有一个转变和接受的过程，它的全面实施还有一个与其他法律和配套制度相磨合和协调的过程，它的实际效能更有一个等待实践全面检验和评判的过程。审判程序部分是新法典改革的重点内容，苏俄法典中不论案件的复杂程度和社会重要性如何，都由单一的审判组织适用单一的审理程序；新法典针对犯罪案件的轻重和不同性质确立了不同审判组织和审判程序，体现出立法者在刑事审判程序中对公正与效率价值目标的妥协与权衡。与此相适应，新法典对刑事案件分设了两种上诉审程序：第一，上诉审程序只针对治安法官作出的第一审裁决所适用的程序；第二，上诉审程序是针对其他审判组织作出的第一审裁决和按第一上诉审程序裁判后再上诉时所适用的程序。因此新法典就上诉审程序的设置与原法典相比在体例上发生了重大变化。

（1）俄罗斯的刑事审判法院与审级制度的特点。俄罗斯的普通法院系统由区法院、联邦主体法院（共和国最高法院、边疆区法院、州法院、联邦直辖市法院、自治州法院、自治专区法院）和俄罗斯联邦最高法院构成，这是按行政区域和行政层级设置的三级法院。此外，俄罗斯总统于1998 年签署了《俄罗斯联邦治安法官法》，在各联邦主体范围内设置了治安法官，使治安法官成为特殊的法院序列中的一级。因此也可以说俄罗斯的普通法院由四级组成，但是治安法院管辖的刑事案件范围比较有限，只受理法定最高刑为三年以下刑罚的自诉案件。区法院是绝大部分刑事案件的初审法院，同时也是治安法官审理刑事案件的第一上诉法院；其他各级法院既是刑事审判的一审法院，也是第二上诉审法院。在审级制度上，俄罗斯实行三审终审与两审终审并行的审级制度，相应地上诉审程序划分为第一上诉审程序和第二上诉审程序，但是从总体上说，两审终审制仍然是俄罗斯基本的审级制度。

（2）俄罗斯刑事上诉主体具有广泛性的特点。在新法典中检察机关的地位和职权发生了重大的转变，由原来的全面诉讼监督职能转变为以追究刑事犯罪为目的的控诉职能，检察长对法院审判活动实施监督职能被取消，但是检察长作为维护社会公共利益的控方当事人同样有权对法院裁判中的错误提出上诉。此外，被害人和被告人等都有权提出上诉，在前述的两大法系国家都没有赋予被害人以上诉权，唯有俄罗斯的刑事诉讼法中明确规定了被害人具有提起上诉的权利。被宣告无罪的人也有权对无罪判决的理由和根据提出上诉，民事当事人有权对法院的刑事裁决中涉及的附带民事部分提出上诉。此外，被告人的辩护人也是独立的上诉权利人，不受被告人意志的约束。因此，俄罗斯刑事诉讼法中上诉主体范围具有广泛性的明显特征。

（3）俄罗斯第一上诉审程序是一种复审型的上诉结构形态。新法典在法院诉讼程序部分设置了不同的审判组织和审判程序，并赋予被告人选择审判组织的一定自主权。其中独任的治安法官审理案件的程序是一种特别程序——和解程序，即治安法官可以主持被害人和被告人进行和解，如果双方提交了和解申请，法官便不再进行审判。如果双方达不成和解协议，治安法官有权审理案件并作出判决。由于治安法官属于非职业型法官，为保证审判程序的正当性和案件审理的正确性，法律专门规定了对治安法官审判的案件，当事人享有两次上诉救济的机会。

当事人对治安法官作出的一审裁决不服，有权按第一上诉审程序提出上诉，受理上诉的法院为区法院，并且由职业法官一人进行审理。早在1864年随着俄罗斯治安法官制度的设立，依据1864年《刑事审判条例》的规定，对未生效裁决分别设立了两种上诉程序。两种上诉程序的最大区别是前者属于全面复审型的审判模式，不仅要审查第一审法院是否遵守了法律程序和适用实体法的情况，而且从实质上对案件进行事实调查。这种上诉审的结构与法、德及英国刑事法院对治安法院判决的上诉审理方式有着相同程序，且正确地适用了实体法规范。2000年7月俄罗斯联邦通过关于对治安法官裁决的上诉审程序法律，构成了苏俄刑事诉讼法典的第12编，并通过新法典的第13编进一步确认了第一上诉审程序。因此可以说新法典确定的第一上诉审程序，在某种程度上是对1864年《刑事审判条例》中确立的治安法官制度及其上诉程序的回归。

新法典规定的上诉审程序中体现出对个人权利的保障和主体地位的尊重,因而在上诉审程序中当事人未提出上诉的部分,法院原则上不再依职权进行调查,这与俄罗斯传统的法律观念中为维护社会利益对上诉案件进行全面审查不受上诉范围限制的要求有很大不同。依据第一上诉审程序审理案件后,可以作出维持原判决、撤销原判宣告受审人无罪,或者终止刑事案件、有罪判决、变更一审法院的判决等多种判决形式,但是上诉法院不能作出发回原审法院重新审理的判决或裁定。与英国的刑事法院审理上诉案件最大不同的是,俄罗斯的第一上诉审应当遵循"禁止不利变更"原则,在被告人提起上诉的情况下不得恶化其地位。

(4)第二上诉审程序属于事后审的上诉结构形态。与第一上诉审不同,第二上诉审程序是俄罗斯刑事诉讼中的基本上诉程序,除治安法官作出的裁决适用第一上诉审程序外,对其他法院的第一审案件的上诉也适用第二上诉审程序。区法院按照第一上诉审程序审判后作出的裁决,当事人不服时也有权再按照第二上诉审程序提起上诉。第二上诉审法院是针对判决进行事后审查的一种结构,仅评判原审法院的裁判有无错误,判决是否充分和是否公正,因此它不是向复审和续审那样对案件本身进行审查。其审查的方式主要是上诉审法官通过对原审法院移送的书面材料进行审查,不限于案件中的法律问题,也涉及对判决所认定的事实问题,属于事实审之事后审形态。第二上诉审法院必须采取开庭的方式听取双方对上诉理由的陈述,在此基础上评议并作出判决,由于法院不直接对案件事实进行调查,所以证人和鉴定人不需要出庭,被判刑人甚至也可以不出庭。所以,第二上诉审程序显然不同于第一上诉审程序。在审判过程中,控辩双方有权向法庭提交补充材料,但是提交补充材料的目的不是对案件事实本身进行审查,而是证实或推翻上诉或抗诉的理由。与第一上诉审程序不同,第二上诉审法院审理后不能直接作出被告人有罪或者无罪判决,而只能作出维持判决,或终止刑事案件的判决,或撤销并发回重审的判决及变更判决,一般只就量刑和适用实体法律的理由才能变更裁判,并受"禁止不利变更"原则的限制。在第二上诉审的法院变更判决时不得恶化被判刑人的地位是必须坚持的原则，法律不允许法院将无罪判决撤销直接作出有罪的判决。

（四）我国台湾地区的刑事上诉制度

1. 我国台湾地区刑事诉讼制度的改革

世界范围内司法改革的潮流也对我国台湾地区的"法律"制度产生了强大的冲击，导致了沉寂数十年的刑事诉讼制度在最近几年发生了重大的变革。我国台湾地区的"刑事诉讼法典渊"源于国民党时期于1935年制定的《中华民国刑事诉讼法》，并于1945年在我国台湾地区实施以来，在1967年进行了全文修正之后，一直没有做大的改动。但是，从1997年开始每年都有条文修改，1999年年初"司法院"更提出了《司法改革蓝皮书》，建构了一套兼具理想与现实的司法改革措施，而同年的"法务部"也公布了《检察改革白皮书》。虽然"蓝皮书"和"白皮书"中未对刑事司法改革的目标进行充分详细的规定，但在同年的3月，我国台湾地区"司法院"院长翁岳生发表了题为《迎接新世纪的挑战，加速司法改革》的文章，明确地阐述了我国台湾地区司法改革的宗旨，其中便包括"实现司法为民的理念""推动公平正义的诉讼制度""改造跨世纪的现代司法制度，以提高司法效率""讲求程序正义""提供合理的审判环境"等内容。从中不难看出，我国台湾地区的刑事司法改革，也是以追求公正和效率作为刑事司法改革的两个重要目标的。1999年7月在台北举行了为期三天的"台湾司法改革会议"，从而把我国台湾地区的司法改革推向了高潮。2002年1月我国台湾地区"立法院"通过的"刑事诉讼法"修正案，共修正15条，并增订了9条。其"蓝皮书"和"白皮书"的公布、司法改革会议的召开、"刑事诉讼法"的修正，是我国台湾地区刑事司法改革方面的标志性工程，在一定程度上为我国台湾地区进一步的司法改革奠定了较为坚实的基础。2002"年刑事诉讼法"修正时将第163条修改为"当事人、代理人、辩护人或辅佐人得声请调查证据，并得于调查证据时，询问证人、鉴定人或被告。审判长除认有不当者外，不得禁止之。法院为发现真实，得依职权调查证据。但于公平正义之维护或对被告之利益有重大关系事项，法院应依职权调查之"。上述条文，被学者认为确定了我国台湾地区的"刑事诉讼法典""自'职权主义'改采'改良式当事人进行主义'，诉讼之架构发生彻底的改变，整部'刑事诉讼法'可能因此完全改写，可称为'革命'期的开端"。无因这次"刑事诉讼法"改职权主义为当事人进行主义，而称之为"第二次革命"。确实，一年后，即 2003 年 2 月 6 日，我国台湾地区重新又对"刑事诉讼法"进行整体性的修改，成为 1967 年以来最大的一次修改，变动的条文多达130 余处。❶

2003 年"刑事诉讼法"修改的重点是以落实当事人主义诉讼模式为核心内容，围绕着这一核心内容在诸多方面进行了修正，其中建构了以第一审为坚强的事实审的审判程序，如规定除简易程序外，第一审原则上实行合议制，并规定了准备程序中应进行处理的事项及程序，以达到刑事审判集中审理的目标，这也是制度设计的核心，为此修订了交互询问条款。为落实当事人主义精神，明确规定了控辩双方对证人、鉴定人进行询问的规则，改变过去由审判长主导询问的程序格局，在庭审中法官调查证据的权力受到限制。另外，完善了证据规则，也是"刑事诉讼法"修改的一大重要部分，新法限制了被告自白证据的运用，规定检察官必须证明被告人的自白是出于自由意志，才能作为有罪判决的依据，非法取得的证据原则上不得采纳为证据，并确立了传闻证据规则等内容。同时为进一步实现刑事审判的效率，新法还建立了简式审判程序。总体而言，我国台湾地区新修正的"刑事诉讼法"一改传统的职权主义诉讼模式，大幅度地向着当事人主义的刑事诉讼模式靠拢，但其中也保留了某些职权主义的特点，因此在我国台湾地区本土也认为是改良式的当事人主义，而不是完全的当事人主义。

2. 我国台湾地区刑事上诉制度的改革动向

我国台湾地区刑事上诉制度与法、德及日本的上诉制度有许多共同的特点，它是借鉴"二战"前日本法律而成的，现行的上诉制度与德国接

---

❶ 尹丽华：《刑事上诉制度研究》，西南政法大学博士学位论文，2005 年 7 月。

近。我国台湾地区刑事审判实行三审终审制，第二审设计为事实审和复审型的结构，没有上诉理由的限制，而第三审则为法律审的事后审程序，上诉人"非以判决违背法令为理由不得为之"。对于我国台湾地区的刑事上诉制度的特点，学者将其概括为"原则上采就事实问题得以权利上诉一次，再就法律问题亦得以权利上诉一次之三审制度"。❶

成倍增长的刑事犯罪案件给我国台湾地区的司法部门造成了巨大压力，影响了对案件的及时查处和审判质量，也因此造成刑事上诉案件数量的迅猛增长。第二审复审型的制度设计使得大量案件涌入上诉法院，也随之涌向"最高法院"。我国台湾地区学者批评这种模仿"二战"前日本刑事上诉制度的最大不合理之处，就是事实问题准许无限制地上诉到高等法院，其结果是第二审的上诉案件如山似的堆积，以致不仅第一审案件审理潦草，也使第二审难以慎重周到；不仅就事实问题得不到妥当合理的解决，甚至更造成法律问题处理上的错误，连带增加了第三审的上诉案件，致使刑事诉讼的负荷过重。据悉，1995 年上诉到"最高法院"的民事和刑事案件就多达 13000 多件。如此之多的上诉案件由近百位法官审理，难以保证案件的质量，而致弊端百出。❷ 在这种现实状况下，我国台湾地区的"司法"当局开始关注刑事上诉制度改革的问题，重点在于如何减轻上诉法院尤其是"最高法院"的工作负担，减少和控制上诉案件，并合理利用有限的司法资源及时处理上诉案件，其中限制第三审上诉案件，成为一项政策性的措施。在立法方面，我国台湾地区通过近几年的"刑事诉讼法"的修改不断扩大简易程序的适用范围，以减少案件进入通常审判程序，并规定简易程序审判案件只能上诉于地方法院的合议庭，不能上诉于高等法院以缓解高等法院的压力。在 1997 年修改的简易审程序中又借鉴了美国的辩诉交易制度，规定求刑协商制度，并排除被告对该判决的上诉权的行使。❸

在上诉审构造方面，我国台湾地区一些学者提出，应当改革刑事上诉

---

❶ 蔡墩铭主编：《两岸比较刑事诉讼法》，台湾五南图书出版公司 1996 年版，第 360 页。

❷ 黄东熊：《刑事诉讼法论》，台湾三民书局印行 1986 年版，第 558 页。

❸ 尹丽华：《刑事上诉制度研究》，西南政法大学博士学位论文，2005 年 7 月。

审中的复审形式为事后审，实行上诉理由制，同时借鉴美国和日本经验实行第三审的上诉许可制，将案件限制为原则性的重大法律问题范围内。司法院刑事诉讼法研修会于 2001 年 8 月通过部分条文修正草案时也采纳了这些建议，将第二审的复审制改为事后审制，并明确了可以提起第二审上诉的有限理由，似乎这一法律的修改已成定局。我国学者在介绍我国台湾地区的司法改革时，也就此认为我国台湾地区的上诉制度已改事后审制。但是从 2003 年"刑事诉讼法"的修改内容看，并没有接受研修会对上诉制度的改革建议，仍旧维持了原法的规定。我国台湾地区的新"刑事诉讼法"没有对上诉程序作出变革，个中缘由虽不得而知，但是实体真实价值观念要求法院努力查明事实真相，为当事人提供事实和法律全面救济的传统认识，或许仍是我国台湾地区"立法"当局一时难以接受事后审模式的主要理由，尽管通过"刑事诉讼法"的修改已向英美当事人主义诉讼模式有较为明显的靠近。虽然刑事上诉制度没有作出相应的改革，但如何减轻最高法院的工作负担，减少案件的长期积压则是我国台湾地区必须正视的现实问题。笔者认为我国台湾地区"最高法院"沉重的上诉审负担和难以有效运转的现状，固然与案件的激增和法官的数量不足有着直接关系，但是另一方面，还和"最高法院"的实际运作不无关系。我国台湾地区的一地方法院的法官就曾撰文指责"最高法院""完全抛弃法律审角色，一味介入事实的认定"，[1] 虽然立法界定"最高法院"是法律审法院，学者也多认为"最高法院"应当以维护法律解释的统一性而不是以救济个案的当事人为直接目的；但是"最高法院"在具体处理案件时，往往更追求案件的实体真相和对事实问题的处理，因而自觉不自觉地偏向于个案处理的公正。当事人对下级法院裁判和"最高法院"裁判都不满意，一个案件多次被提起上诉，极大地抑制了"最高法院"的审判效率。[2]

针对这些问题，我国台湾地区学者和实务部门都曾提出借鉴日本和美

---

[1] 王兆鹏：《当事人进行主义之刑事诉讼》，台湾元照出版公司 2002 年版，第 277-278 页。
[2] 同上注，第 278 页。

国的上诉许可和严格上诉理由等措施，控制向"最高法院"提起上诉的数量，以减轻"最高法院"的工作负担。笔者认为，这些措施固然会有一定的作用，但是治本之道还是要加强下级法院尤其是第一审的法院的事实审的功能，只要一审的功能加强，当事人对一审法院处理案件的满意度得到提升，相应地上诉案件的比率也自然会下降。相反，如果第一审法院审判案件的质量不高，当事人不满于一审裁判后，自然会增加向上级法院上诉的欲望。因此上诉案件增多的关键并不仅仅在于上诉制度本身，而更重要的是在于第一审的设计和实际所发挥的事实认定方面的作用。就我国台湾地区刑事审判制度而言，虽然"法律"规定直接和言辞审理原则，但是在职权主义的诉讼形式下，在实际运作过程中难以产生当事人之间在事实调查和辩论上的对抗性，更多地以间接书面审理代替了"法律"所规定的直接和言辞审理。"立法者"也已认识到这一问题的症结，在近年来的"刑事诉讼法"的修改过程中逐步地吸收和借鉴当事人主义的诉讼制度，并在2002年修改时确立了以当事人主义为主要特点的诉讼模式，强调诉讼中控辩双方的辩论与质证，弱化法官的职权调查。新"刑事诉讼法"为落实当事人主义精神，在强化第一审的事实审和当事人的对抗性方面完善了一系列的证据规则和程序规则。虽然新的"刑事诉讼法"并没有直接涉及上诉制度方面的修改，但是随着当事人主义审判模式的有效运作和完善，以及各种新的价值理念的综合作用，未来刑事上诉制度由复审制转向事后审制，由重事实审转向重法律审的方向，或许也不是长远之事。❶

三、两大法系刑事上诉制度之比较研究

通过对两大法系中具有代表性的国家和地区刑事上诉制度的考察，可以发现，其刑事上诉制度各具特色，但在某些方面也不乏相同或相似的制度设计，这既是本民族法律传统和法制文化的使然，也是国家和地区间司

---

❶ 尹丽华：《刑事上诉制度研究》，西南政法大学博士学位论文，2005年7月。

法文明相互融合，司法制度相互借鉴、相互促进的结果。在刑事上诉制度方面，两大法系既具有某些方面的同质性和因现代社会发展而日益趋同化的态势，又有分属不同法系的特殊性，这既与刑事诉讼模式有一定的联系，也与两大法系在刑事诉讼价值取向有直接的联系。

（一）两大法系刑事上诉制度的共同特征

1. 趋同性的第三审结构的设计

基于审级制度建构的共同原理，建立了以三审终审为基础的两级刑事上诉制度，当事人不服法院的裁判可以有两次向上级法院寻求救济的机会，是现代法治国家审级制度设置上的基本特征。虽然在实践中，向终审法院提出上诉会受到上诉理由限制或者许可限制，但是这并不阻碍当事人拥有提出上诉的权利与机会。从总体上看，三审终审制是现代法治国家采用的一种基本的审级制度。

与审级制度相适应，在刑事案件的第三审结构上，也具有趋同性的特点。大陆法学者通常认为，案件"经两次审理已足以使事实清楚，现在所需要的是适用法律的问题，因此特将第三审列为法律审，使得法律的适用能够正确"。考察刑事第三审的结构设计，都选择了只审查法律问题的事后审制，即第三审法院只审查原审法院的裁判是否妥当，是否合法，当事人不得再对案件事实进行争议，三审法院在原审认定事实的基础上只针对裁判中有无违反法律的情况进行审查和处理。由于第三审为事后审制，当事人在提出第三审上诉时，必须主张原判决存在法律上的错误，在成文法典的大陆法系如德国、日本和我国的台湾地区的刑事诉讼法中都明确地规定了第三审的上诉理由，英、美国家的最高法院则通过裁量权的行使受理和审判具有重大法律价值的上诉案件，因此，两大法系在第三审的结构设置上带有共同特点。

2. 倾向性的对被告人权利的保护

虽然两大法系各国对上诉主体范围的规定不尽相同，大陆法系的上诉主体的范围较宽，而英、美法系国家的上诉主体范围较窄；但是在对当事人权利救济的方面都不约而同地倾向于对被告人的保护，则是构成两大法系刑事上诉制度的共同性特征。其上诉审程序在对被告人权利保护倾向体现在多方面。其一，法律对上诉主体的规定上，不仅被告人有权自行提起上诉，而且也允许被告人的法定代理人、近亲属和辩护人等为被告人利益提起上诉；在大陆法系国家，检察机关作为社会公共的代表，不仅可以为被告人的不利益提出上诉，也可以为被告人的利益提出上诉。其二，限制控诉方的上诉权，尤其是无罪判决上诉权更给以严格的限制。在英美国家，上诉制度原则上不允许控诉人提出上诉，无罪的裁判更是如此，俄罗斯检察长和被害人可以对陪审团作出的无罪判决提出上诉，但是对上诉理由方面也给予限制。其三，各国法院在裁判时必须遵守"禁止不利变更"原则的规定，也使被告人在上诉审中的权利得到有效的保护。另外，有的国家还通过其他上诉程序，如英美国家广泛适用的人身保护令制度。

3. 普适性的上诉审原则的遵行

"禁止不利变更"原则和"有限审查"原则是各国刑事上诉审程序普遍遵循的两大基本原则。其中"禁止不利变更"原则，是保护被告人上诉权充分行使与切实的权利救济的一项重要诉讼原则，法院在作出裁判时应当受到这一原则的约束。因此，"禁止不利变更"原则是两大法系刑事上诉制度中的共同遵循的一项法律原则。"有限审查"原则也是在各国刑事上诉程序中具有普遍性的原则，它直接决定法院审理案件的范围和裁判的范围，即法院不应依职权主动变更上诉申请之外的下级法院判决的内容。在刑事上诉审程序中，遵循"有限审查"原则是各国一致的选择，它是不告不理的诉讼原则在上诉审中的延伸和必然要求。在这一原则下，上诉程序的启动权掌握在控辩双方的手中，他们没有提出上诉时，法院不能行使上诉管辖权；只有在上诉人提出上诉的情况下，上诉法院才取得对案件进行审判的权利，并在审查案件时受到上诉人提出上诉的范围限制，这既是对上诉人处分权的尊重，也符合法院的中立性地位，实行"有限审查"原则也符合诉讼效率原则。❶

虽然各国都以"有限审查"为上诉审的基本原则，但有的国家也赋

---

❶ 尹丽华：《刑事上诉制度研究》，西南政法大学博士学位论文，2005 年 7 月。

予法院对上诉范围之外的必要事项进行调查的职权。如日本的控诉法院原则上应在当事人提出的上诉理由范围内进行审查，但是当事人在上诉书中没有提出的事项，法院如果认为与法定上诉事由有关，也可以依职权调查；日本上告审法院也应以上告理由为限进行审查，但是在例外的情况下也可以对某些没有作为上告理由但法院认为违反法律的重大事项进行审查和撤销原判决。俄罗斯的刑事诉讼法中一直贯彻"全面审查"原则，但是 2001 年颁布的《新法典》第 360 条规定："按照第一上诉审程序或第二上诉审程序审理刑事案件的法院，在审查刑事判决和其他裁决是否合法、根据充分和公正时，仅针对法院判决和裁决中被提出上诉的部分，以及针对上诉所涉及的被判刑人"。这是典型的有限审查原则，可俄罗斯联邦委员会于 2003 年 6 月 26 日批准的《关于修订和增补〈俄罗斯联邦刑事诉讼法典〉的联邦法律》（第 92 号联邦法律）中将该条款的内容进行了修改："按照第一上诉审程序或者第二上诉审程序审理刑事案件的法院，在审查刑事判决和其他裁决是否合法、是否充分和公正时，仅针对法院判决和裁决中被提出上诉的部分。如果审理案件中所确定的情节涉及本案其他被判刑人或被宣告无罪人的利益，即使他们并没有提起上诉，法院也应对这些人的情况一并进行审查。在这种情况下不得恶化他们的地位"。从修改后新法典的规定看，刑事上诉审程序中仍然是以"有限审查"为基本原则，但是也赋予法官在对上诉案件的审查过程中涉及本案未提出上诉的人的利益时，一并进行审查的权力。由于共同犯罪的案件对提起上诉的被告人情况进行审查时，不可避免地会涉及其他人的地位和行为的审查与认定，因此对其他人一并进行审查和处理是必要的；在遵循"禁止不利变更"原则的前提下，对其他未提出上诉的人的审查与处理也不会损害他们的利益，却能够保证案件处理的公正。我国台湾地区的"刑事诉讼法"也规定了第三审法院在调查范围以上诉理由为限，但同时也规定了三审法院依职权进行调查的事项范围。

从日本和我国台湾地区"刑事诉讼法"所规定的法院以职权调查的内容来看，主要是"法律"上的事由，体现出上诉审法院尤其是第三审法院对法律统一适用功能的重视。而俄罗斯的上诉审程序中的法院职权调查的范围主要涉及的是对共同犯罪案件情况的调查与一并处理。但是不论法院以职权调查的范围如何，都是以有限审查为基本原则的前提下对相关问题的调查，与我国法院不受上诉与抗诉范围限制的"全面审查"原则具有重要区别。

4. 多样性的上诉审程序的构成

两大法系上诉审的程序构成呈现多样化特点，英国的刑事上诉制度是最典型的程序多样性的结构，如针对治安法院审判的第一审刑事判决所适用的既救济事实又救济法律问题的复审制结构，针对刑事法院的第一审判决所适用的原则上只救济法律问题的事后审结构，及高等法院基于司法监督权救济法律问题的特殊上诉程序等。俄罗斯则分设了完全不同的第一上诉审程序和第二上诉审的程序。在大陆法系中，一般针对判决和裁定设置不同的程序类型。在德国对裁定及处分不服的救济手段被称为抗告，以区别于对判决不服的上诉程序。在日本和我国的台湾地区也有相类似的分类，并冠以不同的名称。德国对地方法院第一审判决不服而上诉到州法院时，适用事实与法律全面救济的第二审模式；而对州法院和州高等法院作出的第一审判决，只能按照第三审的模式上诉到最高法院。各国的第二审程序和第三审程序无论是范围上还是具体的审理与裁判程序都有明显的不同，反映出两大法系上诉审程序构成的多样性特点。

（二）两大法系刑事上诉制度的主要差异与成因

因法律文化传统、历史背景和社会政治经济条件及法律理念等诸多方面因素的综合作用，两大法系的刑事上诉制度除具有一些共同特点之外，也在一些方面存在明显的区别。可以说每一个国家的刑事上诉制度实际上都有属于本民族传统的东西，但是也有分属于两大法系上诉制度的内容，形成区分两大法系上诉审程序的基本特征。其主要的差异集中在第二审的结构、上诉审查范围和裁判形式等方面。

1. 第二审程序中救济范围上的区别

第二审程序的制度设计的主要的目的在于对当事人权利的救济，二审程序是通过纠错功能的实现达到对个案当事人救济的目的，因此也有学者将纠错的功能概括为救济当事人的功能与目的。在第二审程序中，两大法系在法院审查的上诉案件范围及对当事人提供的救济范围上，存在着为当事人提供事实救济还是法律救济的差异。基本上，两大法系对事实和法律问题的救济范围存在着三种模式。

（1）只为当事人救济法律问题而不救济事实问题。这主要是美国的第二审法院和英国高等法院与上诉法院审理的上诉程序。原则上英国和美国的上诉制度设计为一种法律审程序，为被告人提供法律上的救济，包括实体法律问题和程序法律问题。通常情况下，被告人在上诉审程序中提出的上诉理由是法官在审判中存在着程序中的错误。因为上诉法院的作用通常是决定审判法院是否触犯了程序规则或者被告人的宪法权利，对审判法院的活动进行审查，以保证被告人在审判法院获得公正的审判和纠正侵犯被告人宪法权利的法律错误。

（2）为当事人提供法律和事实问题的全面救济。这主要是大陆法系所采取的第二审程序。法国的一审法院作出的裁判，德国地方法院的第一审判决，俄罗斯对治安法官审判的案件以及我国台湾地区地方法院判决的上诉，都是为当事人提供事实和法律全面救济的上诉审程序。这种审理有关事实和法律问题争议的上诉审法院通常被称为事实审法院。英国的治安法院审判的案件和美国的限制管辖权法院作出的判决是重新审判的方式，也为当事人提供事实和法律上的全面的救济。

（3）第二审程序既救济事实问题也救济法律问题，但对事实的救济受到法定的限制。也即这种为当事人事实救济的范围是有限的，只有在符合法律规定的情况下，当事人才能获得上诉法院事实方面的救济。这主要是大陆法系中的日本控诉审程序和俄罗斯的第二上诉审程序中适用的权利救济范围。

2. 第二审程序在结构形态上的区别

两大法系刑事第二审的结构形态也有较大的区别，而第二审的结构形态直接决定了对当事人的权利救济的实现能力。在诉讼理论上就第二审的结构形态区分为三种类型：复审制、续审制和事后审制。其中复审制是大陆法系的第二审程序所主要采取的审查案件的形态，而事后审制主要是

英、美法系采用的审查案件的形态，日本是一种以事后审制为主兼采续审制的特殊形态。❶

（1）刑事第二审中的复审制结构。复审制是大陆法系第二审基本的审查案件方式，其特点是第一审中审理过的事实和证据不能直接作为二审法院裁判的基础，第二审程序中法院采取开庭审理的方式在双方当事人到场的情况下对原审中的事实和证据重新进行调查，也允许当事人在二审中提供新证据。由于二审程序重复了第一审的审理过程，故为复审制，也有学者将这种审理案件的方式称为"第二次的第一审"。大陆法系中的法国、德国和我国台湾地区第二审上诉程序，俄罗斯适用的第一上诉审程序也属于复审制形式。另外，在英国刑事法院对治安法官的一审判决和美国一些州的一般管辖权法院审理的对限制管辖权法院作出初审判决的上诉案件也适用重新审查方式进行。德国的法学家爱伯赫德·希米德特对复审型的第二审程序描述为："复审导致在高一级法院重开审讯，也就是意味着高一级法院必须重新调查全部案情。它可以利用以前取得的证据，但也可以接受任何新证据。它必须向对待以前没有审讯的案件那样来处理这个案件"❷。但是受"有限审查"原则和当事人的上诉请求范围的限制，现代大陆法系国家完全重复第一审程序，对第一审法院所认定的案件事实毫无遗漏地重复进行调查的绝对复审制，事实上也是很少见的，其复审往往是针对当事人提出的上诉部分进行的再次审理。

（2）刑事第二审的事后审制结构。事后审制是英美法系所选择的基本结构形态。事后审是由第二审法院审查一审判决有无错误，一般不再对案件的事实和证据进行调查的一种上诉审结构形态。这种审查的前提条件是把刑事审判的重心放在第一审，第二审专就第一审的判决是否有错误进行审查。与复审制不同，它不是以案件本身为审查对象，而是以判决为审查对象的一种审查形式。在审理中诉讼资料和证据资料原则上以第一审提出者为限，不允许当事人提出新的事实证据，以辨别第一审判决是否妥

---

❶　尹丽华：《刑事上诉制度研究》，西南政法大学博士学位论文，2005年7月。

❷　北京政法学院编：《刑事诉讼法参考资料》第二辑（下），第160页。

当。如果认为原审判决妥当无误即驳回上诉，不当则撤销原判或者发回重审。由于事后审制原则上不允许当事人提出新的诉讼资料，这种结构有助于强化第一审的事实审功能，促使法院把事实审理的重点放在第一审，从而减轻上诉法院的负担，最大限度地实现诉讼效率，减少司法资源的损耗。但是相比较而言，这种审查和审理结构限制了对当事人权利救济的范围，如果第一审事实审功能发挥得不好，就可能影响对当事人的有效救济。由于这种上诉审的结构不直接审查案件的事实，因此经审查认为初审中存在法律上的错误而可能影响对事实的认定时，原则上上诉审法院只作撤销判决，或者撤销并发回重审的裁决，而不能直接对案件事实作出新判决。

（3）以事后审制为主兼采续审制的第二审结构。续审制也是上诉审结构的一种形态，它是以言辞辩论终结时的诉讼状态为前提，续行第一审的程序。换言之，当事人在第一审中提出诉讼资料在第二审中仍然有效，当事人在第一审没有提出的新事实和证据仍可以在第二审中提出，二审法院对此进行调查和审核的一种形态。因此，续审制是复审模式与事后审模式的折中，它既不完全排斥当事人在第二审程序中提出新事实与新证据，又不完全重复第一审已经进行的程序。续审制是现代民事诉讼第二审采用的基本结构，但是，单纯的续审结构在刑事诉讼中很少采用。日本的控诉审程序与大陆法系的复审制不同，但是与英、美法系适用的事后审也有一定的差异，这种差异不单是审查范围上的差异，而且包括审查方式的差异，在审查方式上不同于英、美国家依靠初审记录的审查方式，在法庭审判中也允许提供部分新事实和证据，并可以在法院调查事实和证据的基础上撤销原判直接作为判决，从这一意义上讲，日本的控诉审程序带有混合形态的特点。按照日本学者的观点，二审法院撤销原判自行判决这种形式本身就带有续审的特点。应当说两大法系基本的刑事结构是复审制和事后审制，续审制不具有典型性。复审制和事后审制各有其优劣，复审制可以为当事人提供较为全面的救济，但是不符合效率原则，相比较而言，事后

审制更为有效率，然而事后审必须以第一审事实审功能得到加强为前提。❶

3. 二审法院裁判方式上的区别

两大法系因采不同的上诉审结构，与之相关的上诉法院审理案件后的裁判形式也不尽相同。这表现为大陆法系复审型结构的设计，立法上通常要求二审法院直接作出判决，否则发回原审法院不仅造成程序的逆转，而且浪费司法资源，降低诉讼效率，因而法律严格限制发回审判。如德国的刑事诉讼法规定，只有在一审法院存在管辖权错误的情况下，将原判决撤销并将案件移送到有管辖权的法院重新进行审判；法国的上诉法院确立的提审权规则也阻止了案件的发回重审；俄罗斯的第一上诉审程序中更严格禁止发回重审。而采事后审型结构的英、美法系刑事上诉审程序，由于"上诉审查一般只限于程序方面和法律解释方面的问题。当上诉法院发现初审法院有错并影响到案件的最终结果时，上诉法院的做法是，连同自己在法律上的意见发回初审法院重审，而不是自己重新对事实进行认定"❷。也就是说，在英、美法系常见的初审上诉案件的方式要么维持，要么发回重审，要么只作撤销判决，不直接认定案件事实。上诉法院认为上诉理由成立时原则上作出撤销判决，这是因为第二审程序仅仅是对第一审程序所调查证据和认定事实的事后审查或补充，如果赋予第二审法院对事实问题径行判决的权力则带有相当的危险性。

4. 刑事上诉权行使主体上的区别

两大法系国家除了在上诉审查的范围和上诉审结构上有比较明显的区别外，在上诉的主体方面也有很大的区别，原则上英、美国家上诉是对被告人权利的保护和救济的程序设置，因此对控诉方的上诉权有较为严格的限制；而大陆法系在上诉主体方面，给予控辩双方同等的上诉权。对此问题，我们在前面已经进行了论述，这里不予赘述。

---

❶ 尹丽华：《刑事上诉制度研究》，西南政法大学博士学位论文，2005 年 7 月。

❷ 宋冰编：《读本：美国和德国的司法制度及司法程序》，中国政法大学出版社 1998 年版，第 412 页。

5. 两大法系刑事上诉制度差异的成因

两大法系既在刑事上诉制度方面存在着一些共同的特点，也在一些方面存在着很大的不同，但是正如我们在比较中所看到的那样，各法系甚至各国的刑事上诉制度也都没有完全固定的、单一的一种形式，属于大陆法系上诉制度的典型特点的，在英、美法中也所体现；而作为英、美法系典型特点的刑事上诉制度的某些方面，也能够在大陆法系中找到相似规定。这在一定程度上为我们分析和寻找两大法系刑事上诉制度差异的成因上增加了困难。❶

笔者认为，两大法系的上诉审程序在审查范围及结构等方面的不同设置与初审程序有着直接关系，即初审审判程序的不同设置和初审审判组织的不同构成，上诉审的结构和上诉法院的审查范围及裁判方式。在二审与一审的关系上，直接影响到第一审程序的对抗性越强，当事人在第一审程序中的参与性越受到重视，则当事人对第一审程序的正当性和信赖度越高，相应地一审事实审的功能也就发挥得越好，则对二审的需要程度相对越低，第二审审查的范围和方式就会趋向于有所限制和简化。而一审事实认定功能的发挥，必须依赖于第一审程序设置的正当性，保证审理程序的对抗性、直接性和集中性，形成一审审判的中心主义，也才能使第二审程序具有完全不同于第一审的功能。相反，第一审程序事实认定功能不强，就会导致第一审程序重复进行第一审的事实认定，继续提供事实和法律上的全面救济，形成审判上的第二审中心主义。❷

英、美国家的第一审是以当事人的对抗式和陪审团审判为基本特征的审判程序，尽管在实践环节中，陪审团审判在案件中所占的比例甚少，但却是英、美国家刑事诉讼重要的组织和制度基础，也成为区分英、美法系当事人主义和大陆法系职权主义审判模式的重要特征。在有陪审团审判的对抗制的诉讼形式下，陪审团是案件事实的认定者，法官不认定事实，法官的基本作用是控制诉讼程序并根据陪审团认定的事实适用法律。如果陪

❶ 尹丽华：《刑事上诉制度研究》，西南政法大学博士学位论文，2005年7月。
❷ 同上注。

审团认定被告人无罪，法官不能质疑陪审团裁判的正当性。即使是由法官一人审判的初审程序，也是按照陪审团审判的程序进行，同样不允许被告人再对事实问题进行争议。在当事人主义对抗制审判模式和陪审团审判这种制度设计中，刑事审判构成整个诉讼活动的中心，事实的裁判者（不论是法官或陪审团）直接听取证词和判断证人的可信性，因此直接开庭审理并在控辩双方交叉询问的庭审中获得的证言，强化了对案件事实的认定功能。对抗式诉讼的特点也要求所有用来证明各自主张的事实和证据都应当在公开的法庭上接受双方的审查，以作为陪审团认定事实的根据。所以，以对抗式诉讼和陪审团审判为特征的英、美国家，达成当事人及上级法院信赖和尊重下级法院认定事实的重要因素。可见，英、美国家事后审模式的上诉制度是以适合当事人主义审判模式为基础设计的，以对抗式和陪审团审判为基础的精细的交叉询问式的初审程序，以及审前准备程序等，将事实审恒定在第一审，从而保障上诉审程序不再对案件事实展开复杂的审查。因而英、美法系的刑事上诉审程序设计为只对法律问题进行事后审查，为当事人提供法律上的救济也就获得了正当性的解释。而大陆法系的法国和德国，由刑事诉讼模式的职权主义色彩所决定，国家的专门机关在整个刑事诉讼中起主导作用，当事人在整个诉讼活动中的对抗性和积极参与性都受到限制和制约，尽管刑事审判也强调直接言词主义，对于各种证据进行直接审查，但是以法官职权所控制的庭审活动，缺乏当事人的积极参与和对抗，往往使得庭审过程形式化，加之职权主义诉讼模式下的庭审程序的设计远不如当事人主义模式下的复杂精细，因此在第一审程序中，很难形成事实认定上的第一审中心主义。由于一审功能较弱，第一审法院作出的裁判很难得到当事人及上级法院的认可，这就决定了在第二审程序中需要进一步对案件事实的审查和判断，因此事实审的功能转移到第二审，第一审审理工作实质上相当于"第二审预备程序功能"。❶

　　由于第一审审判组织和审理程序的不同，各国法院审判的正当性也就存在着较大的差别。与此相适应，两大法系国家在第二审程序的救济范围

---

❶　张特生，等："预审制度与准备程序之再检讨"，载《法学丛刊》（台）1993年第152期。

和结构设置上采取了一种平衡救济模式，即对于第一审程序正当性较差的案件提供一种全面的救济，而对于第一审程序正当性较高的案件则只提供有限制的救济。❶ 陪审团审判的案件和由职业法官按照正式的对抗程序作出的判决其正当性相对较强，因此英、美法系刑事上诉程序中不得再对事实问题进行争议。而由非职业的治安法官审理的案件，相对于普通审判程序，其正当性较弱，则往往采取复审形式对事实和法律进行全面的救济，如英国和俄罗斯的治安法官审理的案件。在法国，轻罪案件和违警罪案件与重罪案件在审判组织和审理程序中都有很大的差别。重罪法院是唯一采用陪审团审判的法院，审理程序极为严格，加之对重罪案件实行两级预审制度，这也是在法国对于重罪案件一直不得提起上诉的主要原因；而轻罪案件和违警罪案件的审判组织和审判程序与重罪法院的一审相比都显得简单。德国地方法院和高级法院的一审程序本身没有什么区别，但是其法官升迁机制却决定了级别较高法院的法官一般比下级法院的法官具有更为丰富的实践经验和法律素养，而且在审判庭的人数上也占有一定的优势，其判决的可信赖程度也就更高。因此对于州法院和州高等法院作出的第一审判决不得就事实问题再行争论，只能就法律问题向最高法院提起上诉；而对于地方法院审理的案件，则由州法院提供全面的第二审救济，并依据直接、言辞原则对案件重新进行审理和裁判。除了审判程序和审判组织是直接影响两大法系上诉审的差异的直接因素外，笔者认为，导致两大法系在第二审程序设置及上诉人权利救济范围上不同的另一重要原因，则是不同的诉讼价值理念和对上诉制度认识上的差异。大陆法系国家以追求案件的实体真实和有效地控制犯罪等为基本的价值理念，努力追求对案件事实真相的查明，以保证裁判的实体正义，实现对社会共同利益的维护和对当事人的实体权利全面的救济，并将此作为刑事诉讼和上诉制度的主要目的，因此强调司法机关在刑事诉讼中的职权作用，并认为法院职权作用的发挥更利于发现事实真相。这种法律价值观对上诉审程序同样具有影响，以至

---

❶ 樊崇义主编：《刑事诉讼实施问题与对策研究》，中国人民公安大学出版社 2001 年版，第 556 页。

于在第二审程序更重视法官在发现事实方面的主导作用，因此，在其上诉制度中设置了事实复审程序，通过这种事实复审再一次由法官来审查案件事实，保证对案件事实的正确认定和对当事人的全面救济。也出于查明事实真相的需要和对社会秩序的维护以及控制犯罪功能的发挥，大陆法系国家在立法上赋予了控辩双方同等的上诉权，甚至将检察官作为重要的刑事上诉主体，并普遍地将上诉规定为当事人的一项法定的权利，这样对于一审判决不满的当事人都利用上诉权继续坚持诉讼请求。在大陆法系的刑事诉讼法中检察官也并非一般意义上的当事人，而是作为社会公共利益的代表参与刑事诉讼和提起上诉，体现了大陆法系刑事诉讼对社会公共利益和对被告人权利全面救济的上诉目的。

　　而英、美国家在刑事诉讼的价值理念上强调个人权利和诉讼程序的公正对人权保障功能，它们认为对抗式的诉讼形式不仅更有利于发挥控辩双方的积极作用，查明案件事实，而且也是使被告人获得公平审判的必要保证。在这种诉讼价值理念的主导下，为使案件事实通过初审程序得到充分的论证，将第一审程序设置得复杂精细，并配置以陪审团审判使案件的事实问题消化在第一审程序之中，而上诉的目的与功能并不在于对案件事实真相的查明，而是保证使被告人获得公正的程序上的保障，因此上诉法院的任务不是裁定被告人是否有罪，而是决定审判法院的审判遵循的程序是否合法和正当，对被告人作出的有罪裁决是否源自保护被告人所有权利的公平审判。因此上诉制度通常被看作对判刑人的一种救济手段，而不是对犯罪行为的再次追究和确认，也就限制了控诉方上诉权利的行使范围。同时，由于事实认定功能在初审法院得到充分的发挥，第二审的法院原则上只对被告人提供法律上的救济，侧重于纠正初审裁判中的法律错误，而对案件的事实问题，则尊重一审法院的裁判，自然也就没有必要设置重复性的复审制结构。❶

---

❶　尹丽华：《刑事上诉制度研究》，西南政法大学博士学位论文，2005 年 7 月。

第三章　刑事二审程序的原则

在实现刑事诉讼总任务的过程中，第二审程序具有区别于其他审判程序的特定诉讼任务和诉讼职能。为了保证第二审程序顺利完成其所担负的诉讼任务和实现其所具有的诉讼职能，刑事诉讼法制定了刑事第二审程序的特殊原则，用以指导和约束第二审人民法院的诉讼活动。

刑事第二审的特殊原则又称作刑事二审的特有原则，是贯穿于刑事第二审诉讼过程中，第二审人民法院必须遵循的基本准则。所谓"特殊原则"，是相对于贯穿在整个刑事诉讼过程中的基本原则而言。第二审只是刑事诉讼活动中的一个审判阶段，仅在这一阶段中适用的诉讼原则，其效力并不溯及其他诉讼阶段。因此，仅适用于第二审程序的诉讼原则在内容上、效力范围上都是特定的。但是，就第二审程序而言，这些特殊原则贯穿其诉讼活动的全过程，具有普遍的约束力，成为指导和约束国家司法机关进行第二审诉讼活动的基本准则，不仅不能够违背，而且是解决问题与争执的标准和尺度。所以，从这个意义上讲，这些特殊原则在第二审程序中具有"基本原则"的性质和效力。

根据刑事诉讼法的有关规定，刑事第二审程序的特殊原则有三项：（1）保障上诉权原则；（2）全面审查原则；（3）上诉不加刑原则。这三项诉讼原则在时间上分别与第二审程序的开始、进行、终结相对应，同时又互相影响，贯穿于第二审程序的全过程；在内容上分别与第二审程序的提起、审理、判决相联系，同时又互相渗透，指导和制约着第二审程痉监睑部诉讼活动。毫无疑问，这些诉讼原则对于刑事第二审诉讼职能的实现和审判任务的完成起着决定性的作用。笔者把疑罪从无原则也当作二审程序的一大原则。当然，该原则不是二审独有，在一审以及死刑复核程序也应该贯彻这一原则。

一、保障上诉权原则

原刑事诉讼法第 14 条第一款规定："人民法院、人民检察院和公安机关应当保障诉讼参与人依法享有的诉讼权利。"保障上诉权原则便是这一基本原则在第二审程序的贯彻落实和具体体现，同时也是刑事诉讼法第 180 条规定的总结与概括。它对于维护上诉人的合法权益，但这一原则要在司法实践中真正贯彻到底，还有必要对有关问题进行深入的探讨。

（一）上诉权的含义

上诉权是法律赋予有关人员维护自己合法权益的一项重要权利，它与上诉既相互区别又紧密联系，在谈及上诉权以前，必须先了解上诉的含义。

所谓上诉，就是当事人和他们的法定代理人等不服地方各级人民法院的一审裁判，在法定期限内，依照法定的程序与方式要求上一级人民法院对案件重新审理的一种诉讼请求。这种请求包括两个方面：一是要求二审法院对一审裁判所认定的事实与适用的法律，以及一审法院的审判行为进行审查，并根据实体法或程序法对此作出相应的回答，即所谓对案件的实质或内容请求；二是要求案件进入另一诉讼阶段即第二审程序，即所谓形式或程序请求。形式请求是实质请求的必然要求与必要保障，后者的实现有赖于前者的实现，没有形式的请求实现，实质请求也就无法实现。反过来，形式请求又得服务于实质请求，否则就成了一种毫无意义的摆设装饰。

上诉权则是刑事诉讼法赋予当事人和其法定代理人等进行上诉活动的各种诉讼权利的总称。即为保障当事人与其法定代理人在不服地方各级人民法院的一审裁判时，向上一级人民法院提出对案件重新审理的请求的一种诉讼权能。它包括两个方面：其一，这种权利的享有者有权按照自己的意愿，决定是否在法定范围内行使这种权利，作出相应的实现权利的行为；其二，这种权利由国家法律所确认，受国家法律所保护。当上诉权利受到他人的限制、剥夺、干涉及侵害时，有权依法请求国家司法机关给予保护，以保障其合法权利的实施。司法机关有义务保障上诉权人行使上诉权，这种义务与上诉权相互联系、相互依存，共同构成上诉权完整的内容。❶

上诉权是当事人及其法定代理人不服法院第一审刑事判决、裁定，申请上一审级法院对案件重新审判的权利。上诉权是一项十分重要而且有着特殊效力的诉讼权利。通常，当事人在刑事诉讼过程中所享有的诉讼权利，只是分别起着维护当事人某一具体权益的作用，对于刑事诉讼法定阶段的开始、继续和终结并不产生影响，而上诉权与之不同，当事人对上诉权的行使或者放弃，直接决定了刑事第二审诉讼阶段的提起、继续与终结。

刑事诉讼中的当事人与案件判决结果有直接利害关系。当事人对刑事判决的合法性、公正性甚为关心、甚为敏感。特别是作为刑事责任和刑罚承担者的被告人，刑事判决的结果直接关系到当事人的生命、自由、财产等切身利益，因而当事人对刑事判决的关切程度超过了其他诉讼参与人。也正因为这一点，法律将第一审刑事判决、裁定宣告之后，是否还提起第二审程序的决定权赋予了当事人及其法定代理人（同时还赋予检察院抗诉权）。第二审程序开始与否，国家审判机关无法自行决定，而是取决于当事人的意愿。当事人在法定期限内提出上诉，即构成了提起第二审程序的当然事由，上一审级法院有义务对案件依照第二审程序进行审判。因此，在第一审刑事判决、裁定宣告以后，该案的普通审理程序是就此终结，还是继续开始第二审诉讼活动，取决于当事人及其法定代理人对上诉权的行使与否。❷

上诉权是一项具有基础性质的权利。它的存在会引发和派生出其他权

---

❶ 陈卫东：《刑事二审程序论》，中国方正出版社 1997 年版，第 54 页。
❷ 姜京生：《刑事第二审》，中国政法大学出版社 1997 年版，第 103 页。

利的存在，它的消失也会导致相应诉讼权利的消失。如果当事人放弃了上诉权，即不再提起第二审程序，也就无所谓与之相应的诉讼活动，当事人及其他诉讼参与人在第二审程序中享有的诉讼权利也就无从谈起，第二审法院的裁判权也就失去了前提。相反，当事人行使了上诉权，必然会引起一系列相应的法律后果。需要指出的是，上诉不仅是提起第二审程序的法定事由，而且在第二审程序开始以后仍然具有法定效力。也就是说，上诉的效力不仅影响第二审程序的提起，而且影响第二审程序的进行和终结。

上诉权的灵魂是上诉自由。上诉自由是社会主义法制先进性和民主性的重要内容。其本质是宪法所规定的公民对于任何国家机关和国家工作人员有提出批评、申诉和控告权利这一重要原则的反映和体现。上诉自由包括两层含义：其一，当事人及其他有关诉讼参与人对第一审法院所作的刑事判决、裁定有提出上诉的自由；其二，当事人及其他有关诉讼参与人根据自己的真实意愿，自由决定对上诉权利的行使。刑事诉讼法对此作了具体的规定，从而使上诉成为当事人及其他有关诉讼参与人的一项真正的、内容广泛的，并能够自由行使的诉讼权利。[1]

由上可知，上诉是一种诉讼行为，是上诉权人行使上诉权的必要方式。上诉权是法律规定的当事人及其法定代理人所拥有的一种诉讼权能，是当事人及其法定代理人等实行上诉行为的法律依据。无上诉权的人即使作出提请上一级人民法院对一审裁判进行审理的行为，也无任何法律效力。它们相互区别，但又连成一体，不可分割。[2]

（二）保障上诉权原则的法律意义

刑事诉讼法第 129 条首先对享有上诉权的诉讼主体作了规定，随即在该条第 3 款中规定："对被告人的上诉权，不得以任何借口加以剥夺。"这一规定直接确立了保障上诉权原则的法律地位，从而将依法保障上诉权列为第二审程序的首要原则，用以指导和约束有关国家司法机关或司法工

---

[1] 姜京生：《刑事第二审》，中国政法大学出版社 1997 年版，第 104 页。
[2] 陈卫东：《刑事二审程序论》，中国方正出版社 1997 年版，第 54 页。

作人员的行为活动，切实维护当事人和其他有关诉讼参与人的合法权益，从而保障第二审程序的正常开始和顺利进行。

保障上诉权原则是指参与刑事诉讼的国家司法机关和司法人员有责任和义务为当事人及其他有关诉讼参与人依法自主行使上诉权提供保障，使其能够根据自己的真实意愿，自由地、独立地对上诉权利的行使与否作出决定。不允许以任何方式和借口剥夺或者限制其依法行使上诉权。

保障上诉权的核心是对上诉自由的保障。上诉是一种权利，权利可以行使也可以放弃。但行使与放弃必须由当事人等有关诉讼主体根据自己的真实意愿自由作出抉择。当事人等诉讼参与人根据自己的认识活动，形成对第一审判决、裁定的结论。这一认识过程应当由其独立完成。其认识结论只要是真实的意愿，不论在他人看来正确与否，都应当受到尊重。所以，保障上诉自由，首先就应当尊重当事人等诉讼参与人自己对第一审判决、裁定形成的认识结论，对此不应横加干涉、指手画脚，更不应施加影响、强加于人。尽管在这一认识过程中并不排斥有关诉讼参与人向他人的咨询、探讨活动，但是，最后形成的结论应当是其真实意愿。此后，应当尊重当事人等诉讼参与人根据自己的意愿作出的自由抉择。对此不应当加以限制，或者施加影响以使其作出违心的决定。

保障上诉权就必然要求国家司法机关和有关司法人员严格遵守法律作出的禁止性规定，即不能对当事人尤其是被告人的上诉权予以剥夺或限制，不论这种剥夺或限制是在什么理由或借口之下进行的。剥夺或者限制上诉权的具体方式是多种多样的，不论是直接剥夺还是变相剥夺，不论是明显限制还是暗地刁难，不论是人为设置障碍还是渎职不履行义务，统统都在被禁止之列。

保障上诉权还要求国家司法机关或有关司法人员实施某种积极行为，提供某种帮助，以使有关诉讼参与人正常行使上诉权利。如为不具备书写能力或条件的当事人提供帮助，将其上诉表示制作成笔录，为用本民族语言文字提出上诉的当事人提供翻译等便利条件，为被羁押的被告人安排转呈、会面等事宜，以保障其上诉权的顺利行使。

保障上诉权还要求国家司法机关或有关司法人员应当依法制止侵犯上

诉权的行为，排除障碍。消除当事人对法律的误解或者顾虑，排除影响当事人自由行使上诉权的外界干扰。如及时制止他人的非法干扰，消除外界的不良压力，使当事人在正常的环境和气氛下独立行使权利。❶

在这里，还有两个问题需要指出。第一，尽管刑事诉讼法将保障上诉权原则规定在第二审程序专章中的第一条，且没有直接言明负有保障责任的诉讼主体的范围，但不能由此而认为仅指第二审法院。根据立法精神和司法实际情况，有可能剥夺或者限制有关诉讼参与人行使上诉权的国家司法机关都应当列入这一原则适用的范围。因此，适用这一原则的除了第二审法院以外，还包括第一审法院、检察院和负责看守羁押被告人的公安部门。第二，对刑事诉讼法第139条第3款的条文含义应作正确理解。该条文所述"对被告人的上诉权不得以任何借口加以剥夺"，是一种强调性的规定，是鉴于被告人的上诉权较之其他诉讼参与人的更易受到剥夺和限制的实际情况而作出的。这里的"被告人"是有所侧重的强调性指向，而不是独一无二的排他性指向。不能理解为仅是被告人的上诉权不得剥夺或限制，而自诉人、法定代理人以及辩护人、近亲属的上诉权则不在依法保障之列。正确的理解应当是，对当事人及其他有关诉讼参与人的上诉权均不得非法剥夺或限制，其中，应当格外注意依法保障被告人的上诉权不受剥夺或者限制。

（三）限制、剥夺上诉权的情形

诉讼权利是通过相应的诉讼行为加以实现的。上诉权也是由诉讼主体实施的具体诉讼行为来实现的。因此，保障有关诉讼主体的上诉权利，就要求其他诉讼主体（特别是国家司法机关）严格遵守法律规定，不实施限制、妨碍、干涉以及影响他人依法独立、自愿行使或者放弃上诉权的行为。同时，国家司法机关有义务为他人依法行使上诉权提供便利条件。

一般说来，对上诉权的非法限制或者干涉行为可以包括两个方面：一是当诉讼主体自愿放弃上诉时强迫其提出上诉；二是当诉讼主体自愿提出

---

❶ 姜京生：《刑事第二审》，中国政法大学出版社1997年版，第107页。

上诉时阻挠其上诉。审判实践中多见的是第二种情形。具体行为的手段和方式是多种多样的。概括起来，可以分为对有关诉讼主体本身施加影响和在客观方面设置障碍等两种类型。

对有关诉讼主体施加影响的情形，主要是对当事人及其法定代理人等有上诉权的诉讼参与人采取威胁、劝说、利诱、暗示等方法，对其精神和心理产生压力，迫使其违背自己申请上诉的真实意愿，违心地放弃上诉权利。这种影响和压力可能来自对方当事人，也可能来自公安、检察机关或者一、二审法院。如有的当事人害怕对方提出上诉会导致不利于自己的裁判，便以某种让步条件诱使对方放弃上诉。有的侦查人员为防止被告人在二审法庭上揭露其刑讯逼供等违法行为，便扬言施以更为严重的刑讯来威胁、逼迫被告人放弃上诉，等等。施加影响的方式有时是十分巧妙的。如当有的被告人提出上诉时，第一审法院的办案人员则交给他几份二审法院驳回上诉的裁定或者抗诉后加刑的判决，美其名曰："不忙上诉，先学习学习再说。"其中的暗示是显而易见的。被告人"学习"的结果，往往是动摇了自信心，以放弃上诉了事。

第二审法院对当事人上诉权的限制和影响常常不被人们重视。其实，对上诉权的保障问题一直存在于终审裁判宣告之前。审判实践中，有的审判人员在第二审诉讼期间擅自动员、劝说，甚至逼迫当事人撤诉。如有的审判人员为了尽快结案，对被告人说："你的案子肯定改不了，你快些撤诉还省得被驳回！"这些对当事人意志非法施加的影响，不论动机如何，结果都是对上诉权的非法侵犯。

在客观方面设置障碍，对诉讼主体的上诉施加法外限制，或者故意不提供某种帮助，使其上诉难以实现，最终迫使诉讼主体违心地放弃上诉权。如交通、通信不便以及被告人文化水平低或者被羁押等因素都会对诉讼主体行使上诉权造成困难。如果司法人员不是从保障上诉权的原则出发，积极排除客观障碍，反而利用甚至加大这些不利因素，无疑会对诉讼主体行使上诉权产生限制，可能迫使其违心地放弃上诉权。如迟迟不向享有上诉权的诉讼主体送达一审判决书或裁定书，使其无法在法定期限内提出上诉；拒绝向不具备阅读能力或书写能力的当事人讲明上诉权利或者提供书写服务，使其不知或者不能提出上诉；刁难非独立上诉权的辩护人或者近亲属，不准其与在押被告人会面，也不代询被告人的意见，以致其提出的上诉因缺乏法定要件而无法成立；拖延转呈甚至扣留在押被告人的上诉书状，粗暴剥夺被告人的上诉权，等等。由此可见，对上诉权的妨碍可能来自作为，也可能来自不作为。

除了上述人为剥夺或者限制诉讼主体正常行使上诉权的情形以外，诉讼主体自身的心理因素和文化因素也对其正常行使上诉权起着制约作用。如有的当事人对法律存在误解，以为上诉会惹恼第一审法院，招致第二审加刑，因而不敢提出上诉；有的文化程度过低，不知如何表达自己的上诉愿望，等等。此外，司法机关或者工作人员的某些失职行为，也会产生侵犯上诉权的客观结果。如转送上诉状时不负责任，造成丢失或者积压；第二审法院得知当事人的直接上诉后，由于疏忽而没有在法定期限内告知一审法院；有关部门互相推诿，使当事人延误了上诉期限，等等。

产生非法剥夺和限制上诉权行为的原因是多方面的。其中，很重要的原因是某些司法人员对上诉审制度和上诉权利的法律意义认识不清，甚至存在着种种误解，以致对当事人尤其是被告人行使上诉权颇有微词和反感，认为提出上诉是被告人抗拒审判的表现，甚至认为是对自己个人尊严的挑衅。所以，对当事人行使上诉权的举动横加挑剔，百般刁难。还有的司法人员缺乏必要的法律意识，不依法尊重当事人尤其是被告人的意愿，将被告人作为刑事诉讼的对象而不是诉讼主体，认为被羁押的被告人在失去人身自由的同时也就失去了意愿自由。其上诉与否，不应由被告人根据自己的意愿独立作出决定，而应由司法人员代其作出决定。当然，代为决定的结论都是否定性的。还有的司法人员执法水平不高，不能正确把握宣传法制的范围和界限，对被告人动辄训斥。认为其提出上诉是不认罪，而对其斥责、要求其放弃上诉则是法制教育。凡此种种，都表明了这样一个事实：负有追究犯罪之权的国家司法机关和具体履行职责的司法人员是保障上诉权原则的直接执行者，也是相应法律义务的承担者，应当切实保障

诉讼参与人依法正常行使上诉权利。❶

（四）上诉权的保障

二审程序虽不是刑事案件的必经程序，但它对于实现刑事诉讼法的任务，保证法律的正确实施，监督与指导下级人民法院的审判活动等具有十分重要的意义。上诉权的行使即提起上诉与人民检察院的抗诉一样，是第二审程序开始的重要原因与依据。提起上诉尤其是被告人的上诉，是引起二审程序发生的最为广泛而重要的渠道。如果仅有上诉权的规定，没有上诉权的切实保障，其本身就有损于法律的权威与尊严。上诉权的法律规定与上诉权的保障相互联系，构成一个不可分割的统一整体。前者是后者的基础与前提，没有上诉权的赋予，当然就无所谓上诉权的保障。后者则是前者的必然引伸扩展，法律既然规定上诉权，就必然要求从法律上、在司法实践中提供必要的保障措施，以疏通上诉的渠道，排除行使上诉权的障碍。上诉权的保障不能单纯从某一个方面要求某人作出某行为或不作出某行为。作为一种诉讼权利，它要求形成一个保障系统，在这个系统中，司法机关则起着主导作用。保障上诉权人的上诉权既是他们的权利亦是他们的义务。说是权利，他们对限制、阻碍、剥夺等侵犯上诉权人的上诉权的行为，能依职权排除这种侵犯；说是义务，他们本身亦应遵循法律的规定的上诉权人行使上诉权，同时对他人侵犯上诉权的行为有责任加以排除，支持上诉权人行使上诉权，否则，法律的正确实施及其权威与尊严就没有保证。下面从上诉权的法律保障与司法保障两个方面来探求上诉权保障系统中存在的问题及其相应的解决办法。

1. 上诉权的法律保障

我国刑事诉讼法继承了新民主主义革命时期与社会主义建设时期的刑事诉讼实践中的传统做法，在总结了长期以来的诉讼实践经验尤其是"十年浩劫"的大搞法律虚无主义而造成的数以万计的冤假错案的教训的基础上，于第180条第3款专门作出规定："对被告人的上诉权不得以任

---

❶ 姜京生：《刑事第二审》，中国政法大学出版社1997年版，第110页。

何借口加以剥夺。"这就从法律上明确了保障上诉权的原则，要求任何机关、团体及其他单位与个人不得以任何形式或者任何理由加以限制与剥夺上诉权。这对于上诉权人尤其是被告人行使上诉权有着极为重要的实际意义。本法其他条文中的一系列规定亦为上诉权人行使上诉权提供了极大的方便。这主要体现在：（1）人民法院必须将载有交付上诉权利的一审裁判书送达给当事人；（2）上诉权人既可以用口头亦可用书状的形式提出上诉；（3）上诉既可通过原审法院提出也可直接向上一级人民法院提出；（4）上诉理由未预先设定或限制，甚至可以没有理由；（5）为了消除被告人的顾虑，法律规定了上诉不加刑原则。这些规定对于上诉权人行使上诉权无疑有着十分重要的意义。但也应看到，法律对上诉的有关规定并不是至善至美的，仍有必要加以完善，主要表现为：（1）刑事诉讼法明文规定裁判书应送达当事人。最高人民法院、最高人民检察院、公安部、司法部于1981年4月27日联合发布的《关于律师参加诉讼的几项具体规定的联合通知》指出："凡有律师参加刑民案件，无论一审、二审，法院所作的判决书、裁定书，都应发给承办律师副本。"但对于被告人的近亲属是否应送达其裁判书副本，没有规定，司法实践中也常常不发给他们裁判书副本，这样法律虽赋予他们一定的上诉权，但由于他们不能得到裁判书副本，加之法律知识的贫乏，往往就不知道自己也有一定条件的上诉权以及通过什么方式行使上诉权，这对他们行使上诉权无疑是一种限制。（2）被告人的辩护人与近亲属在征得被告人同意后可提起上诉。但在被告人在押的情况下，被告人的近亲属与非律师的辩护人很难与被告会见或通信。1956年10月最高人民法院印发的《各级人民法院刑事案件审判程序总结》规定："……辩护人、近亲属提起上诉……人民法院应允许他们见面会谈。"现行刑事诉讼法第36条亦规定："其他辩护人经人民法院许可，也可以查阅、摘抄、复制上述材料，同在押的被告人会见和通信。"这一规定在司法实践中往往难以贯彻落实，这些人向法院提出要求会见或通信的要求时，法院及公安看守部门一般情况下不予同意。（3）刑事诉讼法只规定不得以任何借口剥夺上诉权，但对限制、阻碍、剥夺上诉权的行为尤其是司法人员的上述行为没有规定其相应的法律后果，以及也没有司法人员负有保障上诉权行使的责任，这样在司法实践中出现上述种种违法现象，司法人员往往亦听之任之，不知如何处理。其实这也正是实践中限制、剥夺上诉权的现象存在的主要原因。因此，刑事诉讼法或司法解释应对上述问题作出明确的解答与规定，找出最佳解决上述问题的途径。最后，针对我国公民文化水平较低、法律知识匮乏，相当一部分公民并不了解或不完全了解上诉的含义及不懂上诉的方式的现实，对于被告人还存在怕因上诉加刑或怕被说成："抗拒""不老实""不认罪伏法""与人民法院相抗"等种种顾虑，因此在普及法律知识的同时，还有必要从法律上规定一审法院在宣判裁判后为保障上诉权人行使上诉权做些必要的工作。其主要有：（1）以通俗的语言向上诉权人宣读、解释刑事诉讼法第10条的规定，使他们明白两审终审制的含义。（2）向他们宣读、解释刑事诉讼法第180条的规定，着重指出上诉人的范围以及上诉的形式，并强调上诉人的上诉权任何人不得加以限制或剥夺。（3）宣读、解释刑事诉讼法第183条，指出上诉期限的长度及起止日期和超过上诉期限而不上诉的法律后果。（4）宣读、解释第184条的规定，指出上诉的途径。（5）向被告方上诉权人宣读、解释上诉不加刑原则的规定与含义。（6）针对被告人的顾虑进行一些必要的说明解释工作。❶

2. 上诉权的司法保障

它包括两个方面的内容：一是要求上诉权人及其他有关人员，尤其是司法人员严格依法办事，以确保上诉权人正确行使上诉权；二是要求司法机关主要是人民法院与人民检察院对于侵犯上诉权的行为应主动依法加以排除与纠正。对于审判人员限制或剥夺上诉权人上诉权的，人民检察院应站在监督法律正确实施的立场上行使监督权，对于严重侵害上诉权的行为提出抗诉。辩护律师对于种种违法侵害上诉权的行为亦应向有关机关指出，并帮助被告人行使上诉权。在司法实践中，各级司法机关尤其是各级人民法院在保障上诉权方面做了许多的工作，但也有存在着种种限制、剥夺或变相限制剥夺上诉权人的上诉权的现象，归纳起来主要有：（1）不

---

❶ 陈卫东：《刑事二审程序论》，中国方正出版社1997年版，第57页。

依法将裁判书送达当事人、辩护律师或在裁判书中不向他们交代上诉权利以及上诉的形式与途径；（2）对被告人进行所谓认罪伏法的教育，其实质是劝说被告人不要行使上诉权，有的审判人员在言词中夹杂威吓与暗示等明确的或婉转的不让被告人上诉的意思表示，遗憾的是许多地方还把这种做法作为经验而加以推广；（3）缩短上诉期限，提前交付执行；（4）对上诉方式求全责备，有的要求一定用书状形式提出，并对书状格式及上诉理由要求严格；（5）限制或剥夺被告人的近亲属及当事人的法定代理人的上诉；（6）通过一审法院提出上诉的，有的一审法院直接驳回上诉权人的上诉；（7）扣压上诉申请；（8）上下级人民法院就一审裁判事先相互通气，先报后判；（9）二审法院草率审理或不加审理就驳回上诉的请求；（10）法院以外的侵犯上诉权的行为。上述种种侵犯上诉权的行为不是无法可依，而是有法不依，究其原因既有法律规定不完善方面的原因，更主要的是法律意识方面的原因：（1）有的审判人员法制观念淡薄。基于封建主义尤其是"文革"十年中的法律虚无主义的影响，有的审判人员不具有有法必依、执法必严的社会主义法制观念，加之司法实践中重"实"轻"程"的影响，有的审判人员认为诉讼程序是可有可无的东西，对诉讼程序的规定不予重视和遵守，甚至有的审判人员对刑事诉讼中有保障上诉权这一原则都不知道，更不要谈及其内涵与它的切实保障了；（2）法律知识贫乏。我国的审判人员尤其是基层人民法院有相当一部分未经过专门的长期的法律知识的系统训练与教育，在审判实践中，有的既不懂法又不学法，仅凭经验办案。有的对刑事诉讼法中的一些专门概念的内涵与外延都不清楚，如对被告人的法定代理人、近亲属的内涵与外延等不清楚，这样对违反法律规定剥夺或限制了他们的上诉权本身都不知道，当然就更不要谈如何保障他们的上诉权了；（3）有的审判人员图省事、怕麻烦，对被告人的命运漠不关心，淡然视之，没有忠实于法律、忠实于人民利益的精神；（4）诸如被告人上诉就是不认罪伏法，是对国家法律和审判的抗拒；上诉案件少就是办案质量高，上诉案件多就是办案质量低；上诉案件多了不利于从重、从快打击犯罪等错误观念的影响，以致自觉或不自觉地限制或剥夺上诉权人的上诉权。由上观之，要杜绝现实中的各种侵犯上诉权的种种行为，保障上诉权的原则得以完全彻底的贯彻与落实，不仅要从完善刑事诉讼法的有关规定着手，而且还要求增强司法人员尤其是审判人员的法律意识、法制观念，提高他们的法律知识水平及司法道德水平，完成有关上诉权的错误观念的转变，从某种意义上来说，后者则显得更为重要，更为关键，徒法毕竟不能自行。❶

二、全面审查原则

（一）全面审查原则

原刑事诉讼法第 134 条对全面审查原则的内容作了明确的规定："第二审人民法院应当就第一审判决认定的事实和适用法律进行全面审查，不受上诉或者抗诉范围的限制。共同犯罪的案件只有部分被告人上诉的，应当对全案进行审查，一并处理。"此次修改仍保留此原则。根据这一规定，全面审查原则的内容主要包括以下三个层次：（1）第二审法院既要审查第一审判决、裁定认定的事实是否清楚、证据是否充分，又要审查其适用法律是否正确，其中既包括对实体法的适用也包括对程序法的适用。（2）第二审法院既要审查上诉、抗诉所持理由和根据，又要审查未被上诉、抗诉所涉及的第一审判决、裁定的内容。（3）对于共同犯罪而且一并审理的案件，第二审法院既要审查上诉人的上诉部分，又要审查未上诉的被告人及未被上诉所涉及的原则内容，且一并作出处理。❷

我国刑事诉讼法中的第二审程序，既没有采取简单重复第一审程序的复审制，也没有采取过分注意表面形式的法律审，而是根据实事求是的方针，确立了具有中国特色的对事实和法律全面审查的原则。审判实践中概括的"事实清楚，证据确实、充分，适用法律正确，定罪准确，量刑适当，诉讼程序合法"等具体内容，不仅成为衡量第一审判决、裁定正确合法的尺度，而且说出了第二审法院全面审查的基本范围。

---

❶ 陈卫东：《刑事二审程序论》，中国方正出版社 1997 年版，第 59 页。
❷ 姜京生：《刑事第二审》，中国政法大学出版社 1992 年版，第 112 页。

事实是案件成立的客观依据，是适用法律的客观基础。第二审法院对上诉、抗诉案件进行审查，首要的也是最重要的，无疑是对案件事实进行全面的审查。第二审法院审查事实的范围是十分广泛的，既包括第一审判决、裁定中的案件事实，也包括程序事实。在案件事实中，既包括有罪事实，也包括无罪事实；既包括犯罪的一般事实，也包括犯罪的特定事实；既包括基本事实，也包括情节事实，等等。在程序事实中，既包括第一审阶段中的程序事实，也包括检察阶段、侦查阶段中的程序事实；既包括审判活动等程序事实，也包括强制措施、期间、送达等有关诉讼程序事实，等等。

事实是由证据加以证明的。对事实的审查实质上就是对证明该事实的证据进行审查。对案件证据的审查，既包括对证据的真实性、关联性和合法性等一般特征的审查，也包括对某种证据的具体特征的审查。无论是指控证据还是辩护证据，是有罪证据还是无罪证据；是直接证据还是间接证据；是言词证据还是实物证据，等等，这些被法学理论和证据学中的不同标准分来分去的学理上的类别，都不应当成为第二审法院全面审查证据时的障碍和隔阂。凡是能够证明案件事实的证据，都应当成为第二审法院证据审查的对象。

在全面审查事实的基础上，第二审法院应当全面审查第一审判决、裁定所适用的法律。适用法律的范围同样是十分广泛的。既包括对实体法的适用，也包括对程序法的适用。在实体法的适用中，既包括对刑事法律规范的适用，也包括对附带民事诉讼中民事法律规范的适用；既包括对刑法典的适用，也包括对其他刑事法律规范的适用；既包括对刑法总则中犯罪与刑事责任、犯罪形态、共同犯罪、刑罚种类与具体运用等一般法律规定的适用，也包括对刑法分则中罪名、法定刑幅度和量刑等具体法律规定的适用；既包括对定罪量刑等法律规定的适用，也包括对追缴、退赔等非刑罚处置方法的法律规定的适用。对程序法的适用，既包括对刑事诉讼法典的适用，也包括对其他刑事诉讼法律规范的适用；既包括对刑事诉讼法一般程序规定的适用，也包括对侦查、检察、审判等特定程序规定的适用；既包括对取证程序、质证程序、庭审程序、评议程序和宣判程序等重要程

序规定的适用，也包括对附带民事诉讼、期间、送达等一般性程序规定的适用，等等。❶

就审判刑事案件的一般原则而言，事实是根据，法律是准绳。就某一个具体的刑事案件而言，认定的案件事实和所适用的法律都是特定的、具体的。不可能在一个案件中包容或者概括各类事实和各种证据、适用所有的法律规范。所以，在刑事第二审审判实践中，对事实和法律的全面审查总是以某一具体案件为对象的，检验是否贯彻和执行了全面审查原则，也是以对具体案件的审判实践活动为标准的。所以，对事实和法律的全面审查，既是法律的一般原则，也是法律对审判活动的具体要求。第二审法院的审查做到全面与否，不是以一般概念的内容为参照，而是以该案特定内容为依据。此案的全部内容可能是彼案的部分内容，同样，对此案内容的相应审查即为全面审查，而移至对彼案相应内容的审查则为片面审查。所以，对案件事实和适用法律的全面审查，在审判实践中，是离不开具体案件这一前提条件的。

上诉、抗诉的提出是以不服第一审刑事判决、裁定并认为其有错误为前提的。尽管如此，第二审法院不仅要审查上诉、抗诉所持的理由和根据，审查上诉、抗诉所直接涉及的第一审判决、裁定中的相应内容，也要审查未被上诉、抗诉所涉及的第一审判决、裁定中的其他内容。上诉或者抗诉所提出的理由与根据，都是有关诉讼主体对第一审判决、裁定表示的具体异议和否定性评价。第二审程序最终要对第一审判决、裁定是否正确合法作出结论，而这一结论的作出必须同时回答上诉、抗诉是否有理、是否成立的问题，维持第一审判决，必然是驳回上诉、抗诉；撤销第一审判决，必然是上诉、抗诉成立。而要解决上诉、抗诉是否成立的问题，只有通过对上诉、抗诉的理由、根据、事实和结论所进行的全面审查才能够完成。

法律赋予有关诉讼主体提出上诉、抗诉的权利，但没规定他们负有保证上诉、抗诉成立的义务。换言之，诉讼主体只管根据自己的意愿和认识

---

❶　姜京生：《刑事第二审》，中国政法大学出版社 1992 年版，第 109 页。

提出上诉的理由，而不必去为上诉理由是否被采纳负责任。因为，提出上诉、抗诉是诉讼主体的权利，而上诉、抗诉的理由是否有道理、是否应被采纳，则是第二审法院应予回答的问题。同时，诉讼自身的种种限制，其所持的上诉理由未必客观和真实，其对第一审判决所持的否定性评价未必正确和客观。因此，尽管上诉、抗诉的理由和根据理所当然地成为第二审法院审查的对象，但第二审法院并不能够仅仅据此即对第一审判决、裁定作出全面结论。对第一审裁判作出的全面结论，只能建立在对其全面审查的基础之上。第二审法院对第一审判决、裁定所作的评价，只能够以事实为根据、以法律为准绳，而不能够以上诉或者抗诉的意见为标准。第一审判决、裁定中的错误可能被上诉、抗诉所言中，也可能未被上诉、抗诉所发现。所以，第二审法院既要审查上诉、抗诉的内容，又不应当受到上诉、抗诉范围的限制，对那些未被上诉、抗诉所涉及的第一审判决、裁定中的认定事实、证据、适用法律以及诉讼程序等内容都应当依法进行审查，以此作出终审裁判。全面审查原则不仅要求第二审法院的审查活动不受上诉、抗诉范围的限制，同时，还要求这种审查活动不受上诉主体数量范围的限制。共同犯罪一并审判的案件，如果只有其中部分被告人提出上诉的，第二审法院亦应对全案进行审查。不仅要审查上诉人的上诉部分，而且要审查对未提出上诉的原审被告人的判决内容。上诉的效力涉及全案的判决内容。被告人对判决中的一部分提出上诉，其效力达及其他部分，使其亦不能生效；案件中部分被告人提出上诉，其效力达及同案其他被告人，其判决亦不能生效。同时，共同犯罪中的被告人，彼此间形成了互相联系、互相交织、互相影响的特定关系，各自在共同犯罪中所处的地位和作用，决定了各自的罪责，而这些罪责又往往成为相应参照系数，直接影响对彼此处罚的结果。❶ 所以，如果仅就提出上诉的被告人进行审查，而不同时对其他同案被告人进行审查，则不可能查清全案事实，至于对其中上诉被告人的审查势必成为无源之水。

对共同犯罪案件被告人的全面审查，必然要求对共同犯罪案件的全面

---

❶　姜京生：《刑事第二审》，中国政法大学出版社1992年版，第111页。

处理。第二审法院不仅要对上诉被告人作出判决，而且要对未上诉的同案被告人作出判决。即使是未上诉的被告人在第二审诉讼期间死亡的，第二审法院仍应对全案进行审查。

共同犯罪一并审理的案件，如果检察院只对其中部分被告人提出抗诉，其抗诉的效力达及全案被告人的判决，使其均不能生效。第二审法院在对被抗诉的被告人进行审查的同时，还必须依法对未被抗诉的同案被告人进行审查。然后，在全案审查的基础上，对各被告人作出终审裁判。但是，对未被抗诉的被告人不能视同已被抗诉，不能直接加重其刑罚。

第二审法院对刑事附带民事诉讼案件的审理也应当贯彻全面审查原则。但是，由于这种案件是刑事诉讼与民事诉讼的合并审理，情况较之单一的刑事诉讼案件要复杂，所以，在不同的情况下，对全面审查原则的具体执行情况也会有所不同。（1）诉讼主体只对案件的刑事判决提出上诉或者抗诉，对附带民事诉讼判决没有异议。在这种情况下，该案附带民事诉讼判决并不发生法律效力，第二审法院应当依照全面审查原则的要求，在对该案刑事判决进行全面审查的同时，对该案附带民事判决也进行全面审查，然后一并作出终审裁判。（2）诉讼主体对刑事判决和附带民事判决都提出了上诉或者抗诉，第二审法院对刑事判决和民事判决的审查都不应当受上诉、抗诉范围的限制。尽管诉讼主体可能仅对附带民事诉讼判决中的部分内容提出异议，但第二审法院应当对该判决的全部内容进行审查。（3）刑事判决部分没有合法的上诉、抗诉存在，只有附带民事诉讼当事人及其法定代理人对附带民事判决提出上诉。该案刑事判决经过法定期限后发生法律效力。在这种情况下，第二审法院应当对附带民事判决进行全面审查，而且，还应当审查确定与民事责任有关的刑事诉讼中的事实。但是，从严格的法律意义上讲，这种对已经生效的刑事判决所进行的审查，与第二审程序中的全面审查是有所不同的。因为，生效判决的内容是不能成为第二审程序审理对象的。对这部分内容的审查是因对同案附带民事判决进行审查所连带的和所需要的，因而是对该案附带民事判决全面审查的结果。

全面审查原则是否意味着第二审法院有权对第一审裁判未认定的事实

或者新补充的证据进行审查。对这一问题的回答应当是肯定的。我国刑事诉讼法并未否定和排除第二审法院对新的事实和证据的审查，相反，赋予第二审法院在一定条件下自行调查取证的权力。刑事诉讼法等 136 条规定：原判决事实不清或者证据不足的，第二审法院可以在查清事实后改判。显然，第二审法院行使调查权，收集到的证据和据以查清的事实，有可能是第一审判决、裁定未予认定或者未予查清的。由此可见，全面审查原则是允许第二审法院对新事实、新证据进行调查取证、审查判断和分析认定的。❶ 当然，这种对新事实、新证据所进行的审查认定，必须具备一定的法定条件和符合有关的调查、质证、判决等诉讼原则与诉讼程序的要求。

首先，第二审法院所进行的调查新事实、核对新证据的诉讼活动是以第一审判决、裁定的事实不清楚为前提的。这种诉讼活动的目的在于查清已被第一审裁判认定但未被其查清的事实或者应当被认定而未予认定的事实。因此，这种查证活动不是脱离第一审裁判的内容另起炉灶，而是紧紧围绕第一审裁判的内容所进行的。

其次，第二审法院调查的事实或者当事人提供的补充证据材料，都应当与第一审裁判的内容有内在的关联性。如对第一审判决适用法律、定罪量刑有影响的证据材料，这些材料一审法院判决前并不掌握，第二审法院应当予以审查核实，并结合全部案情作出相应的结论。

再次，第二审法院调查核实新事实、新证据的诉讼活动，必须符合有关法定原则和程序。如收集证据的法定条件应当齐全，对新证据的法庭质证程序应当完备。

最后，第二审法院根据新的事实和证据所作出的诉讼结论，不能违背有关的诉讼原则。如根据新的证据而对被告人作出的终审判决，不能违反两审终审制原则和上诉不加刑原则。

总之，第二审法院对第一审判决的全面审查，既不能脱离原判内容，又不能完全重复一审诉讼活动的内容。这正是全面审查原则的要求和

---

❶　姜京生：《刑事第二审》，中国政法大学出版社 1992 年版，第 111 页。

体现。

综上，可以看出全面审查原则在刑事第二审程序中占有非常重要的地位，指明了第二审法院正确、全面进行诉讼活动的方向。刑事审判实践中，对这一重要的诉讼原则应当认真贯彻、严格遵守。

（二）全面审查原则的法律意义

我国实行两审终审制，二审人民法院的主要任务是：通过对一审裁判的上诉或抗诉案件的审查，维持正确的裁判，纠正错误的裁判，以保证犯罪分子得到应有的惩处，无辜的人则不受刑事追究，实现人民法院审判案件"不错不漏""不枉不纵"，保证完成刑事诉讼法的总任务。要实现这一任务，毫无疑问要以上诉或抗诉为依据，对上诉或抗诉所提出的理由加以重视，对所不服的地方，其申请的范围，应在全面审查的基础上作出明确的答复。但其审查不能仅局限于上诉与抗诉的范围，而应当是对一审裁判所认定的事实，适用的法律以及一审法院是否违反诉讼程序等事项作出全面的审查的基础上，然后再对一审裁判作出评判。❶ 之所以这样，是因为：

第一，全面审查有利于全面保障上诉权人的利益及保证法律的正确实施。有的上诉人由于缺乏法律知识、逻辑知识等，要求其对法院认定的事实、适用的法律是否有错误以及一审法院是否违反诉讼程序都能指出是不可能的。在现实生活中，在权利受到侵害时不知用法律来保护自己合法权益的人，大有人在。在刑事诉讼中，同样也可能由于法院未作出正确的裁判，自己却提不出什么理由，有的在其诉讼权利受到审判人员的侵犯时也不知道。因此，法律没有规定上诉权人在上诉时一定要提出上诉理由，其审查范围亦不限于上诉申请的范围。如果二审法院的审查要受上诉或抗诉申请范围的限制，就可能因上述原因而不能发现一审裁判中错误的事实认定、适用法律的错误，以及一审法院违反诉讼程序的情况，当然就谈不上有错必纠。尤其有些上诉权人基于对司法人员的敬畏，对其损害自己权益

---

❶　陈卫东：《刑事二审程序论》，中国方正出版社 1997 年版，第 65 页。

的行为也不敢在提出上诉中加以明示，以为那样将遭到他们的报复，这就要求二审人民法院从维护人民的利益出发，不应图省事、怕麻烦，而应仔细认真地对一审裁判以及活动作全面审查，发现错误应予以纠正，以维护法律的尊严。

第二，全面审查是认识一审裁判是否符合客观真实的科学方法，是唯物辩证法的普遍联系原理、认识论在二审审判程序中的具体体现，也是一些科学的辩证思维方法，如分析与综合、抽象与具体等在审判实践中的具体运用。案件的客观事实是已发生的独立于审判人员意志以外的客观存在。审判人员要使自己对案件事实的认定符合于客观真实，即达到一种真理性的认识，必须把客观事实相互联系起来去考察。这是因为，作为标志主观同客观相符合的真理即是人们对客观事物及其规律的正确反映，它本身就是全面的。它是对事物各个方面的总和以及它们之间相互关系的把握。有时候，如果仅从事物的某一方面看，把其孤零零地抽出来，切断其同其他部分的联系，对本来是谬误的东西看上去却是正确的，对于本来是正确的东西看上去又是谬误的。这时，如果把这一部分与其他部分联系起来，往往就可以看出其本来面目。任何案件事实都是由彼此联系的各种情况组成的，犯罪的目的、动机、手段、方法、行为等客观因素构成一个有机联系、不可分割的整体。要正确认定这些部分的以及整体综合的事实，不仅要求我们采用分析的方法，把整个案件分解成不同的组成部分，即对案件的各种个体事实、证据加以分析、研究，而且还要求采用综合的方法，把它们联系成一个整体而加以研究、比较；不仅要求以抽象的方法对案件的某个方面的事实作出正确的认定，而且还要求以具体的方法又把各个事实统一起来从而作出对整个案件事实的具体的认定。探求规律即事物间的本质联系，认识事物必须全面，要从事物的整体与联系中去认识事物。列宁曾指出："要真正地认识事物，就必须把握、研究它的一切方面、一切联系和'中介'。我们决不能完全地做到这一点。但是，全面性的要求可以使我们防止错误和防止僵化。"❶

---

❶《列宁选集》第 23 卷，第 453 页。

　　第三，全面审查原则是刑事诉讼法的"以事实为根据，以法律为准绳"的基本原则在二审程序中的贯彻与落实，是二审程序的"实事求是，有错必纠"原则的重要保证。以事实为根据要求办案人员要查明犯罪所发生的时间、地点、动机、目的、手段、后果以及有关的全部事实、情节与全部证据和事实之间、证据之间以及事实和证据之间的全部联系，对它们都应作深入的调查与分析，以确立案件的真实情况，它要求办案人员必须防止先入为主、偏听偏信等主观主义的工作方法与作风，而应当依靠群众，进行广泛的调查研究，反复分析、研究、查对、核实证据与事实。这对所有的诉讼阶段都是适用的。然而，二审法院的审理是在一审裁判的基础上进行的，这就更易使二审人民法院的审判人员犯先入为主的主观主义错误，造成"这个案件应是这样或那样"的先入为主的主观印象。二审人民法院如果不对案件全面审查，就很难脱离出一审裁判业已定论的窠臼。二审人民法院只有对一审裁判进行全面审查，才能摆脱一审裁判对其的认识案情的制约与影响，通过自己的分析、比较、研究证据、事实以及相互间的联系，找出案件事实的客观真实，只有这样才能保证案件的高质量，经得起实践的检验。此外，如果仅对上诉或抗诉的范围就事论事，也不利于贯彻落实二审程序的实事求是、有错必纠的原则。事实上，上诉人、抗诉人所不服的地方并不意味着这一部分就不正确，存有错误；同样，对未提出上诉或抗诉的部分也不意味着就一定正确，没有错误，对于共同犯罪尤其如此。提出上诉或抗诉的部分与未提起上诉或抗诉的部分无论是事实、证据还是定罪、量刑，它们之间都存有一种千丝万缕的客观联系，很难把它们截然分开，如仅对上诉或抗诉的范围审查，就可能造成一审裁判中未提出上诉或抗诉的部分的错误，由于不对其进行审查而难以发现的情况。既然不能发现错误当然就不能有错必纠。这无疑不利于实事求是、有错必纠的原则的贯彻执行。

　　第四，全面审查原则有利于二审人民法院指导和监督下级人民法院的审判工作，增强下级人民法院审判人员的责任感。全面审查原则要求不仅要对一审裁判所认定的实体事实、适用实体法律进行审查，而且还应对一审法院遵守诉讼程序的情况进行审查，这样就会促使一审人民法院认真、仔细地查清与案件相关的一切事实、证据，做到全面、准确，提高办案质量，以经得起二审法院的检查，而且还有助于一审法院严格依照诉讼程序办事，克服诸如只求效果不择手段的违法现象。❶

第五，全面审查原则体现了人民法院对人民、对法律极端负责的精神。刑事案件是已经发生的客观存在，要准确地认识它，则是一件极为复杂的事情，它需要利用证据来查证。从理论上讲，任何案件都会留下大量的证据，但由于刑事案件的发生一般具有隐蔽性的特点，加之有的罪犯毁灭罪证，伪造现场以及时过境迁，往往也使客观存在的证据自然消失，因此，要想收集案件的所有证据是不可能的。只能靠从收集的证据中进行分析、研究与辩证的思考去把握案件的客观事实，而这不可能不受审判人员的政治业务素质、知识水平、实践经验等主观条件的限制，并且又不可能一下就接触案件的诸多证据，而是一个个地从部分到全面，从证据本身到证据间的联系，然后再到案件事实的认定，在这个复杂的认识过程中，即使经过公安机关、人民检察院、一审人民法院对案件的审查、认识也难免不发生错误。为了准确地惩罚犯罪，保障无辜，在继一审程序之后还规定了许多补救程序即二审程序、死刑复核程序、审判监督程序。这些程序虽在一审程序之后，但又不能依赖于一审程序，受其制约与影响，否则就起不到其应有的作用。尤其是二审程序，它作为上诉、抗诉案件（除二审法院维持或改判死刑或无期徒刑的案件以外）的最后一道程序，是检验产品质量的出口，更必须本着对人民高度负责的精神对上诉、抗诉案件进行全面审查。通过全面审查，认为一审裁判正确而维持原判的，更有利于被告认罪伏法，使人民群众亦受到教育。如果发现错误加以指出或纠正，从而使人们受到我们的法院是忠实于事实、忠实于法律、忠实于人民的利益的教育，从而提高人民法院在人们心中的威信与尊严。假如仅就上诉或抗诉的范围进行审查，对于其他部分不加以涉及，就难以避免人们产生这样的疑问：未审查的部分是否有错误呢？尤其是在已审查的部分发现了错误的情况下更会增加这种疑问。这就势必使人们对二审裁判的正确性产生

---

❶　陈卫东：《刑事二审程序论》，中国方正出版社 1997 年版，第 68 页。

怀疑。我们对整个上诉、抗诉案件在全面审查的基础上作出实事求是的结论，就可以消除这种不必要的副作用，以提高二审裁判在人们心中的威信与尊严。❶

（三）有关全面审查原则的几个问题

1. 全面审查和重点审查

全面审查是刑事第二审程序中重要的法定审理原则。全面审查原则是第二审实现其诉讼职能的重要保证。没有全面审查原则，第二审法院的审理活动就会失去统一的规格和准则，从而影响法制的统一与完备。重点审查原则是第二审法院对上诉、抗诉案件进行具体审理时所采用的审理方法。刑事审判实践证明，重点审查是行之有效的审理方法，是第二审法院完成对上诉、抗诉案件审理的重要手段和有效途径。全面审查原则和重点审查方法之间存在着辩证统一的关系，二者相辅相成。

全面审查是第二审程序的指导原则，是对第二审法院审理活动的普遍性要求；重点审查是第二审程序的审理方法，是对第二审法院解决诉讼问题的具体性要求。没有全面审查就不会及时发现第一审判决、裁定中存在的问题，但是，发现问题的目的不是为了罗列或展示问题，而是为了解决问题。这离不开在全面审查基础上所进行的重点审查。只有通过重点审查，才能够抓住并查清案件中的主要矛盾和关键问题，为终审裁判提供直接的根据。第二审法院在审理上诉、抗诉案件时，应当以全面审查为基础，以重点审查为关键。通过全面审查发现案件中存在的问题，再通过对这些问题的进一步重点审查而最终解决问题。❷

全面审查原则与重点审查方法是相辅相成的。离开全面审查原则，重点审查就会成为无源之水；离开重点审查方法，全面审查就会成为无功之举。但是，二者又是不能互相替代的。既不能停留在一般性的全面审查而放弃了解决具体问题，也不能沉溺于解决具体问题而无视全面审查原则，

---

❶ 陈卫东：《刑事二审程序论》，中国方正出版社 1997 年版，第 69 页。
❷ 姜京生：《刑事第二审》，中国政法大学出版社 1992 年版，第 108 页。

更不能以重点审查来取代全面审查。刑事第二审程序所具有的检查、监督职能，决定其审查活动不是第一审程序的简单重复，而是有重点、有侧重地进行。但这必须是在全面审查原则指导下的侧重，是在全面审查基础之上的有所重点。如果脱离了全面审查这一前提和基础，所谓重点审查不仅会成为无源之水，而且会将第二审审理活动引入歧途。审判实践表明，割裂全面审查与重点审查之间的有机联系，片面地强调某一方面而忽视另一方面，其结果都是错误的。如果机械地理解和推行全面审查原则，不论案件的类型和难易程度，不管诉讼情况的简单或复杂，不顾案内问题的大小，一味追求"全面"，全面铺开，面面俱到，不分主次，事事过问，只求形式不问实效，这样做的结果只能导致审判工作一般化、表面化，抓不住主要矛盾，解决不了关键问题，使审判人员忙忙碌碌而无所获。另一方面，若以重点审查取代全面审查，将案件的有机整体人为地分割成若干彼此孤立的重点，只管其一，不管其他，只顾一点，不顾全局，其结果则会导致凭经验办案，造成有问题的没有列入审查范围，列入审查范围的没有问题等有碍办案质量的情况发生。❶

需要明确的是，第二审法院对上诉、抗诉案件的审理，首先是建立在全面审查的基础之上的。第二审法院在受理上，诉或抗诉案件以后，不论案件性质的差异、当事人的多寡、上诉或抗诉范围的大小、一审裁判的轻重，一律应当对案件进行全面审理。不允许自立审查标准，自行限制审查范围。如对重刑案件全面审查，对轻刑案件不全面审查；只审查上诉、抗诉所持异议部分，不审查上诉、抗诉未涉及的部分；只审查原判实体内容，不审查原判程序内容，等等。

重点审查中的"重点"，不是由事先设想或假定的内容所决定，如人为规定实体法是重点程序法是非重点，或者定罪量刑是重点附带民事诉讼判决是非重点，等等。也不是由上诉、抗诉范围所决定，如上诉、抗诉所涉及的是重点，未涉及的是非重点，等等。这些"重点"只能来自第二审法院对案件所进行的全面审查。通过全面审查发现的对第一审判决、裁

---

❶ 姜京生：《刑事第二审》，中国政法大学出版社1992年版，第123页。

定有影响的问题，是第二审法院进一步审查的当然重点。因此，重点因案而异。各类犯罪的本质特征不同，同类犯罪的具体情节各异，每一个案件的事实情节不同，刑事诉讼活动的内容也不一样，因此，每一个案件的第一审判决、裁定中存在的主要问题也不相同，需要重点审查的内容也就各不一样。案件中存在着什么主要问题，该问题就是此案的重点。所以，重点审查的内容因案而异，是由各个案件中的客观情况所决定的。从某种意义上讲，第一审裁判中的主要问题是客观存在的，第二审法院只能通过全面审查而发现问题，通过重点审查而解决问题。❶

总之，全面审查原则是二审程序中的一个必须遵守的重要原则。它要求二审人民法院必须克服怕麻烦、图省事的心理；既然没有被上诉或抗诉不等于判决没有错误；被告人上诉是不认罪服判；上诉与抗诉共存时，人民检察院代表国家、因此仅着重于抗诉的理由，而对其他上诉人尤其是被告人的上诉理由不加重视，草率从事等许许多多的不利于全面审查原则贯彻执行的片面的观念与做法，都与全面审查原则背道而驰。

三、上诉不加刑原则

在我国，第二审案件大多数都是由被告人一方的上诉引起，少数则由检察院提起抗诉引起。如果没有上诉不加刑原则，被告人一方提起上诉以后，二审法院有可能加重了刑罚，这一定增加了被告一方对上诉的后果的担忧，使被告人在一审得到不公正甚至错误的判决时，也不敢上诉，从而限制了上诉权的真正落实，两审终审制也得不到真正的实施。但是，实践中也存在利用与第二审程序相关联的审判监督程序和发回重审制度，对仅有被告人一方上诉的案件变相加重被告人刑罚的问题。

（一）我国上诉不加刑原则的基本内容

上诉不加刑原则，是刑事诉讼中针对被告人在上诉审判中的裁量原

---

❶ 姜京生：《刑事第二审》，中国政法大学出版社1992年版，第124页。

则，它是指上诉法院对被告人及其法定代理人、辩护人以及检察机关为被告人利益而提起上诉时，上诉法院不得加重原审被告人刑罚的审判原则。我国的刑事诉讼法在立法时也体现了该原则。1996 年修订的我国《刑事诉讼法》第 190 条规定："第二审人民法院审判被告人或者他的法定代理人、辩护人、近亲属上诉的案件，不得加重被告人刑罚。"

它包含以下几点内容：（1）上诉不加刑原则仅适用于第二审审判程序，它对第一审审判程序和审判监督程序均不适用；（2）上诉是刑事诉讼法规定的被告人的合法权利，不论其理由是否正当、合理，只要被告人不服判决，就有权利向上一级人民法院提出上诉，第二审人民法院不能以任何理由而加重被告人的刑罚；（3）上诉不加刑原则中的"被告人一方"，是指被告人本人及其法定代理人、辩护人、近亲属，并非仅指被告人一人；（4）仅有被告人一方上诉的案件，第二审人民法院在审理后认为原判决认定的事实没有错误，只是适用的法律有错误，或者量刑不当需要改判时，即使量刑畸轻，也不得加重被告人的刑罚。

《刑事诉讼法》第 190 条对上诉不加刑原则的规定过于抽象、原则，不够具体，缺乏可操作性，同时由于第二审程序在案件事实、罪名、量刑等实体认定问题以及程序处理问题上较为复杂，所以在理论上和司法实践上，对这一原则的理解和运用都有较大分歧。鉴于此，《关于执行〈中华人民共和国刑事诉讼法〉若干问题的解释》（简称《解释》）第 257 条❶、第 258❷ 条对适用上诉不加刑原则作出了具体规定。

---

❶　《关于执行〈中华人民共和国刑事诉讼法〉若干问题的解释》第 257 条规定：（1）共同犯罪案件，只有部分被告人提出上诉的，既不能加重提出上诉的被告人的刑罚，也不能加重其他同案被告人的刑罚。（2）对原判认定事实清楚、证据充分，只是认定的罪名不当的，在不加重原判刑罚的情况下，可以改变罪名。（3）对被告人实行数罪并罚的，不得加重决定执行的刑罚，也不能在维持原判决定执行的刑罚不变的情况下，加重数罪中某罪的刑罚。（4）对被告人判处拘役或者有期徒刑宣告缓刑的，不得撤销原判决宣告的缓刑或者延长缓刑考验期。（5）对事实清楚、证据充分，但判处的刑罚畸轻，或者应当适用附加刑而没有适用的案件，不得撤销第一审判决，直接加重被告人的刑罚或者适用附加刑，也不得以事实不清或者证据不足发回第一审人民法院重新审理。必须依法改判的，应当在第二审判决、裁定生效后，按照审判监督程序重新审判。

❷　《关于执行〈中华人民共和国刑事诉讼法〉若干问题的解释》第 258 条规定：共同犯罪案件中，人民检察院只对部分被告人的判决提出抗诉的，第二审人民法院对其他第一审被告人不得加重刑罚。

上诉不加刑原则，是资产阶级民主革命的产物。它是对封建主义专横的诉讼制度，将上诉的被告人任意加重刑罚的否定，是司法民主和司法人权的重要体现。上诉不加刑原则，是刑事二审中特有的原则，确立上诉不加刑原则，有利于保障上诉人的上诉权。在我国，第二审案件除少数由检察院提起抗诉外，绝大多数是由被告人一方的上诉引起的。因此，上诉制度和两审终审制度能否真正地发挥作用，在很大程度上取决于被告一方的上诉权能否顺利地行使。如果没有上诉不加刑原则，被告人一方提出上诉后，二审法院不仅没有减轻刑罚或者免除刑罚，反而加重了刑罚，就必然会增加被告一方对上诉的思想顾虑，甚至在一审判决不正确的情况下，也不敢上诉，这在客观上限制了被告人行使上诉权，同时也使一审的错误因为没有上诉得不到及时发现和纠正，两审终审制会流于形式。[1]

（二）西方主要国家上诉不加刑原则的比较分析

起源于西方近代刑事诉讼的上诉不加刑原则是为了保障人权而诞生的。古代欧洲在罗马共和国时期由于迷念于神示证据，奉行"一事不再理"原则，没有上诉制度。中世纪的欧洲虽然出现了为被判决人利益的类似上诉制度的相关规定，但一般实行一审终审，这并不是对判决的迷信，而是对君权的畏惧，因为那时法律是专制的工具。资产阶级革命胜利之后，西方各国继续实行"一事不再理"原则，但仅作为被告人保护人权的一项基本诉讼原则。上诉不加刑原则作为一项法律原则及法律制度，始见于 1808 年的《法国刑事诉讼法典》，是法国资产阶级革命的产物之一，也是资产阶级革命时期所宣扬的民主、自由、人道的一种体现。它的基本内容是：被告人或者他的近亲属、监护人以及辩护人对法院判决不服而提起上诉时，上诉法院可以减轻或维持原判，但不得加重原来判决的刑罚。[2] 德国资产阶级掌握政权后，于 1877 年在《德国刑事诉讼法典》第398 条中规定："被告一方对判决不服提出上诉时，新的判决不得处原判

---

[1] 陈卫东：《刑事二审程序论》，中国方正出版社 1997 年版，第 70 页。
[2] 孙飞：《我国刑事诉讼第二审程序论》，群众出版社 1986 年版，第 235 页。

决更重的刑。"❶ 德国现行刑事诉讼法继承并发展了这一诉讼原则，其第350条第二款规定：仅由被告人，或者为了他的利益由检察院或者他的法定代理人提出了上诉的时候，对于被声明不服的判决在法律对行为的处分种类、刑度方面，不允许作不利于被告人的变更。此规定不与移送精神病、戒瘾所的命令相抵触。❷

西方发达国家对于上诉不加刑原则都作出了具体规定，尽管其具体表述不尽相同，但其基本内容和宗旨却是相同的，一般称为"不利变更禁止之原则"。日本刑事诉讼法第402条规定："就被告人控诉或被告利益控诉之事件，不得谕知较重于原判决之刑。"德国刑事诉讼法第331条规定："仅由被告人，或者为了他的利益由检察院或者他的法定代理人提出了上诉的时候，对于判决在法律行为的处分种类、刑度方面，不得作出不利于被告人的变更。"作为英、美法系国家代表的英国也于1968年在《刑事上诉法》中正式确立该原则："上诉法院在审理对刑事法院的裁判提出的上诉案时，只能在刑事法院所具有的量刑权限内予以改判，且不得重于原判"。

分析各国法律规定，存在以下几个共同点：

一是适用范围一般包括以下几方面：由被告人独立提起，或者他的法定代理人、辩护人提起，或者检察官为被告人利益提起上诉的案件；同时也适用于未上诉的共同被告人。

二是这些国家对上诉不加刑的"刑"，普遍作较为宽泛的解释，因而称该原则为"禁止不利变更"原则更为恰当，以突出其有利于被告人的价值取向。❸

三是禁止不利变更原则在实行两审终审制的国家适用于刑事第二审，在实行三审终审制的国家适用于第二审和第三审。同时也有条件地适用于刑事再审程序当中，使再审程序也具有救济性。

---

❶ 陈光中主编：《中国刑事诉讼程序研究》，法律出版社1993年版，第279页。

❷ 杨晓静著：《上诉不加刑原则与我国刑事上诉审制度之改革》，载《泰山学院学报》2007年3月。

❸ 同上注。

但是，西方主要国家在具体的做法上也有差异，都有自己的特殊规定❶：

一是对被告人可以增加不属于刑罚性质的其他措施。如德国刑事诉讼法规定："这种规定（指上诉不加刑）不禁止判令拘留在医疗处所或者护理处所，或者治疗酒醉处所或者服麻药中毒处所"。

二是在不加重原判决刑罚的情况下，对被告人可以重新认定罪名，适用处罚较重的法条。在日本，控诉审法院可以认定比原判决对被告人不利的事实，改变罪名。例如，一审法院以盗窃罪宣告被告人2年徒刑（日本刑法第235条规定，犯盗窃罪，处10年以下惩役），控诉审法院可以改定为强盗罪，但不能以强盗罪的法定刑处罚（日本刑法第236条规定，犯强盗罪，处5年以上有期惩役），只能维持2年徒刑而不得加重刑罚。

三是允许数罪并罚时，将原判决中认定的部分犯罪事实改为无罪或者对被告人有利的事实，而不改变原判的总刑期。在英国，上诉法院可以撤销或改变某些罪名重新判定，但是总的刑期不得长于原判决的刑期。

四是部分案件不适用上诉不加刑原则。英国《1971年法院法》规定，刑事法院在审理不服治安法院的上诉案件时，刑事法院可以作出重于治安法院的惩罚。

上诉不加刑原则宣示了人权保障至上理念的价值取向，也奠定了西方再审程序设计的基调。就整个制度设计而言，西方上诉不加刑原则的配置不仅体现了形式真实的诉讼理念，而且与刑事诉讼的价值目标形成良性互动关系：一方面上诉不加刑落实了防止权力姿意，充分保护被告人的人文价值观；另一方面保护人权的价值理念又为上诉不加刑原则提供了现实性的理论基础，并使上诉不加刑原则扎根于西方宽容、博爱的文化土壤，从而使上诉不加刑原则得到很好的贯彻。❷ 上诉不加刑原则也体现了对被告人合法权益的法律关怀，约束了国家权力的不当使用，集中地体现了诉讼民主的精神。虽然上诉不加刑原则在西方得到了很好的关注和良好的运

---

❶ 陈光中主编：《中国刑事诉讼程序研究》，法律出版社1993年版，第280－281页。
❷ 胡良平：《中西上诉不加刑原则的法文化浅探》，载《邵阳学院学报（社会科学版）》2005年8月。

作，但它并没有被现行所有的法律所确认❶，也不一定适用于一国的所有上诉案件❷。这说明上诉不加刑原则虽然饱含着人权保障的价值理念，也说明了对它的采用因各国国情而不同，同时表明上诉不加刑原则自身也存在着缺陷。

（三）我国实施上诉不加刑原则中的争议

理论界和实务界对上诉不加刑原则适用中存在很大的争议，焦点就是二审法院能否通过审判监督程序纠正上诉案件中一审判决刑罚畸轻的错误。也就是说，对于仅有被告人上诉的案件，二审法院认为一审判决量刑畸轻且需要加刑的，能否在第二审判决、裁定生效后，按照审判监督程序改判加刑的争议。对此，原《刑事诉讼法》没有明确规定，《解释》第257 条第 5 项规定："对事实清楚、证据充分，但判处的刑罚畸轻，或者应当适用附加刑而没有适用附加刑的案件，不得撤销第一审判决，直接加重被告人的刑罚或者适用附加刑，也不得以事实不清或者证据不足发回第一审人民法院重新审理。必须依法改判的，应当在第二审判决、裁定生效后，按照审判监督程序重新审判。"最高人民法院这一《解释》规定的出发点是好的，为了正确贯彻上诉不加刑原则，彻底纠正在刑事审判实践中存在的，第二审人民法院为了加重上诉人的刑罚，以原判决事实不清或者证据不足为借口，裁定撤销第一审判决，将案件发回第一审人民法院重新审判的错误做法，同时对于如何在适用上诉不加刑原则的情况下正确地纠正原判决适用刑罚的错误作出规定，以指导审判实践。其主要依据是：首先，上诉不加刑原则仅适用上诉程序，而不适用审判监督程序。其次，二审因适用上诉不加刑原则而维持原判刑罚的生效裁判，在适用刑罚即在适用实体法上确有错误，符合按照审判监督程序重新审判的条件。❸ 理论界

---

❶ 如美国的联邦宪法和联邦最高法院都没有确立上诉不加刑原则，但许多州的法院都主张上诉不得加重罪名，也不得对已服刑的判决加刑。

❷ 如英国刑事法院在审理不服治安法院的上诉案件时，刑事法院可以作出重于治安法院的惩罚。

❸ 熊选国主编：《刑事诉讼法司法解释释疑（11）》，中国法制出版社 2002 年版，第 190 – 193 页。

对《解释》第257条第5项规定争议也大。一方面绝大多数学者都赞成最高法院关于"不得直接改判加重被告人刑罚，也不得通过发回重审加重被告人刑罚"的规定。因为在第二审程序中对被告人一方上诉的案件，直接加重被告人的刑罚就明显违背了上诉不加刑原则，而发回重审的案件必须是事实不清或者证据不足，量刑畸轻不在此理由之列，所以这类案件不得通过发回重审而加重被告人的刑罚。另一方面则对"第二审法院能否通过审判监督程序加重被告人刑罚"认识不一，且相当一部分学者持否定意见。❶ 有学者认为，对于只有被告人一方上诉的案件，第二审人民法院根据法律规定发回原审人民法院重新审理的，发现原判决没有认定的事实或者发现了新的证据，可以不受上诉不加刑原则的限制，重新定罪量刑，可以加重被告人的刑罚；按照审判监督程序的提审或者指令下级法院或原审法院的再审，均不受上诉不加刑原则的限制。❷

对这一争议很大的问题，陈光中先生主编的《刑事诉讼法实施问题研究》是这样论述的："二审人民法院认为一审判决事实清楚、证据充分，但判处的刑罚畸轻，或者应当适用附加刑而没有适用附加刑的案件，允许等到一审判决生效后按审判监督程序再审加刑，是错误的，未能把上诉不加刑的原则贯彻到底，其背后仍然存在着严重的重实体轻程序的观念。理由是：二审法院因适用上诉不加刑原则而作出的不得加刑的裁定（维持一审判决的裁定），是根据程序法的规定作出的合法裁定，在适用法律上没有错误，根据刑事诉讼法的规定，没有理由在裁定生效后为了加刑而提起审判监督程序。如果按照这一规定执行，上诉不加刑原则实际上等于被取消了，因为上诉不加刑原则最重要的功能就是限制二审法院以各种非法理由加重原判刑罚，哪怕是一审判得再轻，只要不符合上诉不加刑的实质要件，也不能加刑。而按照《解释》的规定，只要二审法院认为需要加刑，最终总可以加上去的，只不过是绕个圈子，通过审判监督程序

---

❶ 项谷："贯彻上诉不加刑原则的实践反思与立法完善"，载《华东政法学院学报》2004年第5期（总第36期）。

❷ 易明芳，费维松：《论上诉不加刑原则》，载《当代经理人》2006年21期。

加刑而已，这是同立法确立上诉不加刑原则的初衷相抵触的"❶。

（四）新《刑事诉讼法》关于上诉不加刑的规定

1. 新、原《刑事诉讼法》关于上诉不加刑规定的比较

新《刑事诉讼法》：

第 226 条规定：第二审人民法院审理被告人或者他的法定代理人、辩护人、近亲属上诉的案件，不得加重被告人的刑罚。第二审人民法院发回原审人民法院重新审判的案件，除有新的犯罪事实，人民检察院补充起诉的以外，原审人民法院也不得加重被告人的刑罚。

人民检察院提出抗诉或者自诉人提出上诉的，不受前款规定的限制。

原《刑事诉讼法》：

第 190 条规定：第二审人民法院审判被告人或者他的法定代理人、辩护人、近亲属上诉的案件，不得加重被告人的刑罚。

人民检察院提出抗诉或者自诉人提出上诉的，不受前款规定的限制。

2. 新《刑事诉讼法》对上诉不加刑规定的评析

本条规定了上诉不加刑原则的适用，较之原条文增加了一句话。

增加的内容是："第二审人民法院发回原审人民法院重新审判的案件，除有新的犯罪事实，人民检察院补充起诉的以外，原审人民法院也不得加重被告人的刑罚。"

本句话有以下含义：

第一，对于二审发回原审法院重新审判的案件，仍然适用上诉不加刑原则。

第二，不同于上诉不加刑原则在二审程序中的适用，在重新回到一审程序后，并不是一律不得加刑，而是以不加刑为原则，以加刑为例外。

第三，例外情形是"有新的犯罪事实，人民检察院补充起诉"，所谓"新的"是指原起诉书中没有的。所谓"犯罪事实"，既包括罪行事实，也包括量刑事实。例如，原起诉书指控某某犯抢劫罪，后发现该人除实施

---

❶　陈光中主编：《刑事诉讼法实施问题研究》，中国法制出版社 2000 年版，第 264 页。

抢劫，还有诈骗；又如，原起诉书仅指控某某犯有抢劫罪，后发现其除有抢劫的犯罪事实以外，还有入室或者持枪抢劫等影响量刑的情节事实，等等。需要指出的是，此处的逗号可能引起歧义，究竟例外情况有两种？还是例外情况只有一种，但要兼备两个条件？我们认为，这是一种例外，需要两个条件。理由如下：首先，根据不告不理的基本诉讼原理，法院不应对自己发现的犯罪事实进行审理，否则有自诉自审之嫌；其次，检察院的补充起诉，除适用于发现新的犯罪事实的情形以外，还适用于发现遗漏了同案人的情形，而后者显然与对原在案人适用上诉不加刑原则无关。

上诉不加刑，是指第二审人民法院审判仅有被告人一方提出上诉的案件时，不得改判为重于原判刑罚的原则。上诉不加刑原则的核心是不得加重刑罚，也就是第二审人民法院审判只有被告人或者他的法定代理人、辩护人、近亲属上诉的案件，不得以任何理由对被告人改判重于原判的刑罚。在现代各国的刑事诉讼中，虽然实行控辩平等原则，但由于在诉讼过程中，被追诉者处于天然的弱势地位，为了避免出现不当侵害被追诉人合法权益的情形，国家需要在追诉活动和审判活动中遵守最低限度的正当法律程序，与此同时，应给予被追诉者更多的救济性权利。上诉不加刑原则就是为了保护被追诉者合法权益，保障刑事诉讼中真正实现控辩平等，而对辩护方的上诉权给予专门保护的原则。

上诉不加刑原则在各国刑事诉讼中都有相应规定。《法国刑事诉讼法》第380条规定，被告人对一审刑事判决提出上诉的情况下，重罪上诉法院作出裁判时不得加重被告人的刑罚。[1]《德国刑事诉讼法》第358条规定："仅由被告人，或者为他的利益由检察院或者他的法定代理人提出了上诉的时候，对于被声明不服的判决在法律对行为的处分种类、刑度方面，不允许作不利于被告人的变更。"[2]《日本刑事诉讼法》第402条规定："对被告人的上诉，禁止变更为不利，不得宣告重于原判决的处罚。"《俄罗斯联邦刑事诉讼法》（新版）第360条第3款规定："在按照第二上

---

❶ 陈光中主编：《21世纪域外刑事诉讼立法最新发展》，中国政法大学出版社2004年版，第227页。

❷ 李昌珂译：《德国刑事诉讼法典》，中国政法大学出版社1995年版，第131页。

诉审程序审理刑事案件时，法院有权减轻对被判刑人的刑罚或适用关于较轻犯罪的刑事法律，而无权加重刑罚以及适用关于更重犯罪的刑事法律。"迄今为止，世界上大多数国家和地区都在其刑事诉讼法典中明文规定或在司法实践中实际采用上诉不加刑原则。在我国台湾地区，该原则也被称之为"禁止不利变更原则"。

　　我国原《刑事诉讼法》以及最高人民法院《刑诉法解释》第 257 条规定的上诉不加刑原则及其适用，在指导司法实践，维护被追诉者合法权益方面发挥了一定的作用。但从司法实践中的具体适用情况来看，还存在一些问题，除了司法人员的思想观念的原因之外，更主要的原因是原《刑事诉讼法》规定过于笼统，未就上诉不加刑原则的具体适用作出详细规定。虽然有最高人民法院《刑诉法解释》相关条文予以补充，但仍有漏洞。其中最突出的问题是法条没有明确规定第二审法院发回重审后，原审法院是否可以给被告人加刑，即上诉不加刑原则是否也适用于发回重审的案件。对此，我国法学界以及司法实践部门存在不同观点：第一种观点认为，发回重审案件不适用上诉不加刑原则。这也是实践当中通常的做法。第二种观点认为，发回重审案件都应适用上诉不加刑原则。第三种观点认为，发回重审案件应区分不同情形确定是否适用上诉不加刑原则。我们认为，第一种观点不利于上诉不加刑原则的贯彻实施，增加被告人上诉的风险，难免造成二审法院滥用发回重审权，以发回重审为名，行上诉加刑之实。第二种观点过于刻板，结合原《刑事诉讼法》的规定，第二审法院发回重审的案件包括两种情形，一是对于认为原审判决认定事实不清、证据不足的情形，可以裁定撤销原判，发回重审；二是对原审违反法定诉讼程序的，应当裁定撤销原判，发回重审。如果对只有被告人一方上诉引起的二审案件，发回重审一律不得加刑，对出现了一审中未被发现的新事实的情形而言，一律不得加刑则违背了客观真实，不利实现案件的实体公正。因此，第三种观点更具有可采性。对于发回重审案件是否适用上诉不加刑原则，应当区分不同情形，原则上应当适用上诉不加刑原则，同时也应有例外情形，新《刑事诉讼法》本条的增加内容正是采纳了第三种观点。

需要说明的是，本条与新《刑事诉讼法》第 225 条中新增的"原审人民法院对于依照前款第三项规定发回重新审判的案件作出判决后，被告人提出上诉或者人民检察院提出抗诉的，第二审人民法院应当依法作出判决或者裁定，不得再发回原审人民法院重新审判"规定相结合，一方面对因事实不清、证据不足发回重审的次数作了限制，另一方面规定发回重审的案件原则上也应适用上诉不加刑原则。

在适用中应当明确的是，只有法律明确规定的两类情形下二审法院才能发回重审，对于认定事实正确，只是适用法律有错误或者量刑不当的，二审法院不得发回重审。

这一修改正确处理了发回重审案件与上诉不加刑原则的关系问题，兼顾了保护被告人权利与追求案件事实真相二者之间的均衡，既符合刑事诉讼的基本理论要求，也符合司法实践的需要。❶

（五）完善上诉不加刑原则的立法构想

面对"上诉而加刑"的现实困境，应对刑事诉讼法的相关规定作必要的修改，并对发回重审制度和审判监督制度加以重构，使上诉不加刑原则得到严格贯彻。

检察机关或者自诉人及其法定代理人为被告人的利益而提出的抗诉或者上诉，适用上诉不加刑原则。我国刑事诉讼法在规定上诉不加刑原则的同时，还规定人民检察院提出抗诉或者自诉人提出上诉的，不受前款规定的限制。人民检察院对于初审畸重的裁判提出抗诉，于法于理都具有正当性。最高人民检察院制定的《人民检察院刑事诉讼规则》第 379 条规定，检察院应当针对有确实、充分证据证明无罪判有罪；轻罪重判的情况提出抗诉，这就是为被告人利益的抗诉。❷ 这种抗诉虽然目前在司法实践中还比较少，但对处于相对弱势的被告人来说，这种抗诉具有平衡司法力量、保障人权意义。

---

❶ 陈光中主编：《中华人民共和国刑事诉讼法修改条文释义与点评》，人民法院出版社 2012 年版，第 318 - 320 页。

❷ 杨晓静：《上诉不加刑原则与我国刑事上诉审制度之改革》，载《泰山学院学报》2007 年 3 月。

将上诉不加刑原则延伸到再审程序之中。《解释》第 5 项规定：在事实清楚，证据充分，而刑罚畸轻，或需判处附加刑而没有判处时，必须改判的，应当在第二审判决、裁定生效后，按照审判监督程序重新审判。如前所述，只要二审法院认为需要加刑，最终总可以加上去的，只不过是绕个圈子，通过审判监督程序加刑而已。不言而喻，这一司法解释规定将使通过审判监督程序而变相加刑的做法"合法化"。假如一审裁判是重罪轻判，二审法院也只能是维持原判，从表面上看，这是坚持了"上诉不加刑原则"，但实质上不然。因为此案件尚未了结，二审裁判生效后，还可以再按照审判监督程序进行处理。亦即一审裁判中的重罪轻判，被告人上诉后，二审法院坚持"上诉不加刑原则"不敢加重被告人的刑罚，但却可依照审判监督程序加重其刑罚，从而使"上诉不加刑原则"流于形式。因此，有必要将上诉不加刑原则适用于再审程序。这不仅有利于保持再审程序的救济性，也有利于防止变相加刑，从而进一步巩固上诉不加刑原则。

规定发回重审部分有条件地适用上诉不加刑原则。发回重审案件的审理，应当立足于核实原审程序是否合法、案件事实为什么不清楚，证据为什么不充分，并在此基础上对发生变化的案件事实予与区别对待。一方面，如果是控诉方在一审中所提供的证据不足或违法取证，使得判决"原判决事实不清或证据不足"的，在只有被告人上诉后发回重审的，不能加重被告人刑罚。根据证明责任的分配原则，控诉方的错误造成的后果理应由控诉方自己承担，而不能转嫁责任于被告人。另一方面，被告人如果在原审中有毁灭、伪造、改造证据的行为，而造成事实不清证据不足的，重审在查清事实后有确实充分证据的，可以加刑。此时可以加刑应该说体现的是法律的公正与威严，是对被告人的一种惩罚。同时这样做可以收到附随效果，可以预防被告人滥用上诉权逃避刑罚。被告人如果在原审中有毁灭、伪造、改造证据的行为，那么因为发回重审后还是可以加刑，就不敢轻易利用上诉不加刑原则来逃避刑罚，从而使刑事诉讼任务得以充分实现。当然，上诉不加刑原则以程序正义理念帮助被告人维护其自身权益，有可能与实体正义和控制犯罪、打击犯罪的指导思想相冲突，甚至有可能在一定程度上放纵犯罪。但是，为了实现程序价值，牺牲一定的实体利益，是必要的。上诉不加刑原则的真正落实，有赖于有关内容的立法完善，更有赖于司法实践里对法律规定的严格遵守。只有两者的相得益彰，才可以发挥它应有的威力。

四、疑罪从无原则

近年来，在总结重大冤案错案的惨痛教训时，都会有这么一条，即当一审判决案件事实不清或者证据不足时，二审法院没有作出证据不足、指控的犯罪不能成立的无罪判决，而是选择了没完没了的发回重审。因此，确立刑事二审的疑罪从无判决是完善刑事二审程序的当务之急。

建国初期，我国刑事诉讼立法均不承认疑罪从无原则。1956 年 10 月 17 日最高人民法院颁布的《各级人民法院刑事案件审判程序总结》规定："判决只能以本案在审判庭上已经审理过的事实为根据，如果事实不够清楚，应当确定继续审理的措施。"可见，当事实不清或者证据不足时，人民法院只能选择继续审理，而不得作出疑罪从无判决。1979 年《刑事诉讼法》第 123 条规定："在法庭审判过程中，遇有下列情形之一影响审判进行的，可以延期审理……（三）合议庭认为案件证据不充分，或者发现新的事实，需要退回人民检察院补充侦查或者自行调查的……"。据此，当人民法院发现案件事实不清或者证据不足时，可以退回人民检察院补充侦查或者自行调查。这种退回前一诉讼程序的法律规定导致司法实践中许多案件久拖不决，致使被告人长期被超期羁押。为此，最高司法机关出台了一系列解释解决此问题。1989 年 11 月 4 日最高人民法院在《关于一审判决宣告无罪的公诉案件如何适用法律问题的批复》中规定："对主要事实不清、证据不足，经多次退查后，检察院仍未查清起诉书指控的被告人犯罪事实并提供足够证据，法院自己调查也无法查证清楚，不能认定有罪的被告人，可在判决书中说明情况后，直接宣告无罪"；1989 年 12 月 23 日最高人民法院、最高人民检察院、公安部、司法部发布的《关于办理流窜犯罪案件一些问题的意见的通知》中规定："抓获的罪犯，如有个别犯罪事实难以查清的，暂不认定，就已经查清核实的事实，依法及时作出处理"；1994 年 3 月 21 日最高人民法院《关于审理刑事案件程序的具体规定》中规定："案件的主要事实不清，证据不充分，而又确实无法查证清楚，不能证明被告人有罪的，判决宣告被告人无罪"。这些司法解释为 1996 年《刑事诉讼法》确立证据不足、指控的犯罪不能成立的无罪判决作好了准备。1996 年《刑事诉讼法》第 162 条规定："在被告人最后陈述后，审判长宣布休庭，合议庭进行评议，根据已经查明的事实、证据和有关的法律规定，分别作出以下判决：……（三）证据不足，不能认定被告人有罪的，应当作出证据不足、指控的犯罪不能成立的无罪判决。"但是该刑事诉讼法并没有规定二审程序的疑罪从无判决。

（一）刑事二审中疑罪从无的必要性

疑罪从无原则，是指在不能证明被告人有罪又不能证明被告人无罪的情况下，应当宣告被告人无罪。为体现疑罪从无原则的精神，我国现行《刑事诉讼法》明确规定了证据不足不起诉和一审阶段的证据不足、指控的犯罪不能成立的无罪判决。但是第二审程序中却没有这种无罪判决形式。笔者认为，疑罪从无原则作为刑事诉讼的原则应当贯彻于刑事诉讼全过程，不仅侦查阶段、审查起诉阶段和第一审程序应当坚持疑罪从无原则，而且在第二审程序、死刑复核程序和审判监督程序中更应恪守该原则。

首先，疑罪从无原则是无罪推定原则的应有之义。在现代刑事诉讼中，无罪推定原则是基石，不仅为现代法治国家普遍承认和确立，而且也是联合国在刑事司法领域制定和推行的最低限度标准之一。根据《公民权利和政治权利国际公约》第 14 条第 2 款的规定，无罪推定是指："凡受刑事控告者，在未依法证实有罪之前，应有权被视为无罪。"作为一种法学思想，无罪推定首先是由意大利著名刑法学家贝卡里亚在他著名的《论犯罪与刑罚》一书中提出的，即"在法官判决之前，一个人是不能被称为罪犯的。只要还不能断定他已经侵犯了给予他公共保护的契约，社会就不能取消对他的公共保护"。1789 年法国《人权宣言》规定："任何人在未被宣告为罪犯以前应被推定为无罪。"《世界人权公约》第 11 条规定："凡受刑事控告者,在未经依法公开审判证实有罪前,应视为无罪,审判时并须予以答辩上所需之一切保障。"法国《刑事诉讼法》序言载明："每个犯罪嫌疑人或被追诉人在其被确认为有罪之前均推定为无罪。侵害其无罪推定的行为,根据法律规定的条件防止、补救和惩处。"❶ 韩国《刑事诉讼法》第 275 条第 2 款规定:"被告人在有罪判决确定之前,推定为无罪"。我国台湾地区"刑事诉讼法"第 154 条规定:"被告未经审判证明有罪确定前,推定其为无罪。"尽管对于无罪推定原则的完整内涵仍存争议,但普遍认为无罪推定原则至少包括以下二个方面的含义:一是在证明责任分配上,公诉人承担证明被告人有罪的责任,犯罪嫌疑人、被告人不得被强迫证明自己有罪;二是在证明标准要求上,公诉人证明被告人有罪必须达到案件事实清楚、证据确实充分的程度,如果没有达到这一程度,法院必须作出无罪判决。可见,疑罪从无原则来源于无罪推定原则,坚持无罪推定原则就应当遵守疑罪从无原则。

其次,疑罪从无原则也是证据裁判原则的要求。证据裁判原则,又称证据裁判主义,是指对事实的认定必须依据证据作出,没有证据或者证据不充分,不得认定案件事实。证据裁判原则作为一项法律原则在当今世界各国普遍确立。在实行职权主义的大陆法系国家,普遍奉行证据裁判原则。如日本《刑事诉讼法》第 317 条规定:"认定事实应当根据证据。"法国《刑事诉讼法》第 427 条明确规定,在轻罪的审判中,"除法律另有规定外,罪行可通过各种证据予以确定,法官根据其内心确信判决案件。法官只能以提交审理并经双方辩论的证据为依据作出判决";第 536 条规定,对违警罪案件中证据的处理,同样适用第 427 条的规定;第 537 条规定,违警罪或由笔录或报告证明,或在无报告和笔录时由证人证明,或由其他事实证明。德国《刑事诉讼法》第 244 条第 2 款规定,为了查明事实真相,法院应当依照职权将证据调查延伸到对裁判有意义的所有事实和证

---

❶ 陈光中主编:《21 世纪域外刑事诉讼立法最新发展》,中国政法大学出版社 2004 年版,序言第 4 页。

据。第 261 条规定："对证据调查的结果，由法庭根据在审理的全过程中建立起来的内心确信而决定。"虽然在英、美法系国家的法律和诉讼理论中没有直接明确证据裁判原则，但其刑事诉讼中大量存在的规范证据关联性、可采性的规则以及刑事程序中关于证据出示、认定等规定，都与证据裁判原则的精神有相通之处。❶ 尽管我国《刑事诉讼法》没有明确规定该原则，但新近公布的《最高人民法院、最高人民检察院、公安部、国家安全部、司法部关于办理死刑案件审查判断证据若干问题的规定》第 2 条明确规定："认定案件事实，必须以证据为根据。"根据证据裁判原则，如果证据不充分或者没有证据，就无法认定被告人的犯罪事实，就应当宣告被告人无罪。

最后，从世界各国的立法看，并不是所有国家的刑事诉讼法典均明文规定无罪推定原则，但这不等于说这些国家都不贯彻疑罪从无原则。如法国《刑事诉讼法》第 170 条规定："预审法官认定……指控被告人的依据不足者，应作出命令，宣布此案停止执行"，"审判前拘留的被告人应予释放"。日本《刑事诉讼法典》第 336 条规定："被告案件不构成犯罪时，或者被告的案件没有犯罪的证明时，应当以判决宣告无罪"，"凡是无足够证据的，均为无罪"。美国纽约州《刑事诉讼法》第 180 条规定："没有合理的根据确信该被告人犯任何罪，法院应驳回重罪控告书，如果被告人在押，应释放他；如果他保释在外，则应免除他的保释。"苏联《刑事诉讼法》第 309 条规定："受审人之参加犯罪没有得到证实，应当作出宣告无罪的刑事判决。"

（二）刑事二审疑罪从无原则在实践中的艰难展开

根据近年来《最高人民法院工作报告》以及《人民法院工作年度报告（2009）》显示，2009 年，全国各级法院共审结刑事案件 644387 件，判处罪犯 997872 人，被宣告无罪的人为 1206 人；2008 年，全国各级法院共审结刑事案件 649941 件，判处罪犯 1008677 人，被宣告无罪的人为 1373 人；2006

---

❶ 宋英辉，李哲："证据裁判原则评介"，载《政法论坛》2003 年第 4 期。

年，宣告 1713 名被告人无罪；2005 年，宣告 2162 名被告人无罪；2004 年，宣告 2996 名被告人无罪；2003 年，4835 名被告人依法宣告无罪；2001 年为 6597 人；2000 年为 6617 人；1999 年为 5878 人；1997 年为 1170 人。但是，其中因"证据不足、指控的犯罪不能成立"的无罪宣告不足一半。如，2000 年被宣告无罪的被告人人数为 6617 人，因证据不足宣告无罪的为 2591 人，约占 39.16%，并占总被告人数的 0.41%。❶

另据中国政法大学刑事法律研究中心组织的"中国刑事二审程序的改革与完善"课题组的调研情况来看，无罪判决率不超过 2%。

表一　2004 年～2007 年来某直辖市二中院二审改判无罪情况统计表❷

年　度	2004	2005	2006	2007
改判案件数量	67	43	64	66
改判无罪	0	0	1	1
所占比率	0%	0%	1.6%	1.5%
改判案件数量	59	64	71	78
改判无罪	1	0	1	0
所占比率	1.7%	0%	1.4%	0%

表二　近四年来某省高级法院二审改判无罪情况统计表❸

年　度	2004	2005	2006	2007
改判案件数量	59	64	71	78
改判无罪	1	0	1	0
所占比率	1.7%	0%	1.4%	0%

---

❶　谢进杰："疑罪从无在实践中的艰难展开"，载《犯罪研究》2005 年第 6 期。

❷　中国刑事二审程序改革与完善课题组："关于我国刑事二审程序运行情况的调研报告"，载陈光中主编：《刑事司法论坛》（第三辑），中国人民公安大学出版社 2010 年版，第 153－186 页。

❸　中国刑事二审程序改革与完善课题组："关于我国刑事二审程序运行情况的调研报告"，载陈光中主编：《刑事司法论坛》（第三辑），中国人民公安大学出版社 2010 年版，第 153－186 页。

　　那么，当二审法院发现案件事实不清、证据不足时，通常会如何处理呢？课题组在调研中发现，二审法院会采用以下几种"合法"的途径：（1）发回原审法院。这是司法实践中最普遍的做法。发回原审法院后，原审法院通常又会有两种处理方法：第一，直接由原审法院进行重审。但在实践中，这种做法并不能够彻底解决问题。因为原审法院通常都会作出与原判完全或者基本相同的判决，然后又可能上诉或抗诉到二审法院。比如，费某等故意杀人案于2005年1月13日由检察机关提起公诉，某地中院先后两次作出有罪判决，被告人上诉，省高院两次发回重审。其后，某地中院于2006年9月11日作出证据不足、指控犯罪不能成立的无罪判决，检察机关抗诉，被告人也提出上诉，省高院再次组成合议庭审理本案，于2007年4月10日作出维持证据不足的无罪判决的终审裁定。此外，发回重审需要重新组成合议庭，而原审法院可能由于法官人数较少而难以承担重新审理的任务。例如，某地高院在审理某个二审案件的过程中几次发回重审，而发回重审需要另行组成合议庭，这使得某市中院刑一庭的10个承办人都先后办过这个案子，以致无法再次重新组成合议庭，所以，案件拖了一年多还没有裁定。第二，由原审法院与原审检察机关协商，并由公诉方主动提出撤诉申请，而后由原审法院作出准许撤诉的裁定。这种做法充分利用了《刑事诉讼法》和有关司法解释的规定，从严格意义上说，并没有违反法律规定。根据《刑事诉讼法》第189条的规定，对于事实不清或者证据不足的案件，既可以查清后改判，也可以裁定撤销原判、发回原审人民法院重审。在重新进行的一审程序中，根据《解释》第177条和最高人民检察院《人民检察院刑事诉讼规则》第351条的规定，检察机关享有申请撤诉的权力。（2）疑罪从轻。在有些案件中，虽然在证明标准上无法达到事实清楚、证据确实充分的程度，但是为了防止放纵犯罪，法院一般仍会作出有罪判决，同时处以法定刑范围内的最低刑。例如，某地的张某涉嫌强奸一案，一审判决认定被告人构成强奸罪。被告人两次上诉，二审法院均以事实不清、证据不足为由撤销原判，发回重审，并且原审法院均再次作出有罪判决。被告人第三次上诉以后，二审法院却裁定维持原判。值得注意的是，终审裁定书中并没有提到可以定罪的新证据。（3）报请当地政法委处理。政法委通常会组织公安机关、检察机关和人民法院对案件进行协商处理。当前，各级政法委是各级党委的重要职能部门，是党委加强政法工作和社会治安综合治理工作的参谋和助手，又兼负协调重大、疑难、复杂案件的职责。而且，这类疑案牵涉到社会多方面的利益，一旦处理不好易引发社会矛盾。因此，对于这种案件，法院一般愿意报请政法委来处理。（4）直接与案件的侦查机关联系，并建议其就部分不清的案件事实进行补充侦查。这也是一些法院采用的做法。

概括起来，二审程序中疑罪难以从无的原因主要包括：

第一，立法上的缺陷。首先，刑诉法没有规定二审程序中的疑罪从无判决裁判。根据《刑事诉讼法》第 162 条的规定，一审法院可以作出以下三种裁判：有罪判决、无罪判决和证据不足、指控的犯罪不能成立的无罪判决。根据该法第 189 条的规定，二审法院可以作出以下三种裁判：维持原判、发回重审和改判三种裁判形式。对于原判决事实不清楚或者证据不足的，二审法院既可以在查清事实后改判，也可以裁定撤销原判，发回原审人民法院重新审判。也就说，在第一审程序中，当案件事实不清、证据不足时，一审法院可以作出证据不足、指控的犯罪不能成立的无罪判决，但在第二审程序中，二审法院只能查清事实后改判或者撤销原判发回重审，而无权作出证据不足、指控的犯罪不能成立的无罪判决。这是司法实践中难觅疑罪从无判决踪迹的最直接原因。其次，发回重审制度的异化。发回重审制度作为一种程序性制裁措施，其根本目的和功能在于宣告一审判决无效、制裁一审法院、维护当事人的审级利益。但是我国刑诉法规定的以事实不清、证据不足为由的发回重审制度却是二审法院为了推卸责任、回避矛盾，给下级法院"台阶"或者"面子"、规避上诉不加刑原则、拖延诉讼周期、延长被告人的诉讼羁押期限的工具。因此，发回重审被滥用。

第二，扭曲的绩效考核机制。当前，检察机关普遍建立了判无罪案件分析总结制度和起诉质量考评制度。无罪判决率成为评介检察工作质量和水平的重要指标，甚至确立了"无罪一票否决"的考评机制。一旦法院对某一个案件作出无罪判决，不仅该公诉人的工作完全否定、面临扣分、减发奖金等处分，而且还影响其所在的公诉部门在检察院内部乃至全国整个检察系统的声誉和各种评比考核。为此，全国各级检察机关均将零判决率作为公诉工作的目标。在起诉前，公诉机关通常会严把事实关、证据关；案件起诉后，一旦被告知可能作出无罪判决时，检察机关首先会与法院协商，如果根据现有证据确实难以定罪的，检察机关也会申请撤诉，从而避免作出无罪判决。"2007 年全国刑事案件起诉后的无罪判决率从 2002 年的 1.8‰降至 0.3‰。这表明全国检察机关五年来办案力度有了明显加大，办案质量有明显提高。"❶ 因此，在全国各级检察机关的共同努力下，我国起诉案件的无罪判决率一般仅 0.05%左右。❷

　　毋庸置疑，零无罪判决率考评机制在保证案件公诉质量方面发挥了积极作用，但是片面追求零无罪判决率违背了基本的诉讼规律。由于不同诉讼主体对事实、证据认识上的差异以及对法律规范理解上的差异，无罪判决在所难免。无罪判决更不意味着公诉质量不高。片面追求零无罪判决率束缚了公诉人员的手脚，使其失去了工作的积极性，还使得一些真正的罪犯得不到真正的惩罚。过分追求零无罪判决率也使得审判程序"走过场"，作为社会正义最后一道防线的法院审判形同虚设。为保证零无罪判决率，在检察机关内部，通常会向上级部门请示，在检察机关外部，公、检、法三机关通常会开协调会就案件的定性进行协商。这不仅极大地拖延诉讼程序的进行，浪费诉讼资源，而且还公然违反《宪法》和《刑事诉讼法》明文规定的公、检、法三机关"分工负责、互相配合、互相制约"的基本诉讼原则。

　　第三，观念的滞后。首先，有罪推定观念阴魂不散。尽管现行刑事诉讼法吸收了无罪推定这一普适诉讼原则的合理要素，但有罪推定仍旧根深蒂固、挥之难去。如果一位公民被公安司法机关采取强制措施，无论社会民众还是新闻媒体，大都已认定他就是罪犯。如果该公民在法庭上接受审

---

❶　杜萌："全国检察机关起诉后无罪判决率下降"，载《法制日报》2007 年 9 月 19 日。
❷　朱孝清："中国检察制度的几个问题"，载《中国法学》2007 年第 2 期。

判，则更确信无疑该被告人就是真正的罪犯。因此，一旦法院作出证据不足、指控的犯罪不能成立的无罪判决时，社会民众特别是被害人及其亲属会强烈质疑该判决的公正性和正当性，甚至认为法院肯定存在枉法裁判等司法腐败行为，进而不断上访，借"民愤"之名义给司法机在施压。据媒体报道，在著名的佘祥林冤案中，当湖北省高级人民法院发现此案的疑点要求重审时，张家亲属多次上访，并组织 220 名群众签名上书，声称"民愤"极大，要求对"杀人犯"佘祥林从速处决。❶ 而且，在这些疑案中，司法人员也坚持有罪推定，他们通常会根据自己的办案经验，认为疑案中的被告绝大部分事实上都是有罪，只不过目前尚未收集到足够的证据而已。其次，"重惩罚、轻保护"观念如影随形。在调研中我们发现，一些检察官和法官之所以反对疑罪从无，就是因为在司法实践中疑罪从无往往会被一些有权、有钱的强势被告人利用以逃避法律制裁。如，某地有一起涉嫌受贿的案件，检察机关在充分收集证据的基础上向人民法院提起公诉，指控某乡长接受三人的贿赂。法院经审理认为，虽然三名行贿人有共同行贿的主观故意和客观行为，但行贿行为是由其中一人进门实施的，而被指控受贿的乡长又否认曾经收到钱，所以，证明该乡长受贿的证据不足，从而宣告其无罪。

第四，从经济学上看，与疑罪从无相比，疑罪从轻更符合作为"理性人"的法官的利益需要。法官首先是具有个体利益的个人。因此，在诉讼活动中，在遵守法律规定的前提下，法官会追求利益的最大化。疑罪从无判决的利在于坚持无罪推定原则，保障被告人的人权，弊端在于由于该判决彻底否定了侦查机关和检察机关的工作进而会导致他们的强烈反对和不满，甚至检察机关会以动用职务犯罪案件侦查权追究办案法官的刑事责任，而且被害人也会将对被告人的仇恨转向法官和法院。不仅如此，疑罪从无判决还会被党委、政府和政法委认为是放纵犯罪，不利于维护社会秩序的稳定以及和谐的司法环境。此外，疑罪从无判决还可能面临着错案责任追究以及国家赔偿责任。而疑罪从轻判决则不仅能有效缓解党委、政府以及

---

❶ 于一夫："佘祥林冤案检讨"，载《南方周末》2005 年 4 月 12 日。

社会民众要求严厉打击犯罪和维护社会稳定的压力，而且能维护"公检法一家亲"的和谐局面。但该种判决侵犯了被告人合法权益，践踏法治。因此，权衡疑罪从无和疑罪从轻判决的利弊，作为理性人的法官在面对疑案时肯定会选择疑罪从轻判决，而不是疑罪从无判决。

（三）确立我国刑事二审程序的无罪推定原则

疑罪从无原则是刑事诉讼法的基本原则，应当贯彻于刑事诉讼全过程，不仅仅审查起诉阶段和第一审程序应当确立疑罪从无原则，在二审程序中也应当确立疑罪从无原则。笔者认为，建立刑事二审的疑罪从无原则主要包括以下方面：

（1）明确规定无罪推定原则和疑罪从无原则。即增加规定："在人民法院依法作出生效裁判确定有罪之前，任何人应当被推定为无罪。不能认定犯罪嫌疑人、被告人有罪或者无罪的，按无罪处理；不能认定犯罪嫌疑人、被告人罪重或者罪轻的，按罪轻处理。"❶

（2）确立二审程序中的疑罪从无判决，废除基于事实不清或证据不足的发回重审制度。即将原《刑事诉讼法》第 189 条第三项修改为："（三）原判决事实不清楚或者证据不足的，可以在查清事实后改判；也可以作出证据不足、指控的犯罪不能成立的无罪判决。"同时，增加一款规定："对于原判决事实不清楚或者证据不足的，第二审人民法院可以要求公诉人补充新证据。公诉人没有提供新证据或者补充新证据后案件仍然事实不清或者证据不足的，第二审人民法院应当作出证据不足、指控的犯罪不能成立的无罪判决。"按照无罪推定和疑罪从无原则的精神，如果案件事实不清或者证据不足，法院就应作出证据不足、指控的犯罪不能成立的无罪判决。但是由于我国刑事诉讼模式总体上仍属于职权主义，法官需要承担查清案件事实以及主导诉讼进程的职责，因此，对于事实不清或者证据不足的案件，可以由第二审人民法院查清。如果二审人民法院也无法

---

❶　陈光中主编：《中华人民共和国刑事诉讼法再修改专家建议稿与论证》，中国法制出版社2006 年版，第 4 页。

查清案件事实，还可以要求公诉方补充证据。在公诉方补充证据后，如果案件仍处于事实不清或者证据不足的状态，则必须作出证据不足、指控的犯罪不能成立的无罪判决。这也是考察到中国司法状况作出的"相对合理"的选择。

（3）废除将无罪判决率作为考核指标的绩效考评机制。无罪判决是司法活动的正常现象，无罪判决率与公诉质量、司法腐败并无直接联系。因此，全国各级检察院不得将无罪判决率作为考核考评的指标。

第四章　刑事二审的法院审理方式

二审程序是我国刑事诉讼程序中极为重要的一环，在打击犯罪，保障人权方面具有不可替代的地位。但刑事二审开庭率极低的现状严重影响了二审程序功能与价值的实现。本章拟在充分调研的基础上对改革完善刑事二审审理方式提出具有一定操作性并较为可行的建议方案。

一、二审开庭率偏低是第二审程序的突出问题

原《刑事诉讼法》施行以来，第二审程序中存在的突出问题就是上诉案件审理开庭率偏低。原《刑事诉讼法》第 187 条规定："第二审人民法院对上诉案件，应当组成合议庭，开庭审理。合议庭经过阅卷，讯问被告人、听取其他当事人、辩护人、诉讼代理人的意见，对事实清楚的，可以不开庭审理。对人民检察院抗诉的案件，第二审人民法院应当开庭审理。"对此，我国诉讼法学界一般认为，现行第二审程序有开庭审理和调查讯问两种审理方式，其中开庭审理应当是第二审程序审理的基本方式，且应当以开庭审理为原则，以调查讯问审理为例外。但是，有关调查结果显示：二审法院开庭的案件较少的可以低于 10% 甚至 5%，而较多的则可以达到 20%。但各地中级人民法院以开庭方式审理的上诉案件一般不会超过全部上诉案件的 30%。❶ 当然，也有个别地方二审法院的二审开庭率比较高，如上海市第一中级人民法院和上海市检察院第一分院从 1998 年

---

❶ 陈瑞华："对两审终审制的反思——从刑事诉讼角度的分析"，载《法学》1999 年第 12 期。

9 月起，共同在本辖区对刑事二审案件实行全面开庭审理的改革措施，二审开庭率从 10% 上升到 100%，当庭宣判率也从 10% 上升到 40%，曾一度实现刑事二审案件的审理方式由调查讯问审理向开庭审理的转变。尽管从 2003 年起又恢复对部分上诉案件实行开庭审理的模式，但二审开庭率仍保持在 50% 的较高比率。❶ 因此，"从实际执行情况看，除个别地区外，开庭审理的二审案件只占少数，调查讯问成了二审的基本方式，开庭审理反而成了例外，与修改刑事诉讼法前的二审情况相比基本上没有什么变化。"❷

　　二审法院对上诉案件不经过开庭审理进行裁判必然产生如下弊端：一是限制上诉人有效行使辩护权。调查讯问审理由于不开庭，实际上剥夺了上诉人直接参与法庭审理的各项诉讼权利，如参加法庭调查、法庭辩论、申请通知新的证人到庭、调取新的物证并在法庭出示等权利。由于书面辩护意见缺少当庭辩论，也不利于辩护律师充分履行辩护职能。在书面审理的二审，律师辩护的作用更是微乎其微，律师在二审中实际可为的只是提交一份二审辩护词或与承办人员进行一次简单的谈话，有时只能与合议庭非主办案件的成员甚至只能与书记员谈谈，这种谈话只限于律师单方陈述意见，作用甚小。有的二审承办人不等辩护词送到，便已将案件提交合议庭讨论决定，甚至已经制作了裁决书。有的二审承办人认为，律师交了辩护词就不必多问案件裁判情况。二是违背公开审判和程序公正等基本要求。公开审判、参与原则、言词原则和辩论原则都是程序公正的基本要求，也是现代诉讼的基本特征。"开庭形式是诉讼程序区别于行政程序的根本性标志之一。"❸ 然而，不开庭审理显然达不到上述要求，有损法律的严肃性和司法的公信度。三是变相取消检察机关的法律监督权。根据原《刑事诉讼法》第 188 条规定："人民检察院提出抗诉的案件或者第二审人民法院开庭审理的公诉案件，同级人民检察院都应当派员出庭。"检察

---

❶ 上海市中级人民法院刑一庭："全面改革刑事审判方式，实行二审开庭审理"，载《人民司法》1999 年第 11 期。

❷ 陈光中主编：《刑事诉讼法实施问题研究》，中国法制出版社 2000 年版，第 253 页。

❸ 徐鹤喃，刘林呐：《刑事程序公开论》，法律出版社 2002 年版，第 246 页。

机关无权参与二审法院对上诉案件的调查讯问审理。因此，"调查讯问式审理实际取消了检察机关在二审过程中的法律监督权，只能待判决生效后进行事后监督。"❶

二、二审开庭率偏低的成因

二审开庭率偏低，是立法不够科学与司法不够规范的"互动"结果，使立法对上诉案件可以不开庭审理的例外规定，正逐步演化为二审法院对上诉案件选择审理方式的"弹性"规定。

第一，原《刑事诉讼法》第187条规定将案件"事实清楚"作为决定是否开庭审理的客观性标准。一是"标准"不够科学。根据该条规定，合议庭经过阅卷、讯问被告人、听取其他诉讼参与人的意见后，对事实清楚的，可以不开庭审理。但实践中存在合议庭"合而不审"的现象，实际上判断"事实清楚"，决定是否开庭审理，由合议庭变为了主审法官。这种评价标准和方法具有明显的单方性，缺乏必要的制约，在实践中极易产生很大的主观性和随意性。二审实践中，被告人、辩护人与二审法官或合议庭对一审判决认定的事实经常会发生争议，即被告人、辩护人认为一审事实不清、证据不足，二审法官或合议庭却认为一审事实清楚、证据充分，最终决定不开庭审理，直接作出二审裁判。被告人、辩护人连到法庭上申辩的机会也没有，其弊端显而易见。二是"标准"容易产生歧义。根据第187条表述，对"事实清楚"的可以不开庭审理，除非一审判决存在适用法律错误，二审法院将维持原判。这样反而容易产生误解，对"事实不清"的开庭审理，就意味着必然会引起改判。这种误解容易引导二审法官先入为主，产生不利于被告人的预断。三是"标准"不够合理。以"事实清楚"作为是否开庭审理的标准，可能会将一些重大复杂疑难案件排斥在开庭审理的范围之外，因为重大复杂疑难案件并不等于"事

---

❶　周道鸾、张泗汉主编：《刑事诉讼法的修改与适用》，人民法院出版社1996年版，第315页。

实不清"，这样导致确需开庭详细审理的重大复杂疑难案件反而不开庭审理。❶

第二，适用调查讯问审理的案件范围，未能体现上诉案件以开庭审理为原则的立法宗旨。既然立法对二审方式确立了"以开庭审理为原则，以不开庭审理为例外"，那么开庭审理的上诉案件就应占大多数，不开庭审理的上诉案件只占少数，这才是立法应然性的表现。但从实证的角度看，被告人不服一审认定事实的上诉案件要占上诉案件总数的一半以上。如上海市检察院第一分院曾于 2000 年对近年来参与开庭审理的上诉案件（共 519 件 706 人）做过一次调查统计。在被告人的上诉理由中，认为一审判决认定事实错误的有 390 人，占 55.3%；认为量刑过重的有 207 人，占 29.3%；认为适用法律不当的有 70 人，占 9.9%；认为认定自首、立功等法定情节的有 39 人，占 5.5%。如果按上诉理由划分，对量刑、适用法律、量刑情节等问题提出上诉的案件，属于事实清楚的，可以纳入不开庭审理的范围；对一审认定事实问题提出上诉的案件，可以纳入开庭审理的范围。当然，这仅仅是被告人或辩护人的单方认识，并不就是"事实不清"，经过二审合议庭、二审检察部门的分别审查和法庭审理，最终被认定事实不清的案件很少。❷可见，实践中事实清楚的上诉案件占了大多数，而法律规定将事实清楚的上诉案件作为不开庭审理案件的范围，必然会导致上诉案件开庭率偏低的实践结果。另从立法设置看，调查讯问审理方式只是一种"权宜"之计，主要是为了兼顾交通不便的边远地区"二审开庭难"和司法人力、财力保障不足等情况，但具体设计条文时，将不开庭审理方式无差别地适用于全国各区域，没有体现"地域差别"的设计理念，使得立法的"例外"变成了"普遍"。

第三，条文制定本身不够严谨，对司法实践产生负面影响。一是区别对待上诉案件与抗诉案件的审理方式。对"事实清楚"的上诉案件规定

---

❶ 项明主编：《刑事二审程序难题与应对》，法律出版社 2008 年版，第 173 页。

❷ 如 2000 年上海市第一中级人民法院对二审案件改判和发回重审的案件只有 56 件，仅占 9.9%，其中包括一审认定事实，适用法律等其他错误，就是一个很好的印证。

为可以不开庭审理，而对抗诉案件规定为"应当开庭审理"。学界对此多从控辩平等的角度指出："法律对控辩双方权利的保护严重失衡"。❶ 首先，我们不赞同把检察机关作为控方的身份参与抗诉案件的法庭审理，检察机关在第二审程序中行使的是法律监督职能。法律规定抗诉案件必须开庭审理，对不利于被告人的抗诉而言，有利于保障被告人充分行使辩护权。况且法律对抗诉规定了更为严格的程序，一审公诉机关提出抗诉后，由上一级检察机关审查，如果认为抗诉不当的，可以向二审法院撤回抗诉；如果认为抗诉正确的，出席法庭支持抗诉。因此，实践中抗诉案件远少于上诉案件，条文作区别规定，实际意义不大。二是不开庭审理的方式模糊。一般认为，法律对"事实清楚"的上诉案件不开庭审理的具体方式是"调查讯问"，即为"合议庭经过阅卷，讯问被告人、听取其他当事人、辩护人、诉讼代理人的意见"。但学界也有不同观点，一种观点认为，"调查讯问"既是庭前审查，又是实质审理。合议庭对上诉案件经"调查讯问"，决定开庭审理的，"调查讯问"就是庭前审查；而决定不开庭审理的，"调查讯问"就是实质审理。❷ 另一种观点认为，"调查讯问"是一种决定是否开庭审理的分流程序，不是一种法定的审理程序，立法没有提供开庭审理以外的其他审理程序。❸ 我们认为，"调查讯问"与开庭审理合一是第二审中最完整的审理程序和方式；对事实清楚的上诉案件可以不开庭审理，第二审程序只是省略了开庭程序。问题主要在于条文表述不严密，只要在关于"调查讯问"表述的最后补充"进行作出判决或者裁定"即可。

第四，司法层面上的不规范运作，加剧了二审方式"原则与例外"关系的倒置。一是最高人民法院《关于执行刑事诉讼法若干问题的解释》（以下简称《解释》）将"事实清楚"具体化为"合议庭认定的事实与第一审认定的没有变化，证据充分"。《解释》将开庭标准"事实清楚"界

---

❶ 陈永生："刑事二审审理方式之改革"，载《政治与法律》2004 年第 1 期。

❷ 陈光中主编：《刑事诉讼法实施问题研究》，中国法制出版社 2000 年版，第 254 页。

❸ 樊崇义主编：《刑事诉讼法实施问题与对策研究》，中国人民公安大学出版社 2001 年版，第 565－566 页。

定为一二审认定事实一致，实际上将一审事实作为二审审查事实的参照物，容易引导二审法官由"审查"事实转为"求证"一审认定的事实，有违全面审查原则。全面审查原则反映在审查案件事实上，应当理解为二审合议庭全面审查一审案件事实，既不受上诉、抗诉范围的限制，也不受一审认定事实的限制，从而判断一审认定事实是否正确。二是法院系统推行"受审分离"制度，即由立案庭负责统一受理案件并安排开庭日期（又称为"开庭排期"），审判庭负责审理案件。立案庭取代二审合议庭审查并选择开庭案件，以查阅上诉状是否涉及事实问题的程序性审查取代"调查讯问式"的实质性审查，❶造成选择开庭案件的混乱情况，有时只能将一些事实不清但未选择开庭的上诉案件重新安排开庭，但有的因审限不足、安排法庭困难等原因则未能开庭审理。三是立法规定的"调查讯问审"有异化为"书面审"的倾向。一般认为调查讯问审理，能够节约司法资源，提高诉讼效率，减少案件积压和超审限。其实严格按照调查讯问审理的要求，二审工作量也是相当大的。为此就有人提出"试想法院与诉讼参与人双方在开庭审理与上述调查、核实、取证工作所耗费的时间、精力和财力上孰多孰少"❷的质疑。但在实践中，二审法官主要依靠阅卷，辅以讯问被告人和听取辩护人意见，而听取其他诉讼参与人的意见则视情况可以选择，至于调查取证则很少进行。其中对相距甚远的原审被告人是否完全做到提审，由于相当部分的被告人在二审程序中未委托或不再委托辩护人，故二审法官也无须听取辩护人意见。分析至此，不难发现，所谓的"调查讯问审理"，其主要成分仍是"书面审"。这恐怕就是有些二审法官偏爱于"调查讯问审理"的缘故。如果"调查询问审理"

---

❶　二审实践中，由于多数被告人缺乏必要的法律常识，且基层法院一审判决的被告人提出上诉，聘请律师为其辩护的较少，所以他们自己书写的上诉状往往"词不达意"，其上诉理由不一定能针对一审认定事实和适用法律。况且，大多数被告人被羁押，需要通过看守所转交上诉状。实践中有的看守人员却怕麻烦、图省事，干脆要求被告人在上诉状仅写"我要上诉"即可，理由是上诉理由反正要向法官或辩护人说的，没有必要写明。可见，以查阅上诉状的上诉理由来决定是否开庭的做法不可取。

❷　崔敏："刑事二审案件一律开庭审判的必要性及相关问题"，载《武汉交通管理干部学院学报》第3卷第4期。

真成了规避法律的"书面审",那是二审实践的倒退。❶

三、不开庭审理方式的危害

(一) 纠错功能发挥不充分

根据《刑事诉讼法》的规定,第二审人民法院要通过二审程序对一审判决、裁定认定事实有无错误、适用法律是否正确、审判程序是否合法等问题进行全面的审查,区分不同情况对案件作出相应地裁判。二审程序最主要的任务就是纠正一审的错误裁判,维护被告人的合法权益。近五年来,全国法院共审结刑事二审案件40多万件,其中维持原判32万余件,改判和发回重审6万多件,分别占二审结案的70.70%、14.20%。维持原判率之高表明我国刑事一审案件的总体审判质量是比较好的,同时也说明刑事二审程序的纠错功能没有得到最大限度地发挥,主要表现以下方面:

(1) 低改判(含发回重审)率的年度变化不大。通过调查统计可以看出,2004年改判(含发回重审)一万余件,占当年二审结案的13.78%。虽然之后连续三年的改判数和比例都在上升,在2008年却又出现了回落之势,基本上又回到了4年前的水平,仅比2004年多了0.04%。

(2) 发回重审的数量有所增长。只有原审认定的事实无法查清或者诉讼程序违法可能影响公正审判的,二审才能发回重审。这是立法设置二审程序的初衷。据统计在改判案件总量变化不大的情况下,5年来的发回重审的数量不断攀升,在二审结案数和改判数中的比例均持续上涨。2008年发回重审的案件却比5年前增加1196件,增幅达19.48%。发回重审的数量超出直接改判案件数15个百分点还要多。

(3) 法院直接宣告无罪的少,即便是事实不清、证据不足的案件,往往裁定发回重审。根据刑事诉讼法的规定,发回重审的原因有多种。但从统计情况看,发回重审的理由却较为集中,绝大多数都是因为事实不清或者证据不足。二审直接宣告无罪的数量相对很少,并呈逐年下降趋势。

---

❶ 项明主编:《刑事二审程序难题与应对》,法律出版社2008年版,第174页。

在这 5 年中，直接宣告无罪的数量并没有随二审结案数的增加而增加，而是成反比，逐年递减。少数案件不能定罪而被发回重审。

（二）检察机关职能作用发挥不充分

在二审程序中，通过不开庭审理的方式审理案件，检察机关的职能作用发挥既不积极，也不充分。主要表现在：

（1）抗诉案件少，质量也不高。近年来，全国各级检察机关认为一审裁判不公而依法提出抗诉，收到较好的法律监督效果。但是，目前存在问题，一是抗诉数量少。近 5 年来，全国检察机关抗诉一万余件，仅占二审案件的 2.67%。个别基层检察院抗诉案件数平均一年还不到 1 件。二是抗诉类型有限，抗"轻"的多，抗"重"的少。三是抗诉质量也不理想，抗"准"的较少。5 年中抗诉意见被二审法院采纳的仅 1/4，抗诉质量有待进一步提高。

（2）对不开庭审理程序监督不力。检察机关对不开庭审理的方式审判的案件的监督同开庭审理案件的监督职责同样重要。但现实是，检察机关对于法院决定不开庭审理的二审上诉案件，很少主动征求同级检察机关对案件的处理意见，同级检察机关也很少主动审查，刑事诉讼法亦无检察机关介入不开庭审理的整个诉讼程序，以致于不开庭审理的案件成了检察院履行法律监督职能的"盲区"。

（3）检察机关对二审期间补充侦查工作监督弱化。二审期间被告人检举揭发他人犯罪，提出有立功、自首、作案时不到法定年龄等新情节，以及出现新证据的，都需要侦查机关补充侦查。应当由检察机关审查并转交侦查机关，但是有时检察机关怠于接转和审查，或者不予出具任何意见而直接转交二审法院，没有认真履行其法律监督的职能作用。

（三）律师的职能未能充分行使

刑事二审程序中，律师的辩护职能有了进步，很多二审法院还提供有专门的阅卷室，给律师发阅卷通知，并在时间上给予充分的保证，并力所能及地提供各种有利条件。在二审期间，辩护律师享有较为充分的对被告人的会见权和通信权。但是，律师参与二审不开庭审理的案件中，律师的职能未能充分行使。

（1）律师参与二审未开庭案件辩护的比例较低。资料显示，四川省律师参与二审案件的数量不断下降。江苏省无锡、扬州、连云港三市中级法院在 2004 年审理的刑事二审案件中，有辩护律师参与的为 26.91%；2008 年为 28.98%。在开庭方式审理的刑事二审案件中，辩护律师参与诉讼的比率相对高些，达 61.32%，但在不开庭审理的二审案件中，有辩护律师参与的仅有 26.80%。

（2）不开庭审理中无法充分发挥律师辩护职能。二审开庭审理时的辩护质量比不开庭方式审理时的辩护质量要高得多。主要是很多律师认为，庭审程序是其展现辩才的最佳场所，除当庭发表的辩护意见外，还可以充分利用语音、神情、要求证人出庭作证、辩护技巧等强化其辩护观点和内容，影响法官的内心确信，从而作出有利于被告人的判决。而在不开庭审理的过程中，由于失去了展示辩才以影响法官的舞台，递交辩护词则成为其行使辩护权的主要方式，严重影响了其辩护职能的充分发挥。

（3）律师在刑事二审不开庭审理的案件中行使辩护职能的方式单一。除会见当事人、阅卷外，很少有申请调取新的证据、申请证人出庭的内容。辩护律师向法庭递交简单的辩护词是其主要的辩护行为，律师就刑事二审辩护职能的履行就是在与当事人和法官的接触中收场。

（4）裁判文书对辩护意见采纳与否的说理不够充分。二审裁判文书对辩护意见尽量简化。这一状况在二审未开庭审理案件的裁判文书表现得更为明显。辩护意见被采纳的，一般都有采纳理由。对于没有采纳的意见，要么不陈述理由，要么简单敷衍，对不易辩驳的意见进行"技术性"处理。

四、实现刑事二审开庭方式审理的必然性

（一）开庭审理方式是建设社会主义法治国家的需要

1. 二审开庭审理方式是社会主义民主发展的现实要求

开庭审理是民主制度的产物，为了保障刑事案件当事人的合法权利，刑事诉讼法规定审理二审刑事案件应当开庭审理，通过立法的方式，让人民群众监督司法权的行使，同时要求当事人按照法律的规定履行自己的义务。通过开庭审理的方式，不仅是当事人，而且法官也必须按照法律规定的程序行使自己的权利，履行自己的义务，防止权力的滥用给国家和人民带来危害。开庭审理案件的方式是国家权力经过科学的分工来保障民主权利进行监督的一种方式和渠道。人民法院一方面对损害人民民主权利的案件进行审判，同时，在审判中是否侵犯公民的民主权利也要受到广大民众的监督。开庭审理案件公开、透明，能够一目了然知道法律是否公正、适用法律者是否公正。公众通过参与旁听案件，通过对法庭审判活动提出意见和要求，行使自己知情权、参与权和监督权，是一种最直接、最现实、最广泛行使民主权利的方式。开庭审理、公正裁判，使国家赋予公民的民主权利能够在阳光下实现，是社会主义民主制度的发展和完善的一种最重要的表现形式。

2. 二审开庭审理方式是建设社会主义法治国家的制度要求

依法治国，建设社会主义法治国家是我国的治国方略，是党领导人民治理国家的基本方略，是发展社会主义市场经济的客观需要，是社会文明进步的重要标志，是国家长治久安的重要保障。开庭审理是公开审判的基本方式和最重要内容，是司法活动中国际公认的法治原则。一个国家要实行法治，就应当接受公开审判的原则，接受公开审判的原则的重要表现形式就是案件的开庭审理，特别是涉及公民的生命权、人身自由权和财产权的案件能够得到公开、公正的审理是极其必要的。因为开庭审理方式是公正的程序原则。无论法系如何、政体如何、法官们的价值标准如何，通过开庭是形式公正审理案件都是他们的目标追求。

开庭审理是同公开审判的原则联系自一起的，开庭审理是公开审判的核心内容，是融入司法公正这一重要原则中的基础，是一个法治国家必须遵守的原则，如果审理总是以不开庭的方式进行，就不能保障法律得到严格公正的执行，不能够有效阻止外来的干涉，对司法公正、充分保障当事人的合法权益，实现司法公正，建设社会主义法治国家职能成为一句空话。

3．二审开庭审理方式是保障社会安定的需求

坚持开庭审理二审刑事案件，可以震慑犯罪分子，特别是在逃的犯罪分子，有的共同犯罪人在庭审后马上投案自首；教育广大群众自觉遵守法律，防微杜渐，不至于出现相同或者相类似的案件；自觉遵守法律，出现纠纷用正当的方式、正确的渠道和方法予以解决，维护社会正常的生产秩序、生活秩序和经济秩序。法官通过庭审这种直接的、鲜活的审判活动，宣传国家的法律，宽严相济的刑事政策，弘扬建设和谐社会的法治精神。通过开庭审判可以把国家和社会中发生的各种违法犯罪案件在法庭上解决，使案件的当事人及其近亲属以及旁听人员和通过媒体观看庭审的广大民众了解刑事案件发生的原因、危害和后果，在今后的工作生活中如何防止刑事案件的发生。如果不开庭审理就作出裁决的案件，即便没有外来的干涉，也可能会让当事人产生合理性的怀疑，误认为裁判不公，结果会导致当事人及其近亲属的上访，甚至发生暴力事件，增加社会上的不安定因素，破坏安定的社会治安状况。因此，开庭审判的方式，有利于保障刑事诉讼程序的公开、公正，增强公正裁判的可能性，增强人民法院的公信力和司法权威，最大限度减少冲突、预防纠纷的加剧，保证社会的和谐稳定。

（二）开庭审理方式是社会主义市场经济发展的需要

随着我国经济的迅速发展，社会生活也发生巨大变革，经济结构的变化，带来文化、艺术、法律的变革，法律是上层建筑的重要组成部分，必然随着经济基础的不断变化而变化。立法、司法活动一定与经济的发展相适应，一定与人们的新要求、新期待相匹配，才能保证人们司法事业的健康发展，如果法律制度的发展背离或者偏离经济发展的要求，法律制度的发展就失去生命力。

市场经济发展离不开公开、透明和公正。改革开放以来，我们已经建立起社会主义市场经济，目前，社会主义市场经济在我国已经形成比较完整的市场体系。商品市场更加发达，全部产品和生产要素，如资金、劳动力、技术、信息等都作为商品进入市场。服务市场也更加广泛。生产、生

活、公用事业、文化娱乐、教育等广泛发展起来。金融体系日趋完备，劳动力市场也更加活跃。市场经济的发展是按照经济规律来运行的，它也要求法律制度的运行与之相适应，与法律运行的规律相配套。市场经济具有竞争性、公平性、公开性和自由性的特点，因而，经济规律的特点要求法律制度具有公平性和公开性，立法体系经过几十年的发展已经从起草、征求意见、讨论和颁布实施的一系列的公开活动得到社会的广泛认可，司法活动的公开、透明程度越来越高，审判活动的公开进行是广大人民群众的迫切要求和期待，最高人民法院从"第一个五年改革纲要"到"第三个五年改革纲要"都将公开审判作为深化司法改革的一项重要内容提出，而作为公开审判的核心内容的开庭审理方式成为社会关注的焦点，刑事二审程序的开庭审理也成了急需解决的问题。刑事二审程序的开庭审理，对违反市场运行规律的犯罪行为进行惩罚，对违反经济规则的行为进行惩戒，不断规范市场，教育广大公民自觉遵守宪法和法律不仅是市场经济发展的客观需要，也是依法治国、建设社会主义法治国家的必然要求。

公开、公正的审判是市场经济正常发展的保障。市场经济规律规范市场活动的有秩序发展需要必要的法律体系，法律体系的实施要通过一定的形式来实现。公开、公正是市场经济发展的客观要求，开庭审理方式无疑是法律实施过程中对公开、公正最好的诠释。在市场经济条件下，改革开放解放人们的思想和行为，这种开放和解放并不是无止境、无约束的任意行为，需要有一定的规范，即在法律许可的范围内进行。市场经济是多元的主体，什么可以，什么不可以，不仅要有行政法规来规范，还需要法律的最后一道防线来规制，超出限度就要受到法律的制裁，最直接、最有效的法制宣传方式无疑是开庭审判，将违法犯罪行为予以区分、将违法与违纪行为进行评判，不仅对犯罪分子进行惩罚，对违法行为予以震慑，弘扬依法治国，建设法治国家的决心，无论经济的主体如何，在法律面前一律平等，他们都在法律规范的框架内有序地公平、公开竞争。促进社会主义市场经济的健康发展，一旦任何的经济主体在经济活动中的违法行为没有得到公开的审判，就会使市场的公平性遭到破坏，影响市场经济的正常发展。所以，开庭审判是市场经济正常、有序发展的有力保障。

五、新《刑事诉讼法》对二审法院开庭方式的规定及评析

（一）修改开庭审理的案件范围

原《刑事诉讼法》规定，第二审程序以开庭审理为原则、不开庭审理为例外。但是，在实践中，该原则异化为以不开庭审理为原则、开庭审理为例外。为改变司法现状，除原《刑事诉讼法》规定人民检察院抗诉的案件以外，新《刑事诉讼法》也明确规定必须开庭审理的案件范围。同时，进一步完善了不开庭审理的程序，即第二审人民法院决定不开庭审理的，应当讯问被告人，听取其他当事人、辩护人、诉讼代理人的意见。

（二）新、原《刑事诉讼法》相关条文比较

新《刑事诉讼法》关于开庭范围的条文：

第223条规定：第二审人民法院对于下列案件，应当组成合议庭，开庭审理：

（1）被告人、自诉人及其法定代理人对第一审认定的事实、证据提出异议，可能影响定罪量刑的上诉案件；

（2）被告人被判处死刑的上诉案件；

（3）人民检察院抗诉的案件；

（4）其他应当开庭审理的案件。

第二审人民法院决定不开庭审理的，应当讯问被告人，听取其他当事人、辩护人、诉讼代理人的意见。

第二审人民法院开庭审理上诉、抗诉案件，可以到案件发生地或者原审人民法院所在地进行。

原《刑事诉讼法》关于开庭范围的条文：

第187条规定：第二审人民法院对上诉案件，应当组成合议庭，开庭审理。合议庭经过审卷，询问被告、听取其他当事人、辩护人、诉讼代理人的意见，对事实清楚的，可以不开庭审理。对人民检察院抗诉的案件，第二审人民法院应当开庭审理。

第二审人民法院开庭审理上诉、抗诉案件，可以到案件发生地或者原审人民法院所在地进行。

（三）对新《刑事诉讼法》相关条文修改的评析

本条规定的是第二审程序的审理方式。原《刑事诉讼法》中，本条是笼统作出规定的。从语言表述上看，原法条要求第二审程序以开庭审理为原则，以调查讯问式的审理方式为例外。修改后的规定采用列举的方式，改变了原规定表述的逻辑关系，将开庭审理的情形与不开庭审理的程序并列作出规定。

本条的修改之处及其含义如下：

（1）比较明确地列举了第二审应当开庭审理的案件范围。大致可以分为三类：

第一类是上诉案件。根据本条第（1）和第（2）项，既包括对第一审判决上诉的部分案件，也包括对第一审裁定上诉的部分案件。其中第一项"被告人、自诉人及其法定代理人对第一审认定的事实、证据提出异议，可能影响定罪量刑的"，这是根据上诉案件争议问题的性质对审理方式作出的规范。与单纯适用法律问题或者量刑问题不同，调查案件事实和查证证据需要在法庭上进行，开庭才显得必要。"异议"是指不同意见和认识，这是个客观标准，即客观上存在对一审事实或者证据认定的不同意见；以此为前提和基础，是否"可能影响定罪量刑"是个主观标准，需要二审法院法官裁量和判断。第（2）项"被告人被判处死刑的上诉案件"，是根据刑罚的严重性所作出的规范。由于死刑是剥夺生命的刑罚，极为严重，理应在审判程序和审判方式上严格规范。此项只有刑罚的要求，凡一审被判处死刑的案件，不区分事实、证据、法律适用或者量刑是否有问题，也不论是否存在异议，二审一律应当开庭审理。

第二类应当开庭审理的是抗诉案件。这项规定是1996年修法时作出的，此次没有改变。相对于上诉，法律对于二审抗诉的理由、提起主体、提起方式以及适用的原则等都作出了不同的规定，在审理方式上也应有所不同。而抗诉案件的来源，一方面是人民检察院自己发现并提出的抗诉，在范围上既可以针对一审所作的判决，也可以针对一审所作的裁定；另一方面是根据被害人及其法定代理人的请求，经过审查后决定的抗诉，在范围上只能是针对一审所作的判决。第三类是本条第（4）项，"其他应当开庭审理的案件"。这属于弹性规定体现了原则性与灵活性相结合，是立法上的技术性处理。根据此次修法对本条修改的意图，我们认为，当其他案件是否应当开庭审理存在疑问时，遵循程序公正的理念，应以选择开庭审理的方式为宜。既可以保证案件质量，又能切实保障当事人及其他诉讼参与人的诉讼权利。

（2）规定了不开庭审理的程序。对于不开庭审理的案件，审理程序包括的诉讼活动有讯问被告人，听取其他当事人、辩护人、诉讼代理人的意见。值得注意的是，此次修改改变了一个标点符号，将原法中"讯问被告人、听取其他当事人、辩护人、诉讼代理人的意见，"中的第一个顿号改为了逗号。这一修改容易产生歧义，从逻辑关系和标点符号的用法来看，似乎逗号后的内容可以不受"应当"所规范，并非必须做的了。我们认为，二审法院理应听取其他当事人、辩护人、诉讼代理人的意见。而且，如果他们提出要求的，还应当当面以言词方式听取他们的意见。在不开庭审理的情况下，作为终审程序，这些诉讼活动是非常必要、不可或缺的。只有这样，才能将刑事诉讼法的基本原则落到实处，才能保证案件质量，也才能减轻再审程序的压力，提高诉讼效率。

第二审程序中开庭审理和不开庭审理的审判方式不仅仅是二审的审判形式问题，更是关系到当事人诉讼权利的保障乃至于案件是否能够得到公正处理的实质性问题。1979年的《刑事诉讼法》第141条规定，二审案件的审判参照一审的规定进行。这一规定并未明确二审的审判方式，且"参照"一词无强制性的约束力。在适用过程中，多数刑事案件的二审程序都不开庭审理，从而使1979年《刑事诉讼法》第141条的规定被架空。1996年修正《刑事诉讼法》时，增加规定了二审的审判方式，即第187条。随后，1998年的最高人民法院《刑诉法解释》第253条进一步作了规定："对上诉案件，应当组成合议庭，开庭审理。经过阅卷，讯问被告人，听取其他当事人、辩护人、诉讼代理人的意见后，合议庭认定的事实与第一审认定的没有变化，证据充分的，可以不开庭审理。对人民检察院抗诉的案件，第二审人民法院应当开庭审理。"从立法初衷来看，本条对二审案件的审理方式规定了两种：一种是开庭审理，即第二审法院组成合议庭，在检察人员和诉讼参与人的参加下，通过法庭调查、法庭辩论、评议、宣判方式审理案件；另一种是调查讯问式审理方式，即第二审法院组成合议庭，对上诉案件经过阅卷，讯问被告人，听取其他当事人、辩护人、诉讼代理人的意见后，认为案件事实清楚的，可以不开庭审理即作出判决或者裁定。第二审法院对于上诉案件应当以开庭审理方式为原则，只有在例外的情况下，才能采取调查讯问式审理方式，对于抗诉案件，则应当开庭审理。2006 年 9 月 25 日开始施行的最高人民法院、最高人民检察院《关于死刑第二审案件开庭审理程序若干问题的规定（试行）》第 1 条和第 2 条规定，第二审人民法院审理第一审判处死刑立即执行的被告人上诉、人民检察院抗诉的案件，应当依照法律和有关规定开庭审理。第二审人民法院审理第一审判处死刑缓期二年执行的被告人上诉的案件，有下列情形之一的，应当开庭审理：（1）被告人或者辩护人提出影响定罪量刑的新证据，需要开庭审理的；（2）具有原《刑事诉讼法》第 187 条规定的开庭审理情形的。

根据学者的实证调查显示，上述一系列规定生效后，抗诉案件的开庭审理在实践中得到了落实，而上诉案件"以开庭审理为原则，以不开庭审理为例外"的规定并没有得到贯彻，以致"原则成了例外，例外成了原则"。即使在某些发达地区，上诉案件开庭率最高时也不过 10% 左右，而且呈下降趋势。❶ 二审法院对上诉案件开庭率低，主要有以下原因：第一，原《刑事诉讼法》规定的缺陷。根据原《刑事诉讼法》第 187 条规定，合议庭经过阅卷，讯问被告人、听取其他当事人、辩护人、诉讼代理人的意见，对事实清楚的，可以不开庭审理。这一规定存在的主要问题是"事实清楚"与否由二审法院行使判断权，因此导致对上诉案件是否开庭审理并不取决于法律的明文规定，而是取决于二审法院法官的自由裁量

❶ 陈光中主编：《中国国刑事二审程序改革之研究》，北京大学出版社 2011 年版，第 8 页。

权。而且，根据原《刑事诉讼法》第187条规定的逻辑关系，二审合议庭经过阅卷，讯问被告人、听取其他当事人、辩护人、诉讼代理人的意见之后，需要对案件事实进行判断，对于案件事实清楚的，直接对案件作出裁判，不再进行庭审；对于案件事实不清楚的，进入开庭审理阶段。实际上二审法院是通过实质性的庭前审查将上诉案件进行程序分流。在二审程序进入审理程序之前，仅由合议庭通过阅卷和讯问后的主观想法来决定是否开庭审理，缺乏客观性。第二，司法实践中，二审法院法官倾向于对上诉案件不开庭审理。法官之所以如此，其主要原因是不开庭审理有利于提高审判效率，而且据调查，受访法官普遍认为，上诉案件"开庭意义不大"，"开庭只是走形式"，"开庭根本不解决实体问题"。在审判实践中，很多二审法官都对开庭审理态度消极而更倾向于庭外调查。❶

司法实践中第二审法院对大部分上诉案件不开庭，剥夺了当事人参加诉讼、获得平等地影响裁判结局的机会，违背程序正义的要求。对第二审程序的救济功能、纠错功能、发泄与吸纳不满等功能的发挥造成了相当的阻碍，同时也妨碍了审判公开制度、有效辩护原则、诉讼参与人依法参与刑事诉讼制度等的贯彻执行。而且，虽然不开庭审理的方式能够提高效率，节约诉讼资源，但同时也增加了错误成本的概率，如果考虑错误成本，在二审法院无法保障审判质量的情况下，可能就会使当事人等转而寻求特殊救济途径，增加审判监督程序的压力。可见，从整体而言，不当的审判方式反而可能会降低诉讼效率，浪费司法资源。❷

当然，结合我国国情以及二审案件的具体情形，二审案件的审理也没有必要全部采取开庭审理的方式。一方面，由于现实原因，很多地方一审法院与二审法院路途遥远，或者交通不便，如果全部开庭审理，则会增加检察机关、当事人及其他诉讼参与人的讼累，浪费司法资源；另一方面，由于案件本身原因，如果上诉案件仅仅针对适用法律问题发生争议，事实清楚，证据确实充分，通过调查讯问式审理完全可以正确处理，则没有必

---

❶ 陈光中主编：《中国国刑事二审程序改革之研究》，北京大学出版社2011年版，第9页。
❷ 陈光中主编：《中华人民共和国刑事诉讼法修改条文释义与点评》，人民法院出版社2012年版，第310页。

要必须开庭审理。

我们认为,对于本条第一项,在适用中应当防止二审法官自由裁量权过大和滥用,尤其是中级人民法院受理的上诉案件。

本条修改适当吸纳了学者的理论研究和实务调查成果,也将成熟的司法解释内容上升为法律,同时兼顾到司法实践的复杂情况,没有实行一刀切。修改的内容较好地结合了理论与司法实践的需要,考虑了不同案件的特点以及二审程序的功能;以列举方式比较明确地规定了二审应当开庭审理的案件范围,这是统一法律适用的举措;补充明确规定了不开庭审理的案件所应当进行的诉讼活动,对具体程序进一步的完善。但是本条改变了原法"以开庭为原则,以不开庭为例外"的逻辑关系,将两种审理方式等量齐观,无形中降低了二审开庭审理方式的重要地位;此外,本条标点符号的修改值得商榷,容易引起歧义,建议可在"听取其他当事人、辩护人、诉讼代理人的意见"之前加"应当"二字。❶

六、第二审审理方式的完善对策

鉴于此,我们认为,要切实解决二审开庭率偏低的突出问题以及强化检察机关对二审审判监督的作用,必须从立法与司法两个层面上进行系统性改革。立法上应当坚持"以开庭审理为原则,以不开庭审理为例外"的审判原则,全面修改现行"调查讯问审理"方式;司法上建立相关配套措施,积极推行二审案件全面开庭审理的改革实践,为今后全面实行一律开庭审理积累立法经验。

(一) 全面缩小调查讯问审理的适用范围

首先,将调查讯问审理的适用范围由"案件类型"改以"地域类型"为划分标准,建议立法取消将案件"事实清楚"作为适用调查讯问审理

---

❶ 陈光中主编:《中华人民共和国刑事诉讼法修改条文释义与点评》,人民法院出版社 2012 年版,第 310 页。

的"普适性"规定，明确规定调查讯问审理仅适用于交通十分不便的边远地区。通过地域限制，保证在全国大多数地区必须实行二审案件全面开庭审理，只能在少数或个别地区适用调查讯问审理方式，真正体现二审审理方式"以开庭审理为原则，以不开庭审理为例外"的立法宗旨。其次，由立法授权最高人民法院、最高人民检察院，以"两高"司法解释的形式，对"交通十分不便的边远地区"作出统一规定，以杜绝各地自行其是。"两高"还可以根据全国各地区的社会经济发展情况，适时调整"交通十分不便的边远地区"的界定范围，以逐步缩小调查讯问审理的适用范围。需要说明的是，这里的调查讯问审理，是指适用于交通落后、十分不便的边远地区。如果虽属边远地区但交通良好甚至发达，则不属于此列。此外，高级人民法院审理的二审案件是否适用调查讯问审理？我们认为不宜适用。因为从高级人民法院与中级人民法院所在地看，目前省会城市与地区首府之间的交通设施较好，有些边远省份两地虽相距较远，但通行较为便利。况且根据审级管辖规定，中级人民法院作出的大多系无期徒刑、死刑的一审判决，对于严重刑事犯罪的上诉案件，更应开庭审理予以全面救济。

或许有人认为，如果立法将调查讯问审理适用于边远地区，而在其他地区实行开庭审理的话，由于立法本身的不平等，与其他地区相比，会剥夺边远地区部分上诉案件被告人参与法庭审理的诉讼权利，会造成程序不公正。我们认为，强调程序公正，应当追求的是实质公正，而不是形式公正。现行立法在全国统一适用调查讯问审理方式，形式上看似很公正，结果却造成二审审理方式"原则与例外"的本末倒置，实质上损害了大多数被告人的诉讼参与权利。况且立法也作过类似"区别对待"的规定，如《刑事诉讼法》第126条对"交通十分不便的边远地区的重大复杂案件"，可以延长侦查羁押期限。可能还有人认为，全面开庭不利于提高诉讼效率，浪费司法资源，没有必要。我们认为，公正是司法的本质要求，是灵魂和生命线，司法离开公正就不成其为司法。在公正与效率的关系上，司法行为与行政行为不同的是，司法应强调"公正优先兼顾效率，

不能为了效率过分牺牲公正"。❶

（二）全面改进调查讯问审理方式

鉴于立法关于"合议庭经过阅卷……对事实清楚的，可以不开庭审理"的规定不尽科学、合理及严谨，建议立法：第一，取消以合议庭（法官）认定"事实清楚"作为决定是否开庭审理的判断标准，改为"上诉人、检察员对事实没有异议"的程序性标准。第二，将合议庭（法官）单方决定是否开庭审理，改为"经上诉人、检察员同意"，才能不开庭审理，即由上诉人、检察员与法官三方共同决定是否开庭审理。第三，明确规定重大复杂等几类案件不得适用调查讯问审理。同时，最高人民法院有必要对"重大复杂案件"作出司法解释，便于在司法实践中统一执行。如此主要基于以下考虑：

一是严格控制不开庭审理之需要。由于二审不开庭审理的方式是调查讯问审理，先根据"地域划分"的思路将调查讯问审理限制在"交通十分不便的边远地区"，再根据"程序制约"的思路规范调查讯问审理方式，以实现减少和控制不开庭审理的立法目的。从"程序制约"的角度出发，通过设定程序性标准，分解合议庭（法官）对不开庭的决定权，赋予上诉人、检察官有程序选择权等措施，解决目前选择调查讯问审理存在的单方性、主观性和随意性等弊端。此外，为防止实践中以"事实清楚"为由，将一些重大复杂疑难案件排斥在开庭审理范围之外，立法明确规定不得适用调查讯问审理的几类案件。

二是保障检察机关参与审判监督之需要。我们建议在全国大部分地区对上诉案件实行全面开庭审理，还将检察官引入调查讯问审理程序中，并与上诉人一起享有对开庭审理的程序选择权。这种制度安排具有十分重要的现实意义，它实质上赋予了检察机关对全部上诉案件审理的参与权即无论是否开庭审理，都要从立法制度根本上保障检察机关履行二审检察职

---

❶ 陈光中："刑事诉讼法再修改之基本理念"，载《政法论坛》（中国政法大学学报）2004 年第 3 期。

能，切实维护法制的统一正确实施和被告人的合法权利。

三是保障被告人诉讼权利之需要。第二审程序的制度功能主要应表现为第二审法院对第一审裁判的救济和纠正。❶ 所以一般将第二审程序称为救济程序，如德国刑事诉讼法典就直接称第二审程序为"法律救济"程序，当事人通过第二审程序获得纠正第一审未生效裁判的机会和可能。相对于国外诉讼制度，我国实行两审终审制，被告人对一审裁判只有一次上诉救济的机会，第二审程序十分重要，应当努力保证被告人享有完整的诉讼参与权。从程序公正的角度出发，"上诉权并不完全是为实体权益服务的，它更重要的是对程序的参与权，通过充分的参与，上诉人才会真正接受最后的裁判。上诉人提起上诉，就说明他对一审的公正性不够信任，如果二审法院不能在公开的法庭上充分听取其意见后直接下判，从形式上看案件是了结了，实质上却对审判公正造成了进一步的损害"。❷ 这就是我们建议上诉人对开庭审理享有程序选择权的基本理念。

（三）切实解决边远地区二审"开庭难"的问题

一是建立"巡回法庭"审判制度。在交通十分不便的边远地区二审开庭审理，由于涉及一、二审法院相距遥远且交通不便，押解原审被告人不安全等实际问题。为此，根据立法关于"第二审人民法院开庭审理上诉、抗诉案件，可以到案件发生地或者原审人民法院所在地进行"的规定，由二审法院设立"巡回法庭"，甚至可以在刑事二审审判庭内成立若干个合议庭，"分片包干"本辖区一审法院的上诉、抗诉案件，主动到原审地开庭审理。二审检察机关也相应设立类似办案部门积极参与。二是适当延长在边远地区二审开庭审理的期限。在交通十分不便的边远地区二审开庭审理，还会涉及二审审限不足的具体问题。为此，建议立法对二审审限作区别规定：对一般地区二审开庭审理，仍适用《刑事诉讼法》第196条的审限规定；对交通十分不便的边远地区二审开庭审理的重大复杂案

---

❶ 樊崇义主编：《刑事诉讼法实施问题与对策研究》，中国人民公安大学出版社2001年版，第542页。

❷ 陈光中主编：《刑事诉讼法实施问题研究》，中国法制出版社2000年版，第257－258页。

件，若适用第196条规定的期限仍不能审结的，经高级人民法院批准、决定，可以再延长1个月。这里需要强调的是，在交通十分不便的边远地区，对适当延长二审审限要作严格限制，仅限于重大复杂案件并需经严格的审批程序，不能扩展到开庭审理的其他二审案件和调查讯问审理的二审案件。

（四）探索刑事二审全面开庭审与刑事二审开庭简化审相结合的改革

我们建议在直辖市、省会城市、计划单列市以及一些经济发达、区域较小且交通便利的地区，推行二审案件全面开庭审理的改革实践，为在全国范围内推行这一制度积累经验。实行刑事二审全面开庭审，一般对保障被告人诉讼权利、强化检察机关审判监督、促进司法公正等积极作用不会质疑，但对其可行性会有疑虑。如前所述，上海市第一中级人民法院在1999年至2002年实行二审全面开庭审的4年中，对本辖区9个基层法院的全部上诉案件开庭审理的数量分别为：1999年468件905人，2000年565件1118人，2001年717件1443人，2002年692件1339人，平均每年611件1201人。上海市检察院第一分院4年来均派员参与阅卷、出席法庭审理等所有程序，在办案力量配置上，该院二审检察处人员基本上保持在24人左右（其中包括处负责人、书记员及内勤），分为5至7个办案小组。中级人民法院刑事审判庭的人员配置也大致相当。客观地说，二审检察部门工作量相当繁重，办案节奏相当快，且每年上诉案件结案率均能保持在98%以上（法院二审结案率为96%），4年间每个办案小组平均结案数为87件，尤其是2001年、2002年间平均结案数为100件，实属不易。因上海区域面积较小，一、二审法院相距较近，且交通便捷，能对被告人参加庭审做到当天押解、当天还押。当然，还要考虑到法庭安排紧张等困难。综上因素分析，在相似地区实行全面开庭审理是有可能的。

应当看到，实行全面开庭审理后，必然会面临办案力量不足、案件积压、提高诉讼效率等问题。为此，有必要实行二审全面开庭审与二审开庭简化审相结合的审理方式。根据程序分流原理，对二审案件审理进行繁简分流：对那些事实清楚，证据充分且争议不大的案件，可以适当简化审案方式和庭审环节，加快审案进度；对那些重大复杂疑难案件则加大审理力度，实现司法资源的合理配置。所谓刑事二审开庭简化审，是指对事实清楚、证据确实充分的上诉案件，在开庭审理的过程中，保持法官、检察官、被告人三方诉讼主体结构不变，经检察官、被告人同意，根据案件具体情况，适当简化或省略某些庭审环节，使案件予以快速审理的一种庭审方式。必须强调的是，简化审只能简化或省略法庭调查这一环节，不能简化或省略听取被告人上诉理由、法庭辩论及被告人最后陈述等环节，以充分保障被告人的各项诉讼权利。实务部门已有过这方面的探索，如上海市第一中级人民法院与上海市检察院第一分院早在 2001 年就尝试了二审开庭简化审，据有关数据显示，当年 8 月，共受理上诉案件 72 件 124 人，其中适用简化审的有 27 件 43 人，占到 37.5%，且有 2 件被当庭改判，起到了一定效果。❶ 况且 2003 年 3 月最高人民法院、最高人民检察院、司法部颁布司法解释，试行第一审普通程序简化审，❷ 由于法律规定第二审程序参照适用第一审程序，其实也为二审开庭简化审提供了法律依据。

（五）强化检察机关对二审审判监督的职能作用

一是确立检察机关全面参与刑事第二审的原则。修改《人民检察院组织法》，鉴于目前组织法第二章"人民检察院行使职权的程序"中，仅规定："对第一审裁判认为有错误的，按上诉程序提出抗诉。"应增加规定："二审法院的同级检察机关派员参加调查讯问审理上诉案件和出席开庭审理上诉、抗诉案件。"二是建立独立的二审检察部门。在州、市分院一级检察机关统一建立二审检察机构，专司二审检察职能，实现公诉指控与二审检察的职能分离。虽然因为二审方式"原则与例外"的倒置，目前二审检察工作量可能较少，但一旦二审方式被扭转，二审检察的法律监督效果就会体现出来。三是端正抗诉工作的指导思想。刑事抗诉是法律赋予检察机关行使法律监督的重要方式，不能将抗诉作为公诉的附属工具，

❶　关于二审开庭简化审的实践，可以详见上海市人民检察院第一分院课题组："关于刑事二审简易审的思考"，载《华东政法学院学报》2001 年第 6 期。

❷　详见"两高一部"《关于适用普通程序审理"被告人认罪案件"的若干意见（试行）》。

对抗诉权的不当行使，只会使人们对抗诉的正当性产生怀疑，进而会对检察机关法律监督性质提出质疑。因此，当前，在对重罪轻判案件提出抗诉的同时，更要对轻罪重判案件提出抗诉，以树立法律监督的良好形象。四是建立上报备案审查制度。为有效防止刑事抗诉权不当行使，加强"检察机关一体化"建设。根据组织法关于上级检察院领导下级检察院的规定，建立一审诉判重大差异案件和被害人请求抗诉案件上报备案审查制度。下级检察院对公诉指控与一审判决有重大差异的案件以及被害人请求抗诉的案件，必须在法定抗诉期限内将相关法律文书上报上一级检察院备案审查，如下级检察院拟不提出抗诉或不同意抗诉的案件，需要书面说明理由。上级检察院发现一审判决确有错误的，有权指令下级检察院提出抗诉。同时，鉴于请求抗诉的期限现为 10 日，有可能不足，建议适当延长。

我们建议将原《刑事诉讼法》第 187 条修改为："（第 1 款）第二审人民法院对上诉、抗诉案件，应当组成合议庭，开庭审理。（第 2 款）交通十分不便的边远地区，第二审人民法院合议庭经过阅卷，讯问被告人，听取检察员、其他当事人、辩护人、诉讼代理人的意见，上诉人、检察员对事实没有异议并同意的，可以不开庭审理，迳行作出判决或者裁定。（第 3 款）交通十分不便的边远地区，第二审人民法院发现案件有下列情形之一的，应当开庭审理：（一）重大复杂的；（二）人民检察院提出对被告人不利的抗诉；（三）因被害人请求抗诉的；（四）第一审人民法院的审理违反法律规定的诉讼程序，可能影响公正审判的；（五）其他应当开庭审理的。（第 4 款）第二审人民法院开庭审理上诉、抗诉案件，可以到案件发生地或者原审人民法院所在地进行。"

第五章　二审发回重审制度

我国原《刑事诉讼法》第 189 条规定："第二审人民法院对不服第一审判决的上诉、抗诉案件，经过审理后，应当按照下列情形分别处理：……（三）原判决事实不清楚或者证据不足的，可以在查清事实后改判；也可以裁定撤销原判，发回原审人民法院重新审判。"第 191 条规定："第二审人民法院发现第一审人民法院的审理有下列违反法律规定的诉讼程序的情形之一的，应当裁定撤销原判，发回原审人民法院重新审判：（一）违反本法有关公开审判的规定的；（二）违反回避制度的；（三）剥夺或者限制了当事人的法定诉讼权利，可能影响公正审判的；（四）审判组织的组成不合法的；（五）其他违反法律规定的诉讼程序，可能影响公正审判的。"我国刑诉法规定了基于事实不清或证据不足和程序违法发回重审的制度。该制度在保障查清案件事实、惩罚犯罪方面发挥了一定的积极作用，但我国发回重审制度仍然相当不完善，也是造成司法实践中大量冤案错案的"元凶"之一。因此，必须改革刑事二审发回重审制度。

为了更真实地发现刑事二审发回重审制度的问题，将介绍一个真实的案例。据《大河报》2010 年 10 月 27 日报道，2001 年秋，30 岁的河南南乐县张果屯乡赵胡行政村村民胡电杰与同村妇女郭瑞英发生不正当关系后，郭曾多次要求胡去其家，胡怕长期交往被人发现，为摆脱纠缠，遂起了杀郭的念头。2002 年 3 月 4 日晚，胡电杰携带刀子先到本村一村民家中打麻将，夜 11 时许，胡翻墙进入郭瑞英家中，将房门用肩膀撞开，与郭进行了简短对话后，抽出刀子刺割郭颈部，将其杀死，又将郭的女儿、儿子二人扼颈杀死。2003 年 10 月 15 日，河南濮阳市中级人民法院以故意杀人罪判处胡电杰死刑、缓期二年执行，剥夺政治权利终身，同时赔偿附带民事诉讼人经济损失 42321 元。胡电杰和附带民事诉讼人胡闻广均不服，均提出上诉。胡电杰要求改判无罪，胡闻广认为民事赔偿少，要求判决胡电杰死刑。2004 年 2 月 26 日，省高院作出裁定，撤销原判，发回重审。当年 5 月 26 日，濮阳市中院作出与第一次内容基本相同的判决。2004 年 12 月 13 日，省高院第二次下达裁定书，认为原判事实不清，证据不足，裁定撤销判决，发回重审。2006 年 10 月 24 日，濮阳市中院第三次作出判决，胡电杰犯故意杀人罪判处死刑、缓期二年执行，剥夺政治权利终身，同时赔偿附带民事诉讼人经济损失 19 万余元。对此判决，胡电杰与胡闻广仍不服。胡电杰仍称自己被冤枉，而胡闻广认为应判处胡电杰死刑立即执行，两人均再次提出上诉。2007 年 10 月 16 日，省高院第三次作出裁定，依旧认为原判认定事实不清，撤销判决，继续发回重审。2009 年 3 月 25 日，濮阳市中院作出了与第三次内容相同的判决。胡电杰与胡闻广仍以同样理由提起上诉，同年 8 月 10 日，省高院第四次作出裁定，再次认为原审判决事实不清，再次撤销判决，发回重审。濮阳市中院也将作出第五次判决。❶ 笔者目前还尚未查阅到该案的最新进展，然而，不论案件事实真相到底将如何，仅从四次重审、长达 8 年之久的审判已足够让我们反思和检讨我国刑事发回重审。

一、域外国家和地区的刑事二审发回重审制度

刑事二审发回重审制度是世界各国普遍确立的诉讼制度。为给我国改革刑事二审发回重审制度提供借鉴和经验，有必要简要介绍世界主要发达国家的刑事二审发回重审制度。

在德国，第二审上诉法院审理上诉后，通常可以作出以下三种裁判：一是上诉理由不成立的，直接驳回上诉，维持原判；二是上诉理由成立，撤销原判决，再自为判决；三是一审法院管辖有误时，撤销原判，发回有

---

❶ "男子被指杀人关押 8 年四次判死缓均重审"，载《大河报》2010 年 10 月 27 日。

管辖权的法院处理。"旧的刑诉法第 328 条第 2 项规定的对案件任意性的发回重审，自 1987 年的刑事诉讼法修正后，即告废除。相反的，刑诉法第 328 条第 2 项则仍旧对以下之案例规定要为义务性的发回重审：即如果区法院错误地自认为有管辖权时，则第二审上诉法院必须以判决方式将第一审法院的判决撤销，并将案件发予有管辖权之法院审判之。在发回重审时，该新的第一审法院并不受第二审上诉法院的法律见解所拘束。"第三审上诉作为法律审，法院在审理后可以作出以下三种判决：一是认为下级法院判决无误时，判决驳回，维持原判；二是当只请求谕知无罪判决、或者中止诉讼程序、或请求获判绝对特定之刑罚、或当第三审上诉法院与检察机关所提出之声请具一致性，均认为适于科以法定最轻之刑罚时，上诉法院自为裁判；三是认为上诉理由成立，则撤销判决，发回作出原判决法院的另一审判机关或者审判庭，或者发交属于同一州的另一个同级法院。因此，在德国的第三审上诉中，有相当部分案件的裁判是撤销原判，发回重审。但这是因为"第三审上诉法院无法亲自为案件事实之重新调查，因此原则上其需将案件发回原审级法院更审"。

　　在法国，上诉审法院可以作出以下三种裁判：一是因提出的上诉不符合规定的手续或者已过上诉期限，宣告上诉不予受理的判决。二是如果上诉理由不足，确认受到上诉的原审判决，或者是在所提出的上诉有依据的范围内，对原审判决全部或一部改判或撤销的判决。三是在就管辖权问题提出上诉的情况下，上诉法院在认定一审法院无管辖权之后，应当宣告自己无管辖权，并将上诉案件移送检察院；如认为犯罪事实构成重罪，由检察院将该案移送有管辖权的法院受理。如上诉法院认为事实仅构成违警罪，则应当自行作出判决，并宣告是否应当科处刑罚，同时就民事诉讼作出裁判决定。同样，自 1960 年的法律规定以来，如上诉法院认定提交违警罪法院受理的犯罪构成轻罪，则应当就该犯罪当处之刑罚以及损害赔偿作出审理裁判。反过来，在违警罪法院错误地受理了轻罪并作出判决的情况下，上诉法院在受理对此判决提出的上诉后，可以改变原审法院对犯罪事实的定性，并宣告轻罪适用之刑罚。四是在原审裁判未遵守法律规定的形式并且法律对此种情形规定"以无效论处"的情况下，上诉法院撤销受到上诉的原审裁判，不将案件发回轻罪法院审理，而是自行对本案的实体问题作出裁判。可见，只有当管辖错误时，且犯罪事实构成重罪时，第二审上诉法院才能撤销原审判决，移送有管辖权的法院审理。此外，在向最高法院提起上诉的法律审中，如果受到上诉的裁判违反法律的情况下，最高法院则撤销该裁判，将案件发交与原审法院同一级的同性质的某一法院进行审判。该发回重审的理由与德国第三审上诉发回重审的理由相同，即最高法院不对事实进行审判。

在日本，控诉审法院在审理后，可以作出以下二类裁判：一是驳回控诉；二是撤销原判，发回原审法院重审、或者移送其他第一审法院审理、或者自己审理。根据日本《刑事诉讼法》第 400 条的规定，当控诉审法院撤销原判后，原则上应当发回重审或者移送其他法院审理，只有根据诉讼记录和原审法院及控诉审法院所调查的证据，可以立即作出判决时才采用自判的形式。"不过，在审判实践中，绝大多数是自判。"从日本的《司法统计年报》看，日本自 1959～1989 年期间，控诉审法院撤销原判后自判的比率占全部撤销原判案件的 96.6%～98.9%。在日本，控诉审法院撤销原判，发回重审或者移送其他第一审法院审理的理由包括：管辖错误；违法驳回公诉或者免诉；作出判决的法院在组成合议庭方面违法；法官参与判决时违法；判决遗漏；诉讼程序违反法律中应当否定原判决效力本身的；违反法律涉及原审诉讼程序的相当部分而不适合自判的。

在美国，上诉审法院可以作出以下三种裁判：一是维持原判；二是改判；三是推翻原判。在美国，曾有一段时间，任何错误，无论是多么轻微，甚或是技术上的错误，都能造成有罪判决的撤销。但是，如今联邦系统和大多数州都已经通过了关于无害过错的制定法，这些制定法规定上诉法院只有在错误侵犯了被告人基本权利或实际影响案件结果的情况下，才能撤销有罪判决。大多数案件，即使发现审判法院犯了错误，上诉法院也会认定错误是无害的，并不一定撤销有罪判决。如果上诉法院认定过错有害，那么法院就撤销初级法院的判决并将案件退回审判法院。

在英国，上诉法院对案件进行审理后，有权作出如下处理：（1）撤销原定罪。主要是由于定罪的理由不充分或不妥当，对法律问题的判断有误，或者在原审过程中有严重违反程序的情况发生。（2）驳回上诉，维持原判。主要是上诉法院认为对定罪提出上诉的理由不足。（3）以起诉书中的另一较轻罪名代替原定罪。（4）命令收容住院。因精神病而作出宣告无罪的裁决，可命令将被告人收进医院观察。（5）采纳新证据，将案件发回重审。上诉法院受理新的证据后，如确信应予采纳，即可将案件发回重审。

综上所述，发回重审是各国刑事诉讼法普遍规定的一种二审裁判方式，但都规定了非常严格的条件和程序要求，使得在司法实践中适用较少。在英美法系国家，由于事实问题都是由陪审团认定的，二审法官无权对事实问题进行裁决，必须尊重陪审团对事实的认定。因此，在英美法系国家通常不会因为事实问题发回重审，发回重审都是由于法律问题。需要说明的是，尽管英国允许上诉法院在采纳新证据的情况下发回重审，但是这种发回重审有非常严格的限制，即上诉法院对提出新证据予以严格审查；发回重审后必须作出有利于被告人的处罚，等等。在大陆法系国家，第二审上诉程序大都是复审制，即对一审的事实和法律都进行重新审查。通常，只有管辖错误或者其他严重的诉讼程序违反，上诉审法院才将案件发回重审。

二、对我国刑事二审发回重审制度的检讨和反思

根据刑诉法的规定，原判决事实不清楚或者证据不足的，既可以查清后改判，也可能撤销原判、发回重审。虽然法律规定了两种处理方式，但从立法的本意上看首选方式应当是前者，即查清后直接改判。但在刑事二审实践中，对于事实不清或者证据不足的案件不仅不可能作出证据不足、指控的犯罪不能成立的无罪判决，也不会选择查清后改判，而是直接撤销原判、发回原审人民法院重审。对比域外刑事诉讼法关于发回重审制度的规定以及结合司法实践中发回重审制度的异化表现，笔者认为，我国刑事二审发回重审制度的弊端主要体现在以下几个方面：

首先，发回重审制度与无罪推定原则相抵触。无罪推定原则是现代刑

事诉讼的基础性原则。首次提出无罪推定思想的是意大利著名法学家贝卡里亚，他在 1764 年所著的《论犯罪与刑罚》指出："在没有作出有罪判决以前，任何人都不能被称为罪犯"；"任何人，当他的罪行没有得到证明的时候，根据法律他应当被看作是无罪的人。"随后，1789 年法国《人权宣言》则最早从法律上规定了这一原则："任何人在其未被宣告为犯罪以前应被推定为无罪"。1966 年联大通过、1976 年生效的《公民权利和政治权利国际公约》第 14 条第 2 项又规定："受刑事控告之人，未经依法确定有罪之前，应假定其无罪。"此后，无罪推定原则被资产阶级国家的诉讼理论所承认，并且被规定在有的国家立法中。我国《刑事诉讼法》第 12 条规定："未经人民法院依法判决，对任何人都不得确定有罪。"尽管该规定并不是西方国家刑事诉讼法和联合国刑事司法准则普遍认可的无罪规定，但毕竟它已经吸收了无罪推定的合理因素。无罪推定原则要求公诉方承担证明被告人有罪的责任，被告人享有不被强迫自证其罪的特权；当公诉方证明被告人有罪未能达到刑事诉讼法规定的证明标准时，必须作出对被告人有利的判决，即无罪判决。而我国的刑事诉讼法却规定当案件事实不清或者证据不足时可以发回原审人民法院重审，发回重审后不仅不可能作出无罪判决，还通常被加重刑罚。其实，当事实不清或者证据不足时，就说明公诉人提出的证据未能达到证明被告人有罪的程度，也就应当作出疑罪从无判决。

其次，发回重审制度与控审分离原则相抵触。控审分离也是现代刑事诉讼的基本原则。1948 年 12 月 10 日的《世界人权宣言》第 10 条规定："人人于其权利与义务受到判定时及被刑事控告时，应有权受到独立无私法庭之绝对平等不偏且公开之听审。"世界刑法学协会第十五届代表大会于 1994 年通过的《关于刑事诉讼法中的人权问题的决议》第 8 条也规定："影响被告人基本权利的任何政府措施，包括警察所采取的措施，必须有法官授权，并且可受司法审查。"联合国《公民和政治权利国际公约》第 14 条规定："任何人受刑事控告或因其权利义务涉讼需予判定时，应有权受到独立无私之法定管辖法庭公正公开审问。"1791 年《法国宪法》第 5 章第 9 条规定："在刑事方面，倘非根据审判员所收到的控告；或根据立法议会在有权提起控诉的情况下，提出控诉令，任何公民均不得受到审判。"我国台湾地区"刑事诉讼法"第 268 条规定，"法院不得就未经起诉之犯罪审判。"我国现行刑事诉讼法，尽管没有明确规定控审分离原则，但都在一定程度上对其进行了贯彻。❶ 它最基本要求就是刑事诉讼中控诉和审判职能分别由不同的机构来担任。换言之，承担控诉职能的检察机关不能进行审判，而承担审判职能的法院也不能对被告人进行控诉。允许以事实不清或证据不足发回重审使法院失去中立的立场，有与公诉机关同谋的嫌疑，变相承担起了控诉的职能。因为发回重审为公诉方收集证据证明被告人有罪争取了大量时间。

再次，发回重审的理由不明确和不科学。从域外的比较法经验来看，发回重审制度大都是基于管辖错误或者其他程序违法行为。而我国的发回重审不仅可以基于程序违法，还可以因为事实不清或者证据不足的事实问题。而且事实不清或者证据不足也并非是非常明确的概念。二审法院和一审法院可能各有其不同的认识和理解，即使在一审法院内原审判组织和新审判组织之间也可能存在差异。此外，这种发回重审还面临着二难推理：如果二审法院已经查清了案件的事实，并据此判定原判决认定事实错误或认定事实不清，那么，不对案件直接改判而要发回重审，岂不是多此一举？如果二审法院并未查明案件的正确事实和清楚事实是什么，如何能得出原判决认定事实错误或认定事实不清的结论？凭什么把案件发回重审呢？至于程序违法发回重审的理由既不具体又不全面，也缺乏当事人参与等程序性方面的要求。

最后，只允许发回原审人民法院重审难以实现重审的目的。毋庸置疑，发回原审人民法院重审在节约诉讼资源、方便当事人参加诉讼和便于取证方面的优势不言而喻，但是却失去了发回重审的功效。对于发回重新审理的案件，大多是经过了原审法院审判委员会讨论决定过的。由于目前我国法官难以实现真正独立审判，因此，即使新合议庭重新审理后得出的结论与审判委员会结论不同，也未必敢于作出不同的判决。即使案件没有

---

❶　陈卫东，李奋飞："论刑事诉讼中的控审不分问题"，载《中国法学》2004 年第 2 期。

经过审判委员会讨论决定，新的合议庭也未必能作出新的不同判决。新合议庭与原合议庭都在同一个法院甚至同一审判庭工作，如果强行否决原审裁判，势必会引起原审合议庭审判成员的不满。由于一般情况下同一审判庭的成员是相对稳定的，这就决定了庭内各位法官会长期地维持一种合作互助型的良好关系。因此，即使没有任何其他因素的干扰，新合议庭一般也会维持原判决。

三、新《刑事诉讼法》对发回重审制度的规定及评析

（一）新《刑事诉讼法》完善了因原判决事实不清或者证据不足的发回重审制度

原《刑事诉讼法》规定，原判决事实不清楚或者证据不足的，可以在查清事实后改判；也可以裁定撤销原判，发回原审人民法院重新判决。但是，在司法实践中，此种发回重审被滥用，影响了司法公正的实现。为此，新《刑事诉讼法》在原《刑事诉讼法》的基础上增加规定，原审人民法院对于以原判决事实不清或者证据不足而发回重新审判的案件判决以后，被告人提出上诉或者人民检察院提出抗诉的，第二审人民法院应当依法作出判决或裁定，不得再发回原审人民法院重新审判。

（二）新、原《刑事诉讼法》关于发回重审制度的条文比较

新《刑事诉讼法》关于发回重审制度的条文：

第225条　第二审人民法院对不服第一审判决的上诉、抗诉案件，经过审理后，应当按照下列情形分别处理：

（1）原判决认定事实和适用法律正确、量刑适当的，应当裁定驳回上诉或者抗诉，维持原判；

（2）原判决认定事实没有错误，但适用法律有错误，或者量刑不当的，应当改判；

（3）原判决事实不清楚或者证据不足的，可以在查清事实后改判；也可以裁定撤销原判，发回原审人民法院重新审判。

原审人民法院对于依照前款第三项规定发回重新审判的案件作出判决后，被告人提出上诉或者人民检察院提出抗诉的，第二审人民法院应当依法作出判决或者裁定，不得再发回原审人民法院重新审判。

原《刑事诉讼法》关于发回重审制度的条文：

第189条　第二审人民法院对不服第一审判决的上诉、抗诉案件，经过审理后，应当按照下列情形分别处理：

（1）原判决认定事实和适用法律正确、量刑适当的，应当裁定驳回上诉或者抗诉，维持原判；

（2）原判决认定事实没有错误，但适用法律有错误，或者量刑不当的，应当改判；

（3）原判决事实不清楚或者证据不足的，可以在查清事实后改判；也可以裁定撤销原判，发回原审人民法院重新审判。

（三）新《刑事诉讼法》关于发回重审制度规定的进步性

新《刑事诉讼法》本条规定的是第二审人民法院对第一审判决审理后的处理，相比原法新增了第二款，内容涉及二审法院对于经发回重审后又上诉、抗诉案件的处理。

原《刑事诉讼法》中这条规定源于1979年《刑事诉讼法》第136条，1996年修改时只字未改。根据原《刑事诉讼法》，第二审法院对上诉、抗诉案件经过审理之后，有三种处理方式：第一，裁定驳回上诉或者抗诉，维持原判。第二，改判。适用于两种情形，一是一审认定事实和证据运用没有错误，仅是适用法律有错误或者量刑不当的；二是一审事实不清或者证据不足，但经二审查清事实后改判的；第三，裁定撤销原判，发回原审人民法院重新审判。其中发回重审适用于两种情形，一是对原判事实不清、证据不足的，规定为"可以"发回重审；二是对一审违反法定诉讼程序，可能影响公正审判的，规定为"应当"发回重审。此次本条修改针对的是发回重审的第一种情形，即因事实不清、证据不足的发回重审。

原《刑事诉讼法》此条立法初衷是尽可能查明案件事实真相，维护案件的实体公正，但该规定明显存在以下问题：

第一，没有限制发回重审的次数，致使该规定在司法实践中引发了诸多问题。据最高人民法院 2008 年和 2009 年《全国法院司法统计公报》统计，分别有 7.7%、7.8% 的刑事二审案件被发回重审，其中绝大部分案件都是因为事实不清或者证据不足而发回的。发回重审没有次数的限制，导致有的案件被以事实不清、证据不足为由多次发回，引发重复追诉、重复审判、超期羁押等后果。

第二，相比原《刑事诉讼法》第 163 条关于第一审审理后的处理，二审没有规定对于证据不足、指控的犯罪不能成立时应当作出无罪判决。在理论上，因证据不足而发回重审的规定有违背"未经人民法院依法判决，对任何人都不得确定有罪"原则的嫌疑。根据该原则，证明责任主体的证明活动无法达到法定的证明标准，法官就应作出无罪判决。此外，证据不足的发回重审与第一审法院对事实不清、证据不足作出证据不足的无罪判决的规定不统一。根据原《刑事诉讼法》规定，第二审法院采取撤销原判、发回重审的方式处理事实不清、证据不足的案件，而不是像第一审法院，依照未经人民法院依法判决，不得确定有罪原则直接判决无罪，可见第二审法院不需要遵循"未经人民法院依法判决，对任何人都不得确定有罪"原则，而是继续沿用 1996 年修改《刑事诉讼法》之前的"疑罪从有"或者"疑罪从挂"的错误做法。对于相同的情况，第一审法院与第二审法院采取了完全不同的处理方式，违背了法制的统一性原则。考查其他国家的刑事诉讼法中二审之后的处理，未发现有基于事实不清或者证据不足的发回重审，只有在一审法院违反法定诉讼程序时才会规定发回重审。如在德国，第二审上诉法院经过审理，认为一审法院存在案件管辖上的错误，则通过判决形式撤销一审判决，指定将案件移送给有管辖权的法院进行审理。❶

近年来，司法机关通过发布规范性文件，对此作了一定程度的限制。

---

❶ 宋英辉、孙长永、刘新魁，等：《外国刑事诉讼法》，法律出版社 2006 年版，第 422－423 页。

2003 年 11 月 12 日发布的《最高人民法院、最高人民检察院、公安部关于严格执行刑事诉讼法，切实纠防超期羁押的通知》第 4 条规定："第二审人民法院经过审理，对于事实不清或者证据不足的案件，只能一次裁定撤销原判、发回原审人民法院重新审判；对于经过查证，只有部分犯罪事实清楚、证据充分的案件，只就该部分罪行进行认定和宣判；对于查证以后，仍然事实不清或者证据不足的案件，要依法作出证据不足、指控的犯罪不能成立的无罪判决，不得拖延不决，迟迟不判。"2010 年 12 月 28 日公布实施的《最高人民法院关于规范上下级人民法院审判业务关系的若干意见》第 6 条规定："第一审人民法院已经查清事实的案件，第二审人民法院原则上不得以事实不清、证据不足为由发回重审。第二审人民法院作出发回重审裁定时，应当在裁定书中详细阐明发回重审的理由及法律依据。"第 7 条规定："第二审人民法院因原审判决事实不清、证据不足将案件发回重审的，原则上只能发回重审一次。"这两份文件的相关内容传达了以下信息：因事实不清或者证据不足的发回重审只能发回一次；二审增加了疑罪从无的无罪判决；二审不得借口事实不清将案件发回重审以规避上诉不加刑原则。

上述基础上，在此次修正案一稿中，本条增加了一款"原审人民法院对于依照前款第三项规定发回重新审判的案件作出判决后，被告人提出上诉或者人民检察院提出抗诉的，第二审人民法院应当依法作出判决"。显然，此款规定中的"判决"，是指二审法院经过审理后，实事求是，对于该判有罪的则作有罪判决，对于该判无罪的或者仍然事实不清、证据不足，指控的犯罪依然不能成立的，则作出无罪判决。这一补充规定是立法的巨大完善。此外，这一规定限制发回重审次数的意思也非常明显，据此可以推导出二审只能发回重审一次的结论。

新《刑事诉讼法》在此款后面加了四个字"或者裁定"。从种类上说，二审的裁定既包括维持原判的裁定，也包括发回重审的裁定。应当说，新《刑事诉讼法》此处增加"裁定"这种处理方式是必要的。因为凡二审发回重审的案件重新实行两审终审制，再次上诉或者抗诉后，二审法院除可以依法作出判决以外，还可以作出维持原判的处理，这种处理需要作出裁定。但如果此处的裁定可以理解为发回重审的裁定，则终点又回到了起点，发回重审没有次数限制的怪圈依然存在。因此，此处的"裁定"应仅指维持原判的裁定。为将立法修改的精神落到实处，本条又增加规定"不得再发回原审人民法院重新审判"，以此禁止作出发回重审的裁定。

本条是二审程序修改的重要内容之一，值得肯定。既体现对公正价值的追求，又兼顾诉讼效率和人权保障。需要指出的是，本条和新《刑事诉讼法》第226条中新增的"第二审人民法院发回原审人民法院重新审判的案件，除有新的犯罪事实，人民检察院补充起诉的以外，原审人民法院也不得加重被告人的刑罚"规定相互配合，共同限制了二审以发回重审为手段的变相加刑问题。❶

四、改革刑事二审发回重审制度

2003年12月1日，最高人民法院发布的《关于推行十项制度，切实防止产生新的超期羁押的通知》第5条规定："建立严格的案件发回重审制度……第二审人民法院经过审理，对于原判决事实不清楚或者证据不足的案件，只能裁定撤销原判、发回原审人民法院重新审判一次，严格禁止多次发回重审。"上述规定是值得肯定的，笔者认为，改革我国的刑事二审发回重审制度至少应从以下方面着手：

首先，废除基于事实不清或证据不足的发回重审制度。换言之，二审法院对于事实不清或证据不足的案件，可以查清后依法改判，也可以作出证据不足、指控的犯罪不能成立的无罪判决，但不得以"事实不清或证据不足"为由撤销原判、发回重审。这实际上也是二审程序中疑罪从无原则的要求。

其次，在取消基于事实不清、证据不足的发回重审时，还应增加规定

---

❶ 陈光中主编：《中华人民共和国刑事诉讼法修改条文释义与点评》，人民法院出版社2012年版，第315－317页。

两种应当发回重审的理由：第一，在上诉、抗诉中提出新证据并可能影响原判判决的，第二审人民法院应当撤销原判、发回原审人民法院重审。在两审终审制下，必须充分发挥第二审人民法院发现案件事实真相的职能。为此，应当允许在第二审程序中提出新证据。当新证据足以影响判决结论时，二审法院应当将案件发回原审人民法院重审，以维护被告人的审级利益。当然，为了保证诉讼公正和效率，二审法官对于新证据的采纳应该谨慎掌握。为此，可以借鉴英国的做法。在英国，上诉法院对允许上诉人在上诉时举出新的证据是非常谨慎的，依据英国 1995 年《刑事上诉法》第 23 条第 1 款的规定，上诉法官裁量决定采纳新证据的最终标准是"为了公正的目的是否是有必要的或者有利的"，该条第 2 款规定，法官在实施裁量时应考虑以下因素：一是该证据在法院看来是否是可信的；二是该证据在法院看来是否可以给准许上诉提供任何根据；三是在产生上诉审的原审程序中未被采纳证据是否是上诉事项中的一个争论焦点；四是对未在原审程序中提出该证据是否有合理解释。第二，二审法院发现原审遗漏了罪行或者共同犯罪人，应当裁定撤销原判，发回重审。1993 年 4 月 16 日最高人民法院《关于判决宣告后又发现被判刑的犯罪分子的同种漏罪是否实行数罪并罚问题批复》规定，对于二审期间发现同种漏罪的，二审法院可依《刑事诉讼法》第 189 条第 3 项规定，裁定撤销原判，发回重审，且不实行数罪并罚。这种做法经实践证明是可行的，应在《刑事诉讼法》中明确予以规定。

　　第三，对于程序违法的发回重审制度，应作以下修改：一是在理由上增加规定：依照法律规定应当出庭作证的证人、鉴定人未出庭。建立证人、鉴定人出庭作证制度是我国当前刑事司法制度改革的重要内容。为了保障出庭作证制度得到切实有效的实施，必须确立未出庭作证的程序性制裁措施，即无论证人、鉴定人未出庭作证是否已经或者可能影响到案件的审理结果，只要是法律规定应当出庭作证的证人或者鉴定人未出庭的，都应当发回原审人民法院重审。二是基于程序违法的发回重审还必须征得当事人的同意。尽管基于程序违法的发回重审除保障当事人利益外，还有维护诉讼程序价值和功能的意义，但其核心价值乃在于维护当事人的审级利益。因此，当一审程序存在违法行为时，发回原审法院重审还是由二审法院自行审判，被告人有选择权。如果其愿意牺牲程序上的利益来换取实体权益的快速处理，愿意由二审法院对案件直接处理，应尊重当事人的选择，不应再把案件发回原审法院重新审理。

第四，明确规定发回重审既可以发回原审人民法院重审，也可以指定其他同级人民法院重新审判。需要说明的是，《解释》第 270 条规定："最高人民法院复核在法定刑以下判处刑罚的案件，予以核准的，作出核准裁定书；不予核准的，应当撤销原判决、裁定，发回原审人民法院重新审判或者指定其他下级人民法院重新审判。"也就是说，在法定刑以下判处刑罚核准程序的发回重审制度中，除发回原审人民法院重审外，还可以指定其他下级人民法院重新审理。在刑事二审发回重审中，可以借鉴这一规定，以保证重审程序的公正性。

最后，对于发回重审案件，可以建立"三审终审"制度，即对于发回重审的案件，如当事人对于重审的裁判仍然不满，可以再次提出上诉，如对于第二审法院的裁判仍然不服，还可以再次提出上诉。❶ 由于历史的原因，我国无论是民事诉讼、行政诉讼还是刑事诉讼，在审级制度上，均采用了两审终审制。但是，随着社会的发展和对刑事诉讼程序正义的要求，两审终审制度越来越难以适应社会经济的发展，越来越难以保障案件的客观公正、越来越难以保障当事人特别是刑事案件被告人的诉讼权利，不利于建设公正、高效、权威的社会主义司法制度。但是在当前的历史背景下，要求全部案件都做到三审终审，显然也是不现实的。为此，可以考虑小部分案件实行三审终审。由于发回重审大多为疑难、复杂案件，对其实行三审终审不仅有利于案件的客观公正，也有助于为将来全面实施"三审终审"提供基础和准备。

此外，关于刑事二审发回重审的次数，最高人民法院在其发布《关于推行十项制度，切实防止产生新的超期羁押的通知》中予以了明确规定，即只限于一次。也应明确刑事二审发回重审仅限于一次。

---

❶ 陈卫东、李奋飞："刑事二审'发回重审'制度之重构"，载《法学研究》2004 年第 1 期。

第六章　刑事二审中的人民检察院

一、检察官出席二审法庭的任务和程序依据

（一）检察官出席二审法庭的任务

我国实行两审终审制，第二审是普通审判程序中重要的诉讼阶段。刑事第二审的目的，是在对第一审裁判进行全面审理的基础上，维持一审正确的裁判，撤销并纠正一审错误的裁判，以保障国家法律的正确实施，维护法律的权威和尊严，最终完成刑法和刑事诉讼法所担负的任务。所以，从检察机关的角度来说，与一审公诉职能相比较，刑事二审程序的本质，表现为对错误司法活动的纠正，并在此基础上对当事人合法权益进行救济。在这一意义上，可以说刑事二审中检察官诉讼活动的本质在于监督。❶

检察机关在办理二审案件过程中，其审理对象与第一审程序在对刑事案件的客观真实情况的审查方面是相同的。因为在刑事诉讼中，检察机关、被告方争议的基本问题是刑事案件的真实情况，因此无论在一审还是二审诉讼程序中，刑事案件的真实情况始终都是审理案件需要解决的根本问题。

相应地，刑事第二审检察官的任务，是通过参与上诉、抗诉案件的法庭审理，对第一审人民法院作出的刑事判决或裁定所认定的事实、适用法

---

❶ 项明：《刑事二审程序难题与应对》，法律出版社 2008 年版，第 185 页。

律以及诉讼程序是否正确、合法进行全面审查，依法维护正确的判决或者裁定，建议纠正错误的判决或裁定，促使犯罪的人认罪服法，保障无罪的人不受刑事追究，使刑事案件得到正确处理，从而保证刑法和刑事诉讼法得到正确实行。同时，通过二审诉讼活动，监督第一审审判机关、公诉机关的审判和公诉工作。

（二）检察官出席二审法庭的程序依据

刑事诉讼法中对刑事二审开庭程序没有作出明确的规定，只是在《刑事诉讼法》第 195 条指出："第二审人民法院审判上诉案件或者抗诉案件的程序，除本章已有规定的以外，参照第一审程序的规定进行。"尽管根据全面审查的原则，我国刑事二审实行"复审制"，基本要求是重新审判案件的事实证据、法律适用等全部内容，即进行所谓的"第二次一审"。❶ 但这并不意味着需要全盘照搬一审程序，完整地重演一遍，刑诉法上也仅规定"参照"而非完全适用，允许对二审程序作适当变通。由二审程序的本质任务、审查对象等决定，在确保程序公正合法的前提下，二审可以简略一审中的某些环节，集中力量重点审查控辩争议的问题，以更好地发挥其纠错、救济和统一法律适用的功能。与一审公诉人按照完备程序进行的诉讼活动，例如全面示证、质证等不同，二审出庭检察人员的诉讼行为，需根据二审"简化审"的特征作出相应调整。比如，在二审的法庭调查阶段，出庭检察人员与原审被告人（或上诉人）两方无须进行全面举证，对一审已出示、质证过且双方没有争议的证据，不必再在二审法庭上逐一举证、质证，诉讼双方只需针对争论点、焦点问题组织证据进行论证说明，或是对确有争议的证据、新收集的证据展开示证、质证。这样既符合诉讼经济原则，又能强化法庭调查主题，产生事半功倍的效果。又如法庭辩论，与一审要求全面查明有关事实不同，二审重在审查双方争辩的焦点，因此庭审上诉讼双方需有侧重、有针对地围绕上诉或抗诉理由展开重点论证和争辩。具体对二审出庭的检察员而言，其在庭审调查

---

❶ 项明：《刑事二审程序难题与应对》，法律出版社 2008 年版，第 185 页。

和辩论中的主要任务就是，着重围绕抗诉、上诉理由重点举证、质证、答辩，翔实深入地阐明和论证抗诉理由及其依据，或是对上诉理由充分发表意见并阐述根据。❶

二、检察人员出席二审法庭的法律地位

《刑事诉讼法》第 188 条规定："人民检察院提出抗诉的案件或者第二审人民法院开庭审理的公诉案件，同级人民检察院都应当派员出庭。"对于出席二审法庭的检察员的法律地位和任务是什么的问题，在我国法学理论界和司法实践中看法不尽相同，归纳起来，主要有四种观点：

第一种观点认为，不论是一审案件还是二审案件，只要是公诉案件，检察员出庭，都要以国家公诉人的身份出现，其任务：一是支持公诉，二是审判监督。即一种身份，双重任务。理由是：第一，从法律规定上看，《刑事诉讼法》第 153 条规定人民法院审判公诉案件，人民检察院应当派员出席法庭支持公诉。《人民检察院组织法》第 15 条规定："人民检察院提起公诉的案件，由检察长或者检察员以国家公诉人的身份出席法庭，支持公诉，并且监督审判活动是否合法。"这些规定对第二审程序也是适用的；第二，从案件性质上看，上诉或抗诉案件对一审判决而言均未发生法律效力，案件还需继续审理，因此支持公诉的任务就未完成。出席二审法庭与出席一审法庭的检察员任务是一致的，既要支持公诉，也要实行审判监督；第三，从实际情况上看，二审是对一审的全面审查，二审的判决是重新审理的结果，而不是在一审判决基础上进行的，在这种情况下，二审出庭的检察员要担负证实、揭露犯罪的职责，达到支持公诉的目的。

第二种观点认为，检察员出席二审法庭与出席一审法庭一样具有双重身份，即不仅是法律监督机关的代表，执行审判监督，同时还是公诉人，要继续支持公诉。其理由是：第一，我国实行两审终审制，二审是一审的继续，在二审过程中，当事人的诉讼地位没变，公诉人的公诉职能和审判

---

❶　项明：《刑事二审程序难题与应对》，法律出版社 2008 年版，第 185 页。

监督的身份也没有变;第二,从检察机关法律监督的职能看,案件一经公诉,检察机关就应承担起支持公诉和对审判活动是否合法进行监督的职责,这种职能直至终审裁判为止,不受审判阶段限制。

第三种观点认为,检察员出席二审法庭的法律地位的任务,应当因案而异。对于被告人上诉的案件,检察员出席二审法庭与出席一审法庭基本相同,既有继续支持公诉的任务,也有法律监督的职责。他的法律地位仍然是国家公诉人和法律监督机关的代表双重身份;对于抗诉案件,检察员的任务则是履行法律监督职责。他的法律地位仅是法律监督机关的代表。其理由是:上诉案件是由于被告人或者他的法定代理人等不服第一审判决,而向第二审法院提出上诉的案件,这种案件,虽然从第一审程序来看已经结束,但由于被告人的上诉,第一审所作的判决并未发生法律效力,根据我国实行两审终审的制度,整个案件的诉讼程序并未终结。而且被告人上诉,直接表现是不服第一审法院所作的判决,但也是对检察机关的公诉提出了辩解和异议。这样,检察机关所担负的公诉任务实际上并未完成,必须通过在第二审法庭上的活动继续完成公诉任务,同时监督审判活动是否合法。因此,在第二审法庭上审理上诉案件时,检察员的法律地位仍然是国家公诉人和法律监督机关的代表双重身份。而抗诉案件的情况与上诉案件则不相同,这种案件之所以进入第二审程序,是因为检察机关认为第一审法院所作的判决,在认定事实或者适用法律上确有错误而提出抗诉,在这种情况下,检察人员出席第二审法庭的工作对象、任务和工作性质均发生了变化。由于这种案件并不存在被告人对检察机关的指控提出异议的问题,检察员的任务及活动也不再针对被指控的一方,也就是说不再有公诉的任务,而只是在法庭上提出对第一审法院判决的抗诉意见,履行法律监督职责。因此,检察员在二审法庭审理抗诉案件时。当然只具有法律监督机关代表这一种身份。

第四种观点认为,检察员以国家法律监督机关代表的身份出席第二审法庭,任务不再是支持公诉,而是实行审判监督。[1] 通过对这一问题的研

---

[1] 项明:《刑事二审程序难题与应对》,法律出版社 2008 年版,第 183 页。

究和对上述观点的分析比较，笔者基本上同意这种观点。其理由是：

首先，二审案件的特点决定了检察员在二审法庭上的法律地位的变化，根据我国刑事诉讼法的规定，代表国家行使侦查权、检察权、审判权的公、检、法三机关和被告人、自诉人是刑事诉讼的主体。就第一审公诉案件而言，《刑事诉讼法》第136条规定："凡需要提起公诉的案件，一律由人民检察院审查决定。"第14条规定："人民检察院认为被告人的犯罪事实已经查清，证据确实、充分、依法应当追究刑事责任的，应当作出起诉决定书，按照审判管辖的规定，向人民法院提起公诉。"因此，人民检察院是提起公诉案件的唯一主体。而二审案件则不然，根据《刑事诉讼法》第180条规定："被告人、自诉人和他们的法定代理人，不服地方各级人民法院第一审的判决、裁定，有权用书状或口头向上一级人民法院上诉。"第181条规定："地方各级人民检察院认为本级人民法院第一审的判决，裁定确有错误的时候，应当向上一级人民法院提出抗诉。"所以，提起二审案件的主体是原审被告人或他们的法定代理人、自诉人和人民检察院。同时，二审法院审理的对象也发生了变化，一审法院审理的对象是人民检察院的起诉书，法庭围绕检察员对被告人罪行的控诉进行法庭调查、核对证据、进行辩论，以解决被告人是否犯罪、犯什么罪，是否追究刑事责任，追究什么样的刑事责任等问题，出庭的检察员是公诉人。而二审法院审理的对象则是一审法院所做的判决和裁定，合议庭围绕一审判决、裁定进行审理，以解决上诉或抗诉是否有理、原审的判决和裁定是否正确的问题。由于提起二审程序的主体不同，二审案件是针对一审判决或裁定的错误提起的诉讼，审判监督的主要内容是审查原审判决或裁定有无根据、是否合法、需不需要改变，出席二审法庭中的检察员的任务，是帮助法院审查原判对被告的控诉的认定和适用法律正确与否，而不是控诉被告人，因此，出席二审法庭的检察员与一审支持公诉的检察员的身份不同，不能以国家公诉人的身份而只能以国家法律监督机关代表的身份出席法庭行使审判监督的职能。❶

---

❶ 陈卫东：《刑事二审程序论》，中国方正出版社1997年版，第224页。

其次，检察员出席上诉案件的审判庭，其法律地位是法律监督者。人民检察院向人民法院提起公诉，出席一审法庭，对被告人的犯罪行为进行指控，就是为了达到追究其刑事责任的目的。一审法院通过对案件的审理，对犯罪的被告人作出了处以刑罚的判决，至此，公诉的任务完成，追究被告人刑事责任的目的便达到了。至于说刑罚是否随之付诸实现，是执行阶段的事情，不能因为刑罚暂未执行，就认为公诉的目的没有达到。如前所述，二审上诉程序成立与否，取决于被告人或他们的法定代理人是否上诉，从这个意义上讲，二审上诉案件实质是自诉案件，不是公诉案件，因为诉讼权利是属于个人的。同时，支持公诉是以提起公诉为前提的，由于出席二审法庭的检察长或者检察员没有提起公诉，也就谈不上什么"支持公诉"的问题。检察员出席上诉庭的任务有三：一是对上诉无理的案件、检察员要同被告人及其辩护人进行辩论，支持第一审人民法院的正确的判决和裁定；二是对上诉有理的案件、检察员要支持被告人有理的上诉，要求第二审法庭纠正第一审法庭的错误的判决和裁定；三是对法庭在审判过程中是否违法实行监督。对上诉无理的案件，尽管出席二审庭的检察员要同被告人和辩护人进行辩论，但这种辩论的目的是为了支持第一审法庭的正确的判决和裁定；对上诉有理的案件，出席二审庭的检察员与上诉人不是对立的，他只根据上诉所涉及的事实及原审定案的依据来秉公权衡一审判决的错误，正确处理案件。因此，无论哪种类型的上诉案件，出席二审庭的检察员都不能重复一审对被告犯罪的指控，以公诉人身份出现在法庭上，而只能以法律监督机关代表的身份去履行审判监督的任务。❶

再次，检察员出席抗诉案件的审判庭，其法律地位也是法律监督者。公诉权与抗诉权是人民检察院的不同职能，两者不能混为一谈。案件经立案、侦查、审查起诉后，凡应该起诉的案件，检察院必须向人民法院提起公诉，它是针对被告人犯罪，要求追究其刑事责任而进行的，是行使法律赋予的公诉权。公诉权只有在一审时行使，它所引起的只是人民法院的一审程序；而抗诉则不同，抗诉权是基于人民检察院对审判实行监督，使法

---

❶ 陈卫东：《刑事二审程序论》，中国方正出版社 1997 年版，第 224 页。

院正确适用法律而产生的，它发生在一审结束后。在上诉期内，人民检察院对其认为的确有错误的判决与裁定行使抗诉权，完成法律监督任务，它引起的是二审程序。支持抗诉与支持公诉也是两个不同的概念，所谓"支持公诉"是检察机关派员在一审法庭上支持自己提起的诉讼，是针对被告人的犯罪行为，目的在于追究被告人的刑事责任，而"支持抗诉"则是上级检察机关派员在二审法庭上支持下级检察机关提出的抗诉，是针对原审法院的判决或裁定的错误，目的在于纠正一审判决或裁定的错误，以便准确地适用法律。二审抗诉的提出虽然是与原审法院的同级人民检察院，但是法律规定原审法院的同级人民检察院不能出席二审庭，只能由二审法院的同级人民检察院派员出庭。刑事诉讼法第 185 条第二款规定："上级人民检察院如果认为抗诉不当，可以向同级人民法院撤回抗诉，并且通知下级人民检察院。"这就是说，上级人民检察院审查二审抗诉案件，有权作出撤回抗诉或出庭支持抗诉的决定，最终决定抗与不抗的权力不在原审法院的同级人民检察院，而在上级人民检察院。因此，出席二审抗诉庭的检察员并不是以提起二审案件诉讼主体的身份出现在法庭上，它的任务是支持抗诉而不是支持公诉。而且抗诉的提出，就是人民检察院对一审判决的审查结果，检察员出席二审抗诉庭，要论证这个审查结果。不论是认为有罪判无罪、重罪判轻罪导致适用法律不当的抗诉，还是认为无罪判有罪、轻罪判重罪或者严重违反诉讼程序而导致适用法律不当的抗诉，检察员的论证都是针对判决中的认定错误部分加以证明，而不是对案件事实通盘证明一遍，以说明被告的行为超过或低于判决所认定的程度，这种论证不同于一审的确认犯罪、给犯罪人以处罚的论证。因此，检察员出席二审抗诉法庭不是公诉人，而是国家法律监督机关的代表，其任务有二：一是提出抗诉和支持抗诉；二是对法庭在审判过程中是否违法实行监督。这都属于审判监督的范围。❶

　　总之，由于提起诉讼的主体不同、审理对象不同，检察员在一、二审两个不同的诉讼活动中的法律地位和任务也各不相同。在一审法庭上是公

---

　　❶　陈卫东：《刑事二审程序论》，中国方正出版社 1997 年版，第 223 页。

诉人，兼有支持公诉和审判监督的双重任务，而在二审法庭上，则只能是国家法律监督机关的代表，履行审判监督的任务。同样道理，出席监督审法庭的检察员也是国家法律监督机关的代表，履行审判监督的任务，即对人民检察院提出抗诉的案件，予以支持；对于人民法院提审或者再审的案件，就原审人民法院认定事实和适用法律是否正确发表意见；监督法院在审判过程中是否违法。

探讨检察人员出席第二审法庭的法律地位，是为了进一步探讨检察人员在第二审法庭上完成的任务属于什么性质的问题，并进而探讨这种任务在各种不同情况下具有怎样的特点，与出席第一审法庭时的具体任务有哪些差异等问题。应该说这才是这一问题的主要意义和最终归宿。❶

三、检察官出席二审法庭的准备程序

（一）二审出庭前审查活动

刑事诉讼法规定，刑事二审对原审案件实行全面审查，"第二审人民法院应当就第一审判决认定的事实和适用法律进行全面审查，不受上诉或者抗诉范围的限制"。"共同犯罪的案件只有部分被告人上诉的，应当就全案进行审查，一并处理。"根据这一要求，实践中检察人员在二审出庭前需进行相应的准备，主要是通过查阅第一审卷宗材料、提讯上诉人或原审被告人、复核主要证据等对案件进行全面审查。这使二审检察官能够在出庭前做好充分的准备，包括熟悉案情和证据情况，了解证人证言、被告人供述等证据材料是否发生变化，并深入分析与案件相关的法律、政策等问题，在此基础上拟定出席法庭提纲，为出庭工作做好铺垫。

实务中检察人员对二审案件实体性审查的主要内容包括：（1）第一审判决认定的事实是否清楚，证据是否确实、充分，证据之间有无矛盾；（2）第一审判决适用法律是否正确，量刑是否适当；（3）在侦查、起诉、第一审程序中，有无违反法律规定的诉讼程序的情形；（4）上诉、抗诉

---

❶ 陈卫东：《刑事二审程序论》，中国方正出版社1997年版，第224页。

中是否出现了新的事实和证据；（5）被告人供述和辩解的情况；（6）辩护人的辩护意见以及一审判决采纳的情况；（7）上诉理由是否正确和充分；（8）附带民事判决、裁定是否适当；（9）第一审人民法院合议庭、审判委员会讨论的意见等。主要工作步骤表现为阅卷、提讯上诉人和原审被告人、发现问题进行补充调查及在全面审查的基础上制作案件审查报告这四个环节。

1. 审阅案卷

《人民检察院刑事诉讼规则》第362条规定，"检察人员应当客观全面地审查原审案卷材料，不受上诉或者抗诉范围的限制"。对此，实务中应予强调的有两个问题：一是"全面审查"与重点审查的结合。检察人员在二审出庭前固然应全面地调阅、审查案卷材料，但仍需有所侧重，重点围绕抗诉或者上诉理由，审查原审判决认定案件、适用法律是否正确，证据是否确实、充分，量刑是否适当，审判活动是否合法。二是检察人员的"客观"立场。检察人员在阅卷过程中，需要摒弃由原审公诉意见和判决产生的偏见，以纠正审判错误、维护司法公正为目标，立足事实证据和法律、刑事政策等，实事求是地筛检、审查可能的事实不明、证据模糊、量刑不当等错误，维护包括上诉人或原审被告人在内的当事人合法权益。根据《最高人民法院、最高人民检察院关于死刑第二审案件开庭审理若干问题的规定（试行）》第8条规定，检察人员在审查案件卷宗时，进行下列工作：讯问被告人，听取被告人的上诉理由或辩解；必要时听取辩护人的意见；核查主要证据，必要时讯问证人；对鉴定结论有疑问的，可以重新鉴定或者补充鉴定等。由此可见，检察机关对办理死刑二审案件的客观审慎，尽管上述规定仅适用于死刑第二审案件的开庭审理工作，但仍应推定它对于检察人员出庭的其他二审案件，有着指导意义与适用余地。❶

2. 提讯上诉人或原审被告人

提讯上诉人、原审被告人的工作是审查二审案件过程中一个很重要的

---

❶ 项明：《刑事二审程序难题与应对》，法律出版社2008年版，第185页。

环节。因为在办理二审案件中，除了复核现有的书面案件材料外，最直接地了解案件真实情况的途径就是提讯上诉人或原审被告人。通过正面接触上诉人或原审被告人，有利于检察人员更清楚地了解案件情况以及通过上诉人或原审被告人在提讯时的表现发现问题。因为上诉人或原审被告人对自己是否实施了犯罪行为及如何实施犯罪行为最为清楚，因此，讯问上诉人或原审被告人对复核证据，查明案件真实情况，有着重要的作用。

提讯工作需要讲究策略、技巧。讯问的主要目的是为了取得上诉人或原审被告人的口供，把案件的情况彻底查清。由于上诉人或原审被告人与案件的处理结果有着直接的利害关系，所以他们的口供存在着虚假供述的可能性。因此，检察人员一方面要重视口供的作用，另一方面又不能轻信口供，要注意将口供的内容与案件中的其他证据进行综合分析以得出正确的结论。为使提讯工作取得预期效果，检察人员在提讯之前应当将案件的全部卷宗材料审阅完毕，将案中可能存在的问题和疑点罗列出来，并在讯问前及时了解和研究上诉人或原审被告人的心理、基本情况及个人特点，以便有针对性地讯问，找到案件的突破口，使讯问能够有计划、有目的、有步骤地进行。在讯问中，应当结合阅卷中所遇到的问题及上诉人的上诉理由进行重点讯问。总体上，讯问应当重点查明下列情况：（1）上诉人或原审被告人对原审判决认定事实、运用证据以及适用法律的意见；（2）上诉人上诉的理由或者对抗诉书的意见；（3）有无新的事实或证据；（4）对原审程序的意见；（5）案件事实、证据以及法律适用中存在的重点问题；（6）有无新的证据向司法机关提供；（7）有无坦白、检举、揭发。

3. 复核证据、补充调查

检察人员在审阅案卷或提讯工作中，如果发现案件事实或证据可能存在问题或疑点，必须进一步展开证据复核或相关调查工作。复核证据可以通过核查现有案卷材料、实物证据进行，必要时办案人员可以到犯罪发生地、被告人居住地等进行核实。如果在复核证据，或者之前的阅卷、提讯步骤中发现新问题，如存在遗漏罪行、遗漏同案犯、遗漏量刑证据的；间接证据比较单薄，证据之间存在矛盾，不能形成完整的证据链的；原审被告人检举、揭发他人犯罪行为的等，办案人员应当进行补充调查。这类信息的来源大致包括以下情况：被告人的上诉理由或辩解；被害人提供的情况；被告人或其他人的检举揭发等。补充调查是办案人员全面认识案件真实情况的重要步骤。它有利于完善证据架构，增强指控犯罪的力度，还有利于揭发和证实其他犯罪。实践中，检察机关既可以自行侦查补充，也可以就相关证据的收集提出补充侦查意见，要求侦查机关进行所需证据的调取工作。

4. 制作案件审查报告

在审查案件的全部卷宗材料和提讯上诉人或原审被告人的工作以及复核证据或相关补充调查工作全部完成之后，检察人员要就审查情况形成意见并制作案件审查报告。案件审查报告是二审检察人员对案件全面审查后，对案件事实、证据、适用法律所进行的客观、真实记录，是对存在问题进行分析论证，提出处理意见所形成的书面材料。应当说，案件审查报告是二审检察人员对案件全部事实及证据归纳之后所作出的对案件的处理意见。

案件审查意见应当包括下列主要内容：一是记载"上诉人基本情况、被采取强制措施的情况、诉讼过程、一审法院判决情况"，"上诉理由及一审辩护人的辩护意见、一审检察机关对一审法院判决的意见"，"案件的侦破情况及上诉人或原审被告人到案的经过"等案件基本情况。二是归纳说明经审查后认定的案件事实及证据情况，采取一事一证的方法。在引用证据时，应当按照证据种类进行排列，注明证据的出处及证据在预审卷宗中的位置（×卷×页），在排列证据时可以对证据进行分析。三是提出审查中发现的问题，主要对案件在事实上、证据间存在的问题进行说明。四是形成对案件的"审查意见"。检察人员应当对抗诉理由是否正确充分、上诉人的上诉理由或辩护人的辩护意见是否成立发表意见，并结合案情及证据情况进行有针对性的论述，还应当就发现的问题提出个人的处理意见。审查意见是二审案件审查报告的重要部分，应予重点论证。

除以上步骤外，检察人员在出席二审法庭之前，还需拟定出庭预案，包括讯问、询问、答辩提纲，举证、质证方案和出庭意见书等，在此不复赘述。

(二) 二审出庭前阅卷期限

现行法律对于检察机关办理上诉或抗诉的二审案件，没有规定独立的审查程序和期限。《刑事诉讼法》只是在第 188 条规定，对抗诉案件或法院决定开庭审理的上诉案件，"第二审人民法院必须在开庭十日以前通知人民检察院查阅案卷。"1998 年《最高人民法院关于执行〈中华人民共和国刑事诉讼法〉若干问题的解释》第 267 条则规定，自通知的第二日起，检察机关查阅案卷超过 7 日后的期限，不计入第二审审理期限。2000 年最高人民法院《关于严格执行案件审理期限制度的若干规定》第 9 条更是明确规定：刑事案件二审期间，检察院查阅案卷超过 7 日后的时间，不计入人民法院对案件的审理期限。据此，最高人民法院通过发布司法解释，一方面将检察机关查阅一审案卷的时间限定为 7 日，另一方面将检察机关查阅一审案卷超过 7 日后的时间从第二审审理期限中扣除，以维护法院的办案时间。

由以上规定可知，二审检察官在庭审前实际只有七天的阅卷时间，这与司法实践中检察官阅卷工作的实际情况明显不符。对于需要对案件进行全面的实体审查并据以发表意见的二审检察官而言，七天的期限显然不够，客观上难以全面准确地掌握案情、证据等，即使出席法庭也不过是"走过场"而已，所谓办案质量更是无从保证。例如，对于某些疑难、重大、复杂的案件尤其是抗诉案件，检察人员需要认真查阅全部卷宗材料，按照《人民检察院刑事诉讼规则》的相关规定对原审被告人进行提讯、复核主要证据，并在此基础上形成对案件的书面审查意见即二审案件结案报告，然后制作讯问被告人、询问被害人、证人、鉴定人和出示、宣读、播放证据计划，拟写答辩提纲，形成二审出庭意见。同时，承办人还要严格依照最高人民检察院关于刑事案件办理流程的规定和本院的相关制度管理性规定开展工作，如对案件进行逐级汇报，对抗诉案件向检察委员会作专门报告等。如此工作量，试问短短的七天如何够用？如果按照目前所谓"十日"或者"七日"作为二审检察人员阅卷的法定期限，其结果只能有两种：一是受制于期限的制约，检察人员无法开展实质性的审查工作，出席二审法庭也只能流于形式；二是服从于保障二审办案质量的实际需要，突破上述期限，但这一突破却缺乏合法性的支持。❶

因此，我们建议立法上应尽快明确检察机关办理二审案件的法定期限，从而保障二审检察官的阅卷时间，使其能够全面地审查和熟悉案情，在二审法庭上更好地履行职责。

四、检察官参加二审法庭审理的程序

（一）刑事二审的法庭审理模式及现状

目前刑事诉讼法规定，第二审人民法院开庭审理上诉案件或者抗诉案件，参照第一审程序的规定进行。这一粗疏笼统的规定，导致实践中检法两家、法院内部对如何执行二审庭审规则都各不相同。实践中法院的做法不一，有的完全照搬一审程序；有的则是完全遵循旧法中的纠问式，法官掌握案件卷宗并主审，检察人员参与讯问和调查；有的采用两方控辩与法官纠问式调查相混合。在最高人民法院要求对全部死刑二审案件开庭审理之后，最高人民法院与最高人民检察院联合制定和发布了《关于死刑第二审案件开庭审理若干问题的规定（试行）》（以下简称《规定》）以后，二审案件开庭审理初步有了统一规则可予遵循，上述情况才有所改观。

我们认为，对二审庭审程序的规则设置，既要符合终局审判活动的科学、严谨要求，又要兼顾诉讼经济原则，体现出有别于一审完备模式的灵活性。二审程序需根据功能定位与特点，在确保程序公正合法的前提下，参照一审时作相应的简化与变通，以更好地发挥其纠错、救济和统一法律适用的功能。二审程序在参照执行一审程序时实行"简化审"与"重点审"，是一种妥当的模式。首先，二审并不比一审更具有发现事实真相的优势，它距离案件发生的时间距离更远，由此带来物证特征可能湮灭、证人记忆更加模糊等不利因素，即使完全按照一审程序，二审也难以承载全

---

❶ 项明：《刑事二审程序难题与应对》，法律出版社 2008 年版，第 186 页。

面发现真实的任务，相反只是事倍功半。因此查明事实的基础与中心在于一审，二审应更集中于发挥把关纠错的作用。其次，二审与一审的本质不同在于它的审查对象是一审的审判活动和判决，主要任务是审查和纠正一审错误，实现对被告人的权利救济和统一法律适用。如果二审像一审那样全部适用普通程序，就模糊了二审与一审的界限，淡化二审的审查重点，不利于争议问题的审查辨明，实质上不利于纠正司法错误和救济被告人权利。第三，从诉讼价值取向而言，二审的"完全一审式"背离了诉讼公正与效益的平衡，进行徒有形式的程序和多余的审查，不仅延长了诉讼周期，浪费人、财、物等司法资源，而且给诉讼参与人特别是被告人造成"讼累"，同时，二审裁判无法及时作出，也背离了程序正义的基本要求。第四，从实际情况来看，实践中二审受理案件大部分是案情事实清楚、证据确实充分的案件，重大、疑难、复杂案件只占一小部分。如果对二审案件开庭审理实行繁简分流，科学、合理地配置司法资源，将办案力量向重大、疑难、复杂案件倾斜，可以更有效地确保二审办案质量与效率。因此，二审开庭审理实行"简化审"与"重点审"结合的方式，有其必要性与合理性。所谓"简化审"与"重点审"结合，是指在二审开庭审理中，保持法官、检察人员、上诉人（或原审被告人）三方诉讼主体结构，在保障当事人法定诉讼权利的前提下，根据案件具体情况，适当简化和省略某些庭审环节，而重点围绕上诉、抗诉理由对争议焦点进行法庭审理。❶

《规定》的颁布实施，以及 2001 年最高人民检察院公布的《刑事抗诉案件出庭规则（试行）》也体现出"简化审"与"重点审"结合的精神。据此，实践中检察人员出席二审法庭，也应根据二审特点作适当的调整，以更好地履行职责。以下结合上述的司法解释，就检察人员参加二审庭审的各个阶段作具体说明。

---

❶ 项明：《刑事二审程序难题与应对》，法律出版社 2008 年版，第 186 页。

（二）二审检察官参加法庭审理的程序

1．宣读法律文书

审判长宣布开庭后，宣读原审判决书，也可只宣读案由、主要事实、证据和判决主文等判决书的主要内容。其后，上诉案件由上诉人或者辩护人先宣读上诉状或者陈述上诉理由，抗诉案件由检察人员先宣读抗诉书，并应当在宣读抗诉书后接着宣读支持抗诉意见书，引导法庭调查围绕抗诉重点进行；对于既有上诉又有抗诉的案件，先由检察人员宣读抗诉书，后由上诉人或者辩护人宣读上诉状或者陈述上诉理由。

2．讯问被告人

一审中检察人员的讯问方式是，先让被告人按照事件发生的先后顺序完整地陈述事实，然后再重点讯问。这是由于一审是对公诉案件进行基础性审查，需要全面查清所有与定罪量刑相关的事实、情节。二审与一审显著不同，它是由一定的上诉或抗诉事由启动，并着重审查这些事由，纠正一审中可能存在的错误。因为案件已经过一审审理，事实证据已全部公开，检察人员在二审法庭上，对于没有异议的事实没有必要再进行全面讯问，此时应改用单刀直入式的讯问。即不必由上诉人或原审被告人先陈述，直接由检察人员引导，围绕上诉、抗诉理由以及对原审判决认定事实有争议的部分进行有针对性的讯问。这既能直指争议的焦点，又能够明确法庭调查的思路，为下一步的法庭举证、质证做好铺垫。

3．示证与质证

二审的"全面审查"原则，并不要求检察员必须在法庭上进行全面举证。重新完整地演示一审认定的所有证据，包括询问证人、宣读书证、证人证言等笔录，播放视听资料等，不仅耗时耗力，无谓地加重法院、证人的"讼累"，而且徒有形式，实际上无助于法庭重点调查争议问题，反而容易冲淡庭审调查的主题，产生适得其反的效果。"两高"关于死刑案件开庭审理的规定明确指出，法庭调查的重点是对原审判决提出异议的事实、证据以及提交的新的证据等，对于诉讼双方没有异议的事实、证据和情节，可以不在庭审时调查；检察机关、被告人及其辩护人对原审判决采纳的证据没有异议的，可以不再举证和质证。言下之意，就是二审法庭调查应突出重点，审查一审判决中事实、证据认定的争议点和新的证据，其他的则可由庭下"书面审查"进行。这一法庭调查方式，不但并不违反全面审查原则，也更符合二审案件的实际情况。实践中大多数二审案件事实、证据情况并不复杂，一审已基本认定清楚，存在争议的可能只是量刑情节等内容，因此在法庭上对全案事实重来一遍大可不必，根据具体情况围绕争议展开重点的证据调查更为有效。

由于在刑事二审中，检察人员不像一审公诉人承担着完全翔实地指控、证实犯罪的职能，因此无须全面组织与犯罪构成要件和量刑要素等相关的所有证据，他任务的重心只是就争议问题展开举证说明，支持正确抗诉，反驳无理上诉。因此，二审中检察人员应变一审的"全面举证"为"重点举证"。具体而言，检察人员对于经过原审举证、质证并成为判决、裁定依据，而上诉人（原审被告人）并未声称异议的证据，可以提请法庭不必再逐一举证、质证；重点针对原审判决中一方提出异议的事实、证据、情节，进行详细调查、质证和论证；出庭检察人员对己方补充的新证据，承担宣读出示的责任，对上诉人或原审被告人提供的新证据及法院调取的新证据，检察人员应充分发表质证意见。❶"对于被告人或辩护人提供的新的证据，检察人员应从证据获取的方式、来源、证人与本案的利益关系等方面入手，结合己方证据进行重点质证，从而查明证据的合法性、客观性和关联性"❷。

4. 法庭辩论

二审法庭辩论时，抗诉的案件由检察人员先发言，上诉的案件由上诉人、辩护人先发言，既有上诉又有抗诉的案件，由检察人员先发言，并依次进行辩论。与二审法庭调查类似，出庭检察人员在二审辩论中，应作简化处理，省略去不必要的唇舌之争，而作有针对的重点论辩。检察人员不必为指控罪名成立、建议刑罚正确而进行全面论证，而只需揭露和辩明上

---

❶ 项明：《刑事二审程序难题与应对》，法律出版社 2008 年版，第 188 页。

❷ 同上注，第 187 页。

诉人上诉理由中存在的错误、虚假、不合理等，加以驳斥，维护原审的正确判决；或者主张、证明抗诉理由的正确性、合理性，指出原审判决中的错误，要求对原审被告人正确定罪量刑。因此，检察人员在辩论过程中，不论是发表己方意见还是答辩对方都应抓住争议的问题展开重点论证。例如上诉人仅就量刑过重提起上诉，对一审法院认定的事实并无争议，进入法庭辩论阶段后，检察人员完全不必再大费周章地对犯罪构成的要件事实进行论述，而是要集中力量具体说明根据量刑情节与相关法律，原审确定刑罚的适当与否。在之前法庭调查和辩论的基础上，出庭检察人员需要发表出庭意见。抗诉的案件，法庭调查结束，开始法庭辩论时，检察人员应当首先发表支持抗诉的意见，这主要是概括原审判决认定的事实、证据及当庭质证的情况，论证原审判决是否认定事实清楚、证据确实充分以及论证原审判决适用法律是否正确，量刑是否适当，并在此基础上明确阐明支持抗诉的意见。然后，对于原审被告人、辩护人提出的观点，认为需要答辩的，应当在法庭上运用事实、证据、法律等有重点、有层次地予以答辩。上诉的案件，由上诉人、辩护人先发言，检察人员发表出庭意见。检察人员要围绕上诉人的上诉意见，对事实证据或定罪、量刑等方面的争议问题，充分阐明观点和事实、法律依据。由于检察人员发表出庭意见的问题相对较为复杂，因此在下面单列出来作详细说明。

5. 发表出庭意见

首先，这涉及撰写出庭意见书的问题。《二审出庭意见书》是二审检察人员出庭履行其职务的一份最重要的法律文书，与一审出庭的公诉意见有着明显的区别。它是对一审判决认定事实、证据、量刑及审判程序的审查意见，也包括对上诉人的上诉理由是否正确的审查意见。意见书要对一审判决认定的上诉人的犯罪事实及采信证据的情况进行评价，同时对一审判决对案件定性是否准确，量刑是否适当，审判程序是否合法进行评价，并应当引用法律规定、法学理论及结合司法解释进行说明。对上诉人的上诉理由需进行有针对性的分析，对上诉人的上诉理由是否成立用案中的证据进行说明，且注意重点突出，切忌面面俱到而无重点，说服力不强。

其次，当前检察人员当庭发表意见存在的问题。目前二审出庭实践中，检察人员在发表意见时往往对案件证据论证不足，甚至以"证据确实、充分"一语带过。对证据的分析论证不足，导致检察人员所发表的意见缺乏足够的证明与说服力。因此，检察人员需加强对证据的运用、分析和论证，为所发表的意见提供事实和说理支持。另外，在最终意见的发表上，出庭检察员还应根据庭审中新出现的证据、辩论观点等情势变化，对预拟的出庭意见及时作出调整，以增强所发表意见的针对性和说服力。

第三，检察人员如何发表不同情形出庭意见的问题。《刑事诉讼法》第189条对于二审案件的终局处理规定了驳回上诉或抗诉维持原判、改判或者发回重审三种情形。相应地，出庭的二审检察员也应区分不同情形发表以下三种审查意见：一是对案件事实清楚、证据确实、充分，量刑适当且审判程序合法的上诉案件，应当明确发表驳回上诉、维持原判的意见；二是原判决认定事实没有错误但适用法律错误，或者量刑不当的，应当发表改判意见；三是对一审判决认定事实不清或者证据不足的，或是在程序上存在《刑事诉讼法》第191条所规定的严重违法情形的，应当发表发回重审的意见。

上述三种情形的意见源自于法律的规定，并应严格执行。但在实践中，由于控诉与监督角色上的两难，疑案从无与从宽处断上的两难，使得检察机关在决定出庭意见时往往面临左右两难的尴尬境地。实际上，这涉及指控证据证明标准的把握、涉及保障人权与保护社会的价值取向等问题。例如，经审查一审判决所认定的事实、证据以及定罪量刑本无错误，而且立足于继续履行公诉职能，甚至从控方的角度、从内心确信的角度可以断定犯罪行为是上诉人所为，但有时因为被告人翻供、证人翻证或者其他情形出现，使得定罪证据显得单薄。这种情况导致检察机关难以明确提出维持原判的意见，当然，由于职能所限也"难以"或者"不便"明确提出改判或者发回重审的意见。所以我们认为，可以尝试发表第四种情形的意见，即在对案件事实、证据等方面客观分析、评价并据实指出案件存在的各种问题的基础上，发表要求二审法院公正处理的意见。公正处理是一种相对中性的意见，既体现了检察机关对案件的基本态度，也兼顾了提请法院充分注意案件中存在的问题，同时也体现了对法院自由裁量的尊重。

6. 听取上诉人或原审被告人的最后陈述

在法庭辩论结束后，上诉人或者原审被告人有最后陈述的权利，充分地向法院论述其观点和根据，以争取实现上诉的权利救济目的，或避免因检察机关的抗诉而遭到加重刑罚。由于二审审理活动具有终局性，所作裁判与原审被告人利害攸关，且二审程序旨在纠正一审错误、防止冤案错案发生，因此保障上诉人或原审被告人作最后陈述，是严格保证被告人诉讼权利和二审审判质量的体现。出庭检察人员作为法律监督者，应积极保障上诉人或原审被告人享有最后陈述的权利，并认真听取陈述的内容。

五、检察机关在第二审程序中的作用有弱化趋势

目前与二审开庭率偏低相关的问题是，检察机关对第二审程序的监督作用有弱化的趋势。检察机关依法只能参与占上诉案件总数很小部分的二审开庭审理的上诉、抗诉案件，但对大部分上诉案件因二审法院调查讯问审理而无法加入，因此不开庭审理的上诉案件成了法律监督的"盲区"。❶除因立法缺陷制约检察职能发挥外，从检察机关内部关系看，也有其自身的不足：

第一，没有相应的内设机构，投入力量明显不足。执行各种检察职能的业务机构是检察机关的主体。检察机关的业务机构设置，主要是根据其在第一审刑事诉讼程序不同阶段所履行的法定职能，设立如公诉、侦查等内设机构。对刑事第二审程序，检察机关没有设置专门部门参与。目前，

❶　刑事诉讼法修改以前，立法没有明确规定二审审理方式，司法实践中，普遍采用"书面审""调查讯问审"和"开庭审"，二审法院一般会根据上诉案件的具体情况，要求二审检察机关共同参与上述三种方式的审理。但刑事诉讼法修改后，立法将检察机关明确限制在参与开庭审理的上、抗诉案件中。我们也注意到高检院编写的检察人员岗位培训教材《中国检察业务教程》（中国检察出版社1999年版，第210页）中指出："对人民法院所采取的调查讯问方式的审理活动，人民检察院同样应当进行监督。"但问题是这种"监督"没有相应的制度和程序保障，不起任何作用。实践中，有的二审法院主动将经调查讯问审理作出的二审裁判文书提供给二审检察机关审查，但这仅是建立在检法相互配合的基础上，缺乏法律约束。

全国只有少数直辖市分院设置独立的二审检察部门，大多数州、市分院一般将二审检察职能划给公诉部门兼顾。由于公诉部门侧重于公诉指控职能，造成"重一审公诉，轻二审监督"的现象，将二审检察业务视为"副业"。❶

第二，法律定位模糊，导致观念偏差。检察官出席二审法庭审理究竟如何定位，长期以来争议不休，现有四种观点：一是法律监督机关代表；二是国家公诉人；三是公诉人兼法律监督机关代表；四是根据具体情况而定，在上诉审理中是公诉人，抗诉审理中是法律监督机关代表。❷ 上述争议，其实反映了检察机关应是"法律监督"还是"当事人化"的理论之争，如不澄清，将直接影响二审检察职能的正确履行。如实践中对二审检察官素有"第二辩护人"之称，即二审检察官对于上诉理由确实充分、原审判决确有错误的上诉案件，如果出席二审法庭同意上诉人及其辩护人的意见，就会成为"第二辩护人"。❸ 但有的怕当"第二辩护人"，甚至提出赋予检察机关（检察官）有不开庭审理的建议权。❹ 我们坚持检察官出席二审法庭审理，就是以法律监督机关代表的身份履行法律监督职责。纠正一审错误判决、维护被告人的合法权益，是二审检察官的法定义务，也是履行法律监督职责的具体体现。在这种情况下，二审检察官应该当"第二辩护人"。

第三，二审抗诉方向偏移，监督效果不够理想。当前实践中有两个倾向性问题，值得引起重视：一是普遍存在"抗轻不抗重"现象。目前，检察机关提出抗诉的绝大多数案件，是对被告人不利的，即认为一审判决重罪轻判；二审法院改判的绝大多数案件，却是被告人提出的上诉案件，是对被告人有利的。值得深思的是，一审公诉机关是二审抗诉程序的发动者，将抗诉视为其控诉职能的延续和工具，并不关注维护被告人的合法权益，抗诉往往带有明显的维护控方利益的倾向。在大陆法系的德国刑事诉

---

❶ 项明主编：《刑事二审程序难题与应对》，法律出版社 2008 年版，175 页。
❷ 龙宗智：《检察制度教程》，法律出版社 2002 年版，第 274 页。
❸ 同上注。
❹ 李莉安，丁忠发："上诉检察官应有不开庭审理建议权"，载《检察日报》2005 年 1 月 20 日。

讼中，同样遇到类似问题。德国的检察官负有客观公正的义务，德国的法学理论并未将检察官视为刑事诉讼中的一方"当事人"。但实践中，检察官的作用非常类似于更明确的当事人制度下的指控官员。比如检察官为了被告人的利益而提起上诉的情况就很少发生。正如德国学者指出："一旦作出起诉决定，德国的检察官将抛开他们的中立态度，尽力去赢得诉讼，甚至不亚于美国的检察官"❶。二是请求抗诉制度流于形式且收效甚微。被害人是刑事诉讼中人权保障的重要对象，刑事诉讼法修改时增加了被害人请求抗诉制度，以体现保障被告人与保障被害人并重的立法理念。但实践中，因被害人请求抗诉而提出的抗诉案件非常之少。有的检察官（公诉人）往往将被害人仅作为公诉的指控工具，以实现公诉指控要求，而并不真正帮助被害人实现实体权利和诉讼权利。当被害人向其提出抗诉请求时，又往往因指控目的已经实现，为维护控方"既得利益"而不同意启动抗诉程序。❷

　　由于刑事诉讼法对于刑事第二审程序规定较少原因，加之实践中法院对二审案件多采"讯问调查式"的审理方式，开庭审理的很少，实务上相关探索与积累不足，因此不论从立法或司法层面，刑事二审程序都有待进一步完善和规范。相应地，在检察实务中，检察人员出席刑事二审法庭也面临着做法不一、莫衷一是的窘境。随着刑事诉讼法的修改，刑事二审案件的开庭审理日益受到重视和关注。对检察机关而言，如何按照刑事诉讼法及司法解释的规定，在刑事二审开庭审理的案件特别是死刑二审案件中，出席法庭正确履行各项职能，确保办案质量，成为一个重大的实务课题。我们认为，探讨检察官出席刑事二审法庭程序，需要立足二审出庭检察工作与一审公诉间的区别，即二审检察官应针对二审的特点，在出庭工作重点、方式等方面作出适当调整，从而正确履行其法律职责。上文的内容也正是以此为出发点，穿梭于条文规范和二审检察实务之间作分析、论述，并希望本文的研究对检察官更好地在刑事二审程序中履行法律监督职

---

❶　[德]托马斯·魏根特：《德国刑事诉讼程序》，岳礼玲，温小洁，译，中国政法大学出版社，2004年版，第41页。

❷　项明主编：《刑事二审程序难题与应对》，法律出版社2008年版，175页。

责能够有所裨益。

六、新《刑事诉讼法》对人民检察院查阅案卷的规定及评析

（一）新、原《刑事诉讼法》对人民检察院查阅案卷规定的比较

新《刑事诉讼法》的规定：

第224条　人民检察院提出抗诉的案件或者第二审人民法院开庭审理的公诉案件，同级人民检察院都应当派员出席法庭。第二审人民法院应当在决定开庭审理后及时通知人民检察院查阅案卷。人民检察院应当在一个月以内查阅完毕。人民检察院查阅案卷的时间不计入审理期限。

原《刑事诉讼法》的规定：

第188条　人民检察院提出抗诉的案件或者第二审人民法院开庭审理的公诉案件，同级人民检察院都应当派员出庭。第二审人民法院必须在开庭十日以前通知人民检察院查阅案卷。

（二）新《刑事诉讼法》对人民检察院查阅案卷的规定的评析

本条规定的是人民检察院出席第二审程序的庭审以及庭前阅卷。本条主要是关于第二审审理期限中人民检察院查阅案卷期限的修改。修改内容如下：

修改了二审法院通知人民检察院查阅案卷的时间。1979年《刑事诉讼法》第135条规定："人民检察院提出抗诉的案件或者第二审人民法院要求人民检察院派员出庭的案件，同级人民检察院都应当派员出庭。第二审人民法院必须在开庭十日以前通知人民检察院查阅案卷。"原《刑事诉讼法》第188条规定："人民检察院提出抗诉的案件或者第二审人民法院开庭审理的公诉案件，同级人民检察院都应当派员出庭。第二审人民法院必须在开庭十日以前通知人民检察院查阅案卷。"这一规定将1979年《刑事诉讼法》中的"第二审人民法院要求人民检察院派员出庭的案件"改为了"第二审人民法院开庭审理的公诉案件"，内容更为合理。其余内

容则延续了 1979 年的规定。根据两法的规定，本内容有两个含义：第一，第二审人民法院给予同级人民检察院查阅案卷的时间不得少于十日，以二审开庭之日为计算点往前推算；第二，第二审人民法院的同级人民检察院查阅案卷的时间最短可能只有十天，十天后开庭即为合法。至于人民检察院查阅案卷的期间如何计算，两部法律都没有规定。此次修改后，将原来两部法律中的"开庭十日以前"改为了"决定开庭审理后及时……"。即"第二审人民法院应当在决定开庭审理后及时通知人民检察院查阅案卷"。这一修改为下面第二处修改内容留出了空间，即增加查阅案卷的时间。所谓"及时"，应当理解为在法律规定的第二审审理期限内，一旦决定开庭审理后，二审法院应当尽快通知同级人民检察院阅卷。

增加规定了人民检察院查阅案卷的时间。所谓"查阅案卷"，在以往的法律中并没有对其具体内容作出规定。1999 年的最高人民检察院《刑事诉讼规则》规定了出席第二审法庭的检察人员查阅案卷的具体程序和内容，其中第 361 条规定："对抗诉和上诉案件，与第二审人民法院相对应的人民检察院应当调取下级人民检察院的案卷材料。出席第二审法庭的检察人员在接到第二审人民法院查阅案卷通知后，应当到第二审人民法院查阅第一审人民法院的案卷。"第 362 条规定："检察人员应当客观全面地审查原审案卷材料，不受上诉或者抗诉范围的限制，重点审查原审判决认定案件事实、适用法律是否正确，证据是否确实、充分，量刑是否适当，审判活动是否合法，并应当审查下级人民检察院的抗诉书或者上诉人的上诉书，了解抗诉或者上诉的理由是否正确、充分。"第 363 条规定："检察人员在审查第一审案卷材料时，应当提讯原审被告人，复核主要证据。"上述司法解释可以归纳出以下内容：第一，查阅案卷的地点是第二审人民法院；第二，查阅的原则是全面审查，内容既包括事实认定、证据运用，也包括适用法律和量刑，不受上诉或者抗诉范围的限制，此外还要监督一审法院的审判活动是否合法以及下级检察院的抗诉理由是否正确；第三，讯问被告人是查阅案卷中的必经程序；第四，查阅案卷中可以做证据调查。

在第二审程序中，派员出席二审法庭的不是原审履行公诉职责的检察院，而是原审检察院的上一级检察院。在上诉或者抗诉提起之前，二审检察院不了解案情，为了保证二审出庭支持公诉的需要，必须要有足够的时间查阅案卷。可以想见，上述那么多内容和活动要在十天之内完成，勉为其难。尤其是对于重大、疑难、复杂的案件，延长阅卷期限的要求就更为迫切。因此，此次新《刑事诉讼法》将人民检察院查阅案卷的时间由最短十日改为最长一个月，这符合客观实践情况，是应对司法实践的需要。

增加规定了人民检察院查阅案卷的时间不计入审理期限。所谓二审审理期限，是指新《刑事诉讼法》第232条规定："第二审人民法院受理上诉、抗诉案件，应当在二个月以内审结。对于可能判处死刑的案件或者附带民事诉讼的案件，以及有本法第156条规定情形之一的，经省、自治区、直辖市高级人民法院批准或者决定，可以延长二个月；因特殊情况还需要延长的，报请最高人民法院批准。最高人民法院受理上诉、抗诉案件的审理期限，由最高人民法院决定。"计入或者不计入，是法定期间的计算问题。所谓不计入，指相关法定期限中不包括该期限，在法定期限基础上可以合法地顺延计算。人民检察院阅卷时间不同于二审的审理期限，不应计入审限。所谓"人民检察院查阅案卷的时间不计入审理期限"的意思就是，在上述第232条中，并不包括人民检察院查阅案卷的这最长为一个月的时间。凡是二审开庭审理的案件，其审理期限可以在第232条之外再加上这一个月的阅卷时间。

1979年和原《刑事诉讼法》中，都没有人民检察院查阅案卷的期间如何计算的规定。1998年最高人民法院《刑诉法解释》第267条规定："人民法院依法开庭审理第二审公诉案件，应当在开庭十日以前通知人民检察院查阅案卷。自通知后的第二日起，人民检察院查阅案卷超过七日后的期限，不计入第二审审理期限。"这条司法解释首次规定了第二审程序中人民检察院查阅案卷期间的计算问题。这个规定的中心意思是将检察院查阅案卷的时间与二审法院的审理时间加以区别。其内容有二：第一，人民检察院查阅案卷的时间一般应当是七天以内。在七天以内查阅完毕的，七天以内的时间计入二审审理期限；第二，如果七天内没有查阅完毕，则超过七天之后查阅案卷的时间不得计入二审审理期限。我们认为，原有法律将两个期限混为一谈是不科学的，最高人民法院意图将二审审理期限与阅卷期限加以区分有其合理性。但是这条司法解释存在的问题也非常突出：一方面，突破了原有法律的规定，改十天为七天，有司法解释超越立法之嫌；另一方面，作出了一个开放性的规定，不符合诉讼原理。期间制度是诉讼法中的重要制度之一，所谓期间，指从一个时间起始至另一个时间终止的时间段，期间应当是封闭的，意味着诉讼活动或者诉讼行为应当在这个时间段内完成，否则即为违法。对于法定期间不可以作出开放性的规定，因为开放性规定没有任何意义。纵观 1979 年、原《刑事诉讼法》和其后的司法解释，在人们印象中，只有这一处出现了开放式的期间规定，这是违背诉讼法的基本原理的。

新《刑事诉讼法》本条的规定，实际上取消了最高人民法院《刑诉法解释》第 267 条的相关规定，一方面，将检察院阅卷的时间与二审的审理期限严格区分，避免阅卷时间占用审理期限；另一方面，改开放式的规定为封闭式规定，明确了检察院阅卷的具体时间，更加科学和具有可操作性。

关于本条，还需要说明以下几个问题：

第一，本条中，"提出抗诉的人民检察院"，指与一审人民法院同级的人民检察院。根据本法规定，包括基层人民检察院，分、州、市人民检察院；省、自治区、直辖市人民检察院，但不包括最高人民检察院。其余四处出现的"人民检察院"一律指与第二审人民法院同级的人民检察院，也就是第一审人民法院的上一级人民检察院。根据本法规定，包括州、市人民检察院，省、自治区、直辖市人民检察院和最高人民检察院，但不包括基层人民检察院。

第二，根据本条规定，人民检察院参与第二审程序的方式是出席参加庭审，因此，依法不必开庭审理的（例如不服一审裁定而提出上诉的部分案件）以及第二审人民法院决定不开庭审理的案件，与本条规定无关。需要人民检察院出席庭审的，是开庭审理的案件。

第三，本条中规定的诉讼行为，无论是对于人民检察院还是对于人民法院，均为"应当"，即必须如此，不得自行裁量和决定。

适用中应当注意：根据新《刑事诉讼法》第 96 条，本条中的期限以及不计入的期限也都是对被告人的羁押期限。事实上，《刑事诉讼法》再次修正后，被告人在第二审程序中的合法羁押期限再次被极大地延长了。❶

---

❶ 陈光中主编：《中华人民共和国刑事诉讼法修改条文释义与点评》，人民法院出版社 2012 年版，第 311 – 314 页。

第七章　刑事二审中的律师辩护

一、二审案件中律师辩护的作用

根据刑事诉讼法和人民法院组织法的规定，人民法院审判刑事案件，实行两审终审制。法律规定第二审程序，旨在通过第一审人民法院作出的尚未发生法律效力的判决、裁定在认定事实或适用法律上进行全面审查，维护正确的一审判决、裁定，纠正错误的或者不当的一审判决和裁定，准确、及时地打击敌人、惩罚犯罪，保障无罪的人不受刑事追究。从这一目的出发，辩护律师参加第二审程序，具有重要的作用。

第一，配合人民法院搞清犯罪事实，准确认定犯罪性质，正确运用法律。犯罪是一种社会现象，由于社会现象的复杂性，刑事案件往往呈现出纷繁多样、千差万别的形态。审判人员如果不是认真、细致、耐心地去审查判断案情，或者主观片面，就极有可能对案件事实作出错误裁判。同样道理，如果审判人员对法律的理解不正确，应用法律不当，或者有法不依，也会作出非纵即冤的错误性判决、裁定。因而，基于案情的复杂性和司法人员认识的局限性，以及法律专业知识、办案经验不足等主客观原因，第一审人民法院的判决和裁定，在认定案件事实上，或者定罪量刑上发生差错是难免的。如果律师参加二审辩护工作，通过阅卷、会见被告人、调查访问等一系列活动，针对原审判决或裁定中的错误，从辩护的角度向二审人民法院提出，并协助二审人民法院查明案件真实情况，纠正原判决、裁定的错误，使地方各级人民法院第一审不正确的判决、裁定，在尚未发生法律效力以前得到纠正，就可以保证人民法院准确及时查明犯罪事实，正确应用法律，不枉不纵，为实现刑事诉讼法的任务发挥重要的作用。❶

第二，维护被告人的合法权益。辩护律师参加二审案件，从辩护的角度就原审人民法院的判决、裁定的错误之处，提出有利于被告人的材料和意见，有利于维护被告人的合法权益，实现被告人的辩护权。在二审过程中，辩护律师维护被告人的合法权益主要体现在：对原审人民法院在认定事实上证据不足的，辩护律师要提请第二审人民法院进一步查证核实，同时，辩护律师也可以作必要的亲证。对原审法院认定事实正确，但定性不准的案件，辩护律师应在已认定的犯罪事实的基础上，根据法律，结合犯罪人的主观与客观是否一致，行为与定性是否吻合，提出合乎实际的定性意见。对原审人民法院所认定的犯罪事实及其性质均无错误，但量刑欠当的案件，辩护律师应根据法律，结合被告人的犯罪情节、社会危害性、认罪态度、悔罪表现，有无法定从轻、减轻、免除刑罚等方面考虑，提出意见，取得对被告人恰当的处罚，体现罪行相适应的原则。对于原审人民法院在审判过程中，没有正确遵守刑事诉讼法规定的诉讼程序，致使被告人的合法权益受到限制或剥夺，提出纠正的意见，确保被告人的诉讼权利不受侵犯。

第三，有利于发挥辩护律师对审判工作的监督作用。辩护律师在辩护过程中，对于人民法院一审错误的判决、裁定及审判中的违法现象，通过代为上诉或者参加第二审审理，把意见反映上来，有利于上级人民法院及时发现和纠正错误裁判，指导下级法院改进和提高审判工作的质量，充分发挥辩护律师对审判工作的补充监督作用。

辩护律师参加二审刑事案件有两种情况，一是被告人或者被告人的近亲属征得被告人同意，不服地方各级人民法院第一审判决和裁定上诉后，委托律师进行辩护，也有的委托律师帮助提出上诉；二是地方各级人民检察院对本人民法院第一审的判决和裁定认为有错误时，提出抗诉后，由被

---

❶ 陈卫东：《刑事二审程序论》，中国方正出版社 1997 年版，第 234 页。

告人委托或经人民法院指定律师进行辩护。

二、辩护律师为被告提出上诉

刑事诉讼第二审程序，是以被告人的上诉和人民检察院的抗诉为前提条件的。我国《刑事诉讼法》第 180 条第三款规定："对被告人的上诉权，不得以任何借口加以剥夺。"同时法律还规定，辩护律师在征得被告人同意的前提下，可以提出上诉，帮助被告人行使上诉权，以便更好地维护被告人的合法权益。律师代为上诉，刑事诉讼法未加具体规定，在审判实践中需要认真研究和解决的主要问题有：

(一) 提起上诉的方式

上诉作为一种重要的诉讼行为，应当具备一定的作为方式。在律师代行上诉中，这里有两方面的内容，一是提起上诉的表达形式问题，即是书状上诉还是口头上诉问题；二是向哪一级人民法院提起上诉的问题。

关于书状上诉和口头上诉的问题。《刑事诉讼法》第 180 条第 1 款规定："被告人、自诉人和他们的法定代理人，不服地方各级人民法院第一审的判决、裁定，有权用书状或者口头向上一级人民法院上诉。被告人的辩护人和近亲属，经被告人同意，可以提出上诉。"这一法律规定中，明示了被告人、自诉人和他们的法定代理人可以用口头或书面方式上诉，没有说明律师提出上诉的方式。我们认为，辩护律师帮助被告人行使上诉权，提起上诉，应以书面形式为宜。因为律师不同于一般的当事人，他们是具有专业知识和技能的专门法律人员，具备书状上诉的能力，而且书状上诉能够把当事人的上诉理由充分完整地表述出来，既能提高上诉的效率，又便于二审人民法院全面考察上诉的理由，及时了解当事人的上诉意图，有利于维护被告人的合法权益。

关于通过哪一级法院提出上诉的问题。《刑事诉讼法》第 184 条规定：被告人、自诉人、附带民事诉讼的原告人和被告人既可以通过原审人民法院提出上诉，也可以直接向第二审人民法院提出上诉。对于辩护律师通过哪一级法院提出上诉，我们认为两种途径都可以，但一般情况下应以向原审法院提出上诉为宜。因为法律之所以规定了当事人上诉的两种途径，主要是考虑到一方面法制宣传的不普及和人们法律知识的欠缺，许多当事人不知道该如何上诉；另一方面由于司法工作中存在的某些缺点，使得有些当事人特别是被告人，对上诉往往有种种顾虑，有的担心原审法院说他认罪态度不好，有的担心原审法院扣押上诉状不给往上呈送，有的担心上诉理由会激怒原审判人员等，不一而足。这些顾虑和担心对于辩护律师来说是不存在的。他之所以参加诉讼就是为了给被告人提供法律帮助，维护被告人的合法权益。同时，辩护律师通过原审法院提出上诉，可以减少案件的移转程序。根据法律规定，通过原审人民法院提出上诉的，原审人民法院应当在三日以内将上诉状连同案卷、证据移送上一级人民法院，同时将上诉状副本送交同级人民检察院和对方当事人。如果直接向第二审人民法院提出上诉的，第二审人民法院应当在三日以内将上诉状交原审人民法院，原审人民法院应当在收到上诉状后，将上诉状副本送交同级人民检察院和对方当事人，并将原审的全部案卷、证据材料移送第二审人民法院审理。显然，直接向第二审人民法院上诉，多一道手续，增加了案件的移转程序。

(二) 提起上诉的期限

《刑事诉讼法》第 183 条规定："不服判决的上诉和抗诉的期限为十日，不服裁定的上诉和抗诉期限为五日，从接到判决书、裁定书的第二日起算。"这一规定适用二审程序中任何情况下的上诉和抗诉，无论当事人本人或其亲属，也无论是辩护律师或人民检察院，都必须遵守这一法定期限规定。

根据《刑事诉讼法》第 79 条关于"法定期间不包括路途上的时间，上诉状或者其他文件在期满前已经交邮的，不算过期。"的规定，辩护律师如果前往法院上诉，其住所或者工作地不在人民法院所在地的，应当扣除在路途中所需要的时间。辩护律师通过邮局寄送上诉状的，应以交邮时间为准，而不以法院收到的时间为准。只要交邮的时间是在上诉期间内的，虽然上诉状到达人民法院的时间超过了上诉期限，也不能认为是逾期。辨别是否在期满前交邮，一般以邮戳日期为标志。

《刑事诉讼法》第 80 条规定："当事人由于不能抗拒的原因或者有其他正当理由而耽误期限的，在障碍消除后五日以内，可以申请继续进行应当在期满以前完成的诉讼活动。"我们认为，这一规定应扩及到辩护律师代行上诉上。辩护律师经被告人同意，代行上诉是辩护律师的诉讼权利，应依法受到保护。如果由于不能抗拒的原因或者其他正当理由而耽误了上诉期限，可以在障碍消除后五日以内，向原审人民法院申请继续代行上诉。

（三）提起上诉的理由

辩护律师经被告人同意，可以为他上诉，在提出上诉时，应在上诉状中指出上诉的理由，以保障当事人的上诉权利。刑事诉讼法对上诉理由未作任何预先规定和限制，因此，辩护律师可以在他写的上诉状中阐述他所能找到的任何理由，对于被告人来说，上诉理由是否合法，是否充分，丝毫不影响第二审程序的开始进行。但是，辩护律师的职责要求他在进行辩护活动中以事实为根据，以法律为准绳，所以提出的上诉理由也必须做到确实和充分，维护被告人的合法权益。根据司法实践经验，尽管提出的上诉理由千差万别，甚至无奇不有，但归纳起来主要有以下几种：

原判决、裁定所认定的事实有错误。如果没有发生过的事情却予以认定，并非被告人所为的行为却认定是被告人所为，认定的事实主次颠倒，认定的事实与客观事实相比有明显的扩大或缩小，认定的事实与结论有重大出入，认定的事实是非不明、模棱两可、真假难辨，等等。

原判决或裁定所依据的证据不确实、不充分。如案中缺乏必要的证据，某些重要的证据没有收集，定案的证据缺乏必要的佐证材料，某些证据是伪造的、虚假的，定案的证据之间存在着无法解释的矛盾，或者认定的证据推不出案件的结论，以及发现了新的证据，等等。

原判决、裁定适用法律有错误。原判决、裁定对犯罪性质和罪名的确定违背法律规定，以致混淆和颠倒了罪与非罪、轻罪与重罪、一罪与数罪，此罪与彼罪的界线，影响了正确判决。

原判决、裁定量刑失当。原判决、裁定对依法有从轻、免除处罚的情节未加考虑，量刑过重，不符合罪刑相适应的原则。

原审诉讼过程中，违反法定诉讼程序。主要是指原审判人员在审判案件时，不遵守刑事诉讼法的规定，审判程序不合法，如在审判过程中有指供、诱供、逼供、骗供现象，应予回避的人员未予回避，限制或剥夺被告人的辩护权，审判活动未遵守法定期限，审判组织不合法，应予公开审理的案件却未公开审理，未给被告人最后陈述等，侵犯了被告依法享有的诉讼权利，影响了正确判决。❶

（四）提起上诉的效力

这里有两个问题，一是辩护律师代行上诉，上诉人是被告人，还是辩护律师？二是辩护律师代行上诉，在上诉期未满而被告人又自行上诉的情况下，辩护律师的上诉是否有效？

首先，关于辩护律师代行上诉的上诉人问题。被告人的辩护律师代行上诉的场合，其上诉人究竟是被告人本人还是辩护律师？刑事诉讼法对此没有明确规定，实践中的认识不一。我们认为，从《刑事诉讼法》第180条的规定来看，上诉人应当是辩护律师。因为"被告人同意"是一个条件状语，换句话说，如果征得了被告人同意，被告人的辩护律师就可以提出上诉。这里的律师上诉，是在被告人不上诉的情况下进行的，如果被告人提出了上诉，辩护律师就不是代行上诉的问题了，而应当是帮助上诉，既然不存在被告上诉，那么显然就是律师上诉的问题了，上诉的主体自然是律师而非被告人。另一方面，在代行上诉的情况下，上诉不仅是律师提出来的，上诉状是律师起草的，而且以什么理由上诉系由辩护律师自行决定，并不受被告人意志的约束。因此把被告人的辩护律师作为上诉人，是符合客观实际，实事求是的。

其次，关于辩护律师代行上诉的效力问题。在辩护律师已征得被告同

---

❶ 陈卫东：《刑事二审程序论》，中国方正出版社1997年版，第235页。

意提出上诉的情况下，只要上诉期未满被告人仍有权自行上诉，这一点似无疑问。但在被告人已提出上诉的场合，辩护律师是否还有必要提起上诉？其上诉是否有效？笔者认为，在被告人已由自己上诉的情况下，上诉权由被告人自行行使，无需他人再代行上诉，也因被告人的上诉而失去了法律效力。这时二审程序的提起就是由于被告人的上诉，而不是由于辩护律师的代行上诉。

（五）关于律师应否有独立的上诉权问题

在我国，辩护律师与其他一般辩护人一样仅具有从属性质的上诉权，对此理论界历来就存在异议。有的主张辩护律师应有独立的上诉权。主要基于：（1）辩护律师是独立的诉讼主体。他虽受被告人委托或由人民法院指定，但他毕竟不同于委托代理人，与被告人之间存在着一种完全的授权关系，他不是被告的代言人或从属者，而是站在国家和人民的立场上行使辩护职能的独立诉讼主体。他依法执行职务，不受任何单位、任何个人的意志的支配和干扰。作为行使独立诉讼职能的独立主体如果不赋予其独立的上诉权，既与其独立的主体资格相矛盾，也难以使他与执行控诉职能的主体即人民检察院行使抗诉权相适应，从而使辩护律师处于不利的诉讼地位。（2）赋予律师独立的上诉权是实现律师的任务的必要手段。律师是社会的专门法律工作者，其任务是：对国家机关、企事业单位、社会团体和公民提供法律帮助，以维护法律正确实施，维护国家、集体的利益和公民的合法权益。为此，律师依法具有十分广泛的诉讼权利。应该承认，我国律师队伍的素质相对说来是比较高的，一般都具有系统的法律专业知识，再凭借其丰富的诉讼实践经验，都能够比较准确地认定一审裁判是否有错误。当他们认为一审裁判有错误，已损害了被告人的合法权益，须提起上诉但被告又不同意，此时则只能按司法部1956年12月6日的《关于律师工作中若干问题的请示的批复》的规定："经律师辩护的案件，如果判决显然不当而被告人自己不愿上诉，律师可以写信给上级法院请其提审，或建议原审法院重新考虑；也可向司法行政机关反映，由司法行政机关提请上级法院按审判监督程序处理"来解决。这种解决办法是在律师没有独立的上诉权时所采取的权宜之计，应当看到这种申诉并不必然引起审判监督程序的发生。另外，如果一审裁判确有错误，采取这种解决办法其工作量并不比给予律师独立上诉权以通过二审程序处理少。审判监督程序的开始要经过许多的手续，对于一审生效裁判如果不加以提审，则只能按一审程序审理，所以裁判仍可上诉或抗诉，这样，反而使案件处于反复不确定状态，增加法院的工作量。当然，允许律师独立提出上诉，可能使上诉案件增加，但为了维护法律正确实施以及被告人的合法权益，又有什么理由怕这麻烦呢？并且，在司法实践中，有的审判人员对律师的地位、作用认识不足，律师的辩护往往不受重视，常常出现你辩你的，我判我的违法现象，使律师的辩护作用化为乌有。这样，如果律师没有独立的上诉权是难以维护法律正确实施以及被告人的合法权益的。主张律师不应有独立的上诉权的主要理由有：（1）被告人对自己是否犯罪最为清楚，所以他最有权决定是否上诉，如果其不愿上诉，辩护人即使是律师也不能上诉。（2）被告人与辩护人的关系基于委托或指定而产生，在刑事诉讼中，被告人有权拒绝辩护，解除他们之间的关系，并且还可重新委托辩护人，这样即使辩护律师有提起上诉的权利，由于被告人拒绝他为其辩护或另行委托辩护人，辩护律师的上诉权也难以行使。我们认为这种看法值得商榷。首先，不可否认，被告人对其行为及其行为过程最为清楚，对其行为是否构成犯罪往往也明白。但也不能排除被告人在不懂法律的情况下，对本来不是犯罪的行为而误认为是犯罪行为的情况，至于行为的性质构成何罪，以及应受何种处罚，则更是一般被告人所难以懂得的。司法实践中，即使具有专门的法律知识、审判经验的审判人员对于某些行为的性质都存有较大的分歧，要说被告人对自己所犯的罪最为清楚是站不住脚的。其次，被告人是在辩护律师无法为其很好地进行辩护甚或损害其合法权益时，才会拒绝辩护律师为其辩护。被告人一旦拒绝律师辩护，该被拒绝的律师在此诉讼中的权利当然就不再拥有，他也不能再提起上诉，但这是由于其被拒绝而不再是辩护人，从而不再享有上诉权的问题。如果被告人再另行委托其他律师进行辩护，该律师又享有相关的诉讼权利，包括上诉权。另外，被告如若在一审裁判作出前没有拒绝律师为其辩护，一般也不会因为律师为维护他的合法权益而上诉去拒绝律师为他的辩护人。至于有的同志提出，辩护人上诉可能引起比一审裁判更重的法律后果，被告人及其近亲属能没有疑虑吗？这个问题其实很简单，上诉不加刑原则是二审程序的重要原则之一，绝不会因为辩护律师的上诉而加重被告人刑事法律后果，至于其他法律后果，由于律师要考虑其职责与声誉，对待上诉一般会很慎重，而不会因为其有独立的上诉权便任意行使，这样他们的上诉一般也不会给被告人带来更重的法律后果。❶

总之，我们认为，应该赋予律师独立的上诉权，但对律师的上诉要求须有一定的理由，即律师只有在认为一审裁判确有错误时方可向上一级人民法院提起上诉。比起其他的上诉权人提出更高的要求，这不仅必要，而且也是可能的。

三、辩护律师参加第二审审判前的准备

（一）签订委托书

律师作为被告人的辩护人参加第二审人民法院的审判，不论在一审中是否担任过被告人的辩护人，都需要重新办理委托手续，由于一审中被告人所委托的辩护律师在一审结束后即解除了委托，所以在二审中被告人急需再请律师为自己辩护，仍需再行委托。对于被告人在一审中没有委托辩护律师，而在二审中委托，或者委托其他律师为其辩护的，也需要办理委托手续。

在实践中经常有被告人的近亲属委托律师在二审中为被告人辩护，对这种委托，律师能否接受？法院可否承认其合法性？我们认为，这种委托，必须在取得被告人同意的情况下方为有效。因为根据《刑事诉讼法》第32条、第34条和《律师法》第25条第三项的规定，律师作为刑事案件的辩护人，除了人民法院依法指定的以外，必须是被告人委托的，被告人和辩护律师之间必须有一种由"辩护委托书"所确立的合同关系，律

---

❶ 陈卫东：《刑事二审程序论》，中国方正出版社1997年版，第236页。

师在接受被告人近亲属的委托和律师事务所的指派以后，可会见在押的被告人，征求其是否同意委托律师在二审中为他辩护，若同意，则签订以被告人为委托人，律师为被委托人的"辩护委托书"，律师则借此以辩护人身份在二审中履行职责，反之，若被告人不同意，则被告人的近亲属的委托即属无效。

（二）认真研究判决书

第二审人民法院审判上诉、抗诉案件，其审理对象是一审法院作出的尚未生效的判决、裁定，当事人上诉或人民检察院抗诉也是针对该判决、裁定有错误而提起的。因此辩护律师参加第二审人民法院的案件辩护，审判前必须认真研究原审人民法院的判决书。在此须要注意的问题是：

要分析判决书的事实部分和判决理由，并把判决书的事实认定同判决结论加以比较，看判决的理由与判决的事实是否呼应，能否合乎情理，顺理成章地得出判决结论。

将人民检察院的起诉书与人民法院的判决书对照研究，看起诉书中所指控的事实是否在法庭调查中都得到了证实，在判决书中又是怎样认定的，注意对被告人起诉的罪名与判决的罪名是否一致，如果不一致，其根据何在，有无道理。

将人民法院的判决书与人民检察院的抗诉书对比考察，看抗诉书是针对人民法院的判决书的哪一部分提出的，抗诉理由在一审中辩护方是否提出过反驳意见；对于又上诉又抗诉的案件，要将抗诉书与上诉书的理由相对照，找出分歧点与相同点。

（三）查阅案卷材料

无论律师是否担任过一审被告人的辩护人，在二审审判前，都应当查阅或重新查阅案卷材料，尤其在二审开庭审理的案件，更要认真查阅案卷材料，全面了解案情，唯此，才能依法履行辩护职责。在查阅案卷材料时，应当注意原审对案卷事实的调查有哪些不完备之处，事实的认定有哪些错误，有哪些证据还不充分或缺乏证据，原判定罪和量刑有何不当，原审在哪些地方违反了法定诉讼程序，是否影响了正确判决，等等。

（四）会见原审被告人

二审案件审理前，辩护律师会见原审被告人也是必不可少的程序。对于一审未委托律师的案件，律师需要会见被告了解案件情况，对于一审已经委托了律师的案件，律师需要根据案件的发展变化及上诉的需要，也应再行会见被告。

四、辩护律师参加第二审人民法院的辩护

辩护律师如何参与第二审程序的辩护，应该说是一个与第二审人民法院的审理方式密切相连的问题。在刑事诉讼法修正前，关于第二审程序究竟应当如何参照第一审程序，采取什么样的审理方式，无论是在理论上抑或实践中都极不统一。为了更好地解决这一问题，此次刑事诉讼法修正决定中作出了明确的规定，即刑事诉讼法规定的"第二审人民法院对上诉案件，应当组成合议庭，开庭审理。合议庭经过阅卷，讯问被告人，听取其他当事人、辩护人、诉讼代理人的意见，对事实清楚的，可以不开庭审理。对人民检察院抗诉的案件，第二审人民法院应当开庭审理。"十分清楚，修正后的刑事诉讼法规定了开庭审理和调查讯问审理的两种审理方式。因而，我们拟就这两种不同的审理方式谈一下辩护律师在二审中的辩护问题。❶

（一）辩护律师在第二审人民法院以调查讯问方式审理案件时的辩护工作

调查讯问的审理方式，是指第二审法院在审查案卷书面材料的基础上，提审被告人或询问证人，对事实、证据进行必要的调查核对，在弄清案件事实、证据后，由合议庭进行评议、判决，不再开庭审理。对于二审

---

❶ 陈卫东：《刑事二审程序论》，中国方正出版社1997年版，第237页。

法院采用该种方式审理案件，律师应当如何进行辩护工作，充分发挥律师在二审程序中的辩护作用，是律师辩护工作当中需要认真研究的一个问题。实践中，有的律师接受委托后，只是将辩护词送到法院，一交了事，关于法院对案件有什么看法，办案中需要解决什么问题，是否还需要补充其他证据材料，则一概不知，因而引起了一部分委托人或其家属的不满。我们认为，辩护律师应在充分作好二审辩护准备工作的基础上，全面研究案情和有关法律规定，必要时重新进行调查取证，写出详细的第二审辩护词。连同案件的有关材料一并提交人民法院。此后，辩护律师应同二审人民法院经常取得联系，了解案件审理的进度，及时向二审人民法院表明观点，阐述理由，回答问题直至案件二审终结。

（二）辩护律师在第二审人民法院以开庭审理方式审理案件时的辩护工作

辩护律师参加第二审人民法院开庭审理案件的辩护工作，同一审程序大体相同，经过准备，拟写辩护词、参加法庭调查和法庭辩论等。但是由于第二审人民法院开庭审理案件的具体程序不完全同于第一审程序，律师的辩护工作方式也不完全一样。

辩护律师参加第二审人民法院开庭审理上诉案件的辩护工作。第二审人民法院在开庭审理上诉案件时，一般由合议庭的主办审判员说明案件的简要内容和上诉理由，接着开始法庭调查，在法庭调查过程中，辩护律师的诉讼活动与第一审程序一样。法庭调查完毕，先由公诉人（或被告人）发言，然后辩护律师发表辩护词，阐明辩护的理由和根据，对此要抓住主要问题重点进行分析，着重指出原判在认定事实上、适用法律上或者量刑上的错误，要求正确判处，而不能简单重复上诉状。

辩护律师参加第二审人民法院开庭审理抗诉案件的辩护工作。第二审人民法院开庭审理抗诉案件，一般先由合议庭中的主办审判员说明案件的基本内容，以及一审人民法院判决根据的事实和理由，然后，由检察员宣读抗诉书，说明抗诉的理由。审判长主持法庭调查，辩护律师同样可以参加法庭调查。法庭调查结束后，就由原审被告人和辩护律师进行辩护，辩护律师的辩护应根据原审判决、裁定是否正确表明态度，可以肯定原审活动和判决是符合法律的，认定事实正确，证据充分，适用法律正确和量刑适当等。然后，检察人员发表抗诉意见支持抗诉，如果辩护律师对抗诉意见不同意，可以发表不同意抗诉意见的理由和根据，进行互相辩论。

辩护律师参加第二审人民法院开庭审理上诉、抗诉案件。第二审人民法院开庭审理被告人上诉同时人民检察院又抗诉的案件，一般由合议庭中的主办审判员说明案件的简要内容，然后由上诉人陈述上诉理由、检察员宣读抗诉书，接着开始法庭调查，法庭调查结束后，先由检察员发表抗诉意见，然后由上诉人和辩护律师发表辩护意见。辩护律师的辩护不仅要对原判在认定的事实上和适用法律定性量刑上有错误的地方进行论证，而且应当针对抗诉书中不实之处和不符合法律规定之处进行反驳，特别是对于人民检察院认为原判量刑畸轻，要求二审人民法院加重对被告人处罚而提出抗诉的案件，辩护律师不能漠然处之，要据理予以反驳，对于检察人员正确的抗诉意见应予以肯定。❶

（三）第二审法院宣判后的辩护工作

根据刑事诉讼法的规定，第二审人民法院审理上诉或抗诉案件后，可以作出三种不同的处理，即维持原判、改判或撤销原判、发回原审人民法院重新审判。据此，二审判决宣告后，辩护律师的工作主要是：

对于二审人民法院驳回上诉、维持原判的案件，辩护律师应当告知被告人如不服还有申诉的权利，若被告人提出委托，律师还可以代为申诉。

对于第二审人民法院改判的案件，如果被告人服判，辩护律师也认为改判正确，应告知被告人在服刑期间自觉接受改造，重新做人。如果被告人不服改判决定，辩护律师应告知被告人可以进行申诉，律师认为确有必要也可以代为申诉，或自行向人民法院独立提出申诉。

对于第二审法院裁定发回重审的案件，辩护律师也应参加重新审判的

---

❶　陈卫东：《刑事二审程序论》，中国方正出版社 1997 年版，第 238 页。

辩护。❶

五、新《刑事诉讼法》法律援助规定的进步和不足

2012 年 3 月 14 日经十一届全国人大五次会议审议通过的《刑事诉讼法修正案》是我国法治文明建设的重大事件。法律援助内容作为本次刑诉法修订的亮点之一，受到全社会的广泛关注和热议。笔者认为，新修订的《刑事诉讼法》中关于法律援助方面的规定体现了尊重和保障人权的宪法原则，既是确保司法公正维护社会公平正义需要，又顺应国际司法文明发展潮流。❷ 既是司法体制改革和加强社会管理创新的现实要求，又是对近年来我国大力开展法律援助工作的科学总结和理性归纳。本文就刑诉法关于法律援助方面的规定进行解读，并结合工作实践就其实施过程中所面临的突破和调整提出相应的看法。

（一）新《刑事诉讼法》关于法律援助规定的价值解读

1. 从基本法律层面明确了法律援助机构

我国刑事法律援助制度的基本原则和框架始建于 1996 年全国人民代表大会修改的《刑事诉讼法》与全国人大常委会颁布的《律师法》。其中《刑事诉讼法》确立了以经济状况为决定条件的一般刑事法律援助的基本原则与特殊刑事法律援助的两项基本原则。《律师法》则确立了三项重要

---

❶ 陈卫东：《刑事二审程序论》，中国方正出版社 1997 年版，第 239 页。

❷ 新《刑事诉讼法》第三十四条　犯罪嫌疑人、被告人因经济困难或者其他原因没有委托辩护人的，本人及其近亲属可以向法律援助机构提出申请。对符合法律援助条件的，法律援助机构应当指派律师为其提供辩护。犯罪嫌疑人、被告人是盲、聋、哑人，或者是尚未完全丧失辨认或者控制自己行为能力的精神病人，没有委托辩护人的，人民法院、人民检察院和公安机关应当通知法律援助机构指派律师为其提供辩护。犯罪嫌疑人、被告人可能被判处无期徒刑、死刑，没有委托辩护人的，人民法院、人民检察院和公安机关应当通知法律援助机构指派律师为其提供辩护。

原《刑事诉讼法》第三十四条　公诉人出庭公诉的案件，被告人因经济困难或者其他原因没有委托辩护人的，人民法院可以指定承担法律援助义务的律师为其提供辩护。被告人是盲、聋、哑或者未成年人而没有委托辩护人的，人民法院应当指定承担法律援助义务的律师为其提供辩护。被告人可能被判处死刑而没有委托辩护人的，人民法院应当指定承担法律援助义务的律师为其提供辩护。

原则。一是公民有获得法律援助的权利，二是确立了律师的法律援助义务，三是法律援助职能归属于司法行政部门。该两部法律虽然规定了法律援助制度，但对于法律援助具体管理机构并未做详细规定。

2003 年，国务院颁布了我国首部法律援助行政法规《法律援助条例》，标志着我国刑事法律援助制度的正式确立。该法赋予了司法行政机关管理监督法律援助的法定职责，并规定指定辩护案件由人民法院所在地的法律援助机构统一接收并组织实施。至此，全国法律援助机构建设进入有法可依阶段。各地开始纷纷建立法律援助机构，目前，全国基本每个县都设置有法律援助机构，但在基本法律层面仍未规定法律援助机构的法律地位。新《刑事诉讼法》明确"法律援助机构"，确立了法律援助机构指派律师实施法律援助的依据，为加强法律援助机构建设提供了重要的法律保障。有利于法律援助机构统一行使职能，实现法律援助工作的规范化、标准化，有利于解决法律援助机构存在的经费短缺人员紧张问题，符合法律援助工作实际。新《刑事诉讼法》"人民法院、人民检察院和公安机关应当通知法律援助机构指派律师为其提供辩护"的规定解决了当前实践中存在的个别法院法官自己指派或者其他机构部门指派法律援助律师的问题，有利于提高案件办理质量。❶

2. 扩大了刑事法律援助的范围

根据原《刑事诉讼法》第 34 条的规定，刑事法律援助可以分为酌定援助和法定援助两个方面。酌定援助是指对公诉人出庭公诉的案件，被告人因经济困难或者其他原因没有委托辩护人的，人民法院可以为其指定法律援助律师。对这类案件的援助要求是，法院"可以"指定法律援助律师，所以称其为酌定援助。也就是说法院可以视具体情况而决定是否指定法律援助律师。法定援助则是指对于下列三类案件，如果被告人没有委托辩护人，人民法院应当为被告人指定法律援助律师：其一被告人是盲、聋、哑人的；其二被告人是未成年人的；其三被告人可能被判处死刑的。这三类案件无论因何原因，只要被告人没有委托辩护人，人民法院应当无

---

❶ 许冷，侯子峰："关于新刑事诉讼法法律援助规定的思考"，载《人民司法》2012 年第 6 期。

条件地为其指定法律援助律师。[1]

本条这次修改，对以上两种法律援助的范围都扩大了。酌定援助的对象由原来公诉人出庭案件中因经济困难或者其他原因没有委托辩护人的被告人扩大到因经济困难或者其他原因没有委托辩护人的所有犯罪嫌疑人和被告人。法定法律援助的对象则在原来三类案件的基础上又增加了两类：一类是尚未完全丧失辨认或控制自己行为能力的精神病人的案件，另一类是当事人可能被判处无期徒刑的案件。

根据《刑法》第 18 条的规定，精神病人只有在不能辨认或者不能控制自己行为的时候造成危害结果，经法定程序鉴定确认的，才不负刑事责任，"尚未完全丧失辨认或者控制自己行为能力的精神病人犯罪的，应当负刑事责任，但是可以从轻或者减轻处罚。"由于这类人终究是在认识能力或控制能力部分丧失的情况下实施的犯罪，他们在刑事诉讼中的自我辩护能力如同盲、聋、哑人或者未成年人一样，也会相对减弱。因此，这次修改将他们列入了法定援助的范围。至于可能被判处无期徒刑的人也被列入法定援助的范围，主要是考虑无期徒刑是仅次于死刑的严重刑罚，如果面临如此重刑而没有委托辩护人，对于案件的公正审判缺乏保障。因此有必要将其与死刑案件并列为法定法律援助的对象。

需要指出的是，由于本次刑事诉讼法修改专门设立了第五编"特别程序"，其中第一章为"未成年人刑事案件诉讼程序"，为了体现对未成年人的特殊保障和立法技术的协调性，原《刑事诉讼法》第 34 条中关于向未成年人提供法律援助的规定，在对本条修改时调整到了后面"未成年人刑事案件诉讼程序"中了，因此，本条修改后没有涉及未成年人法律援助的问题。[2]

3. 进一步扩展法律援助适用阶段

新《刑事诉讼法》规定律师介入刑事诉讼时间始于侦查阶段，赋予了犯罪嫌疑人在侦查阶段获得所聘请律师的法律辩护权。以往的刑事法律

---

[1] 陈光中主编：《中华人民共和国刑事诉讼法修改条文释义与点评》，人民法院出版社 2012 年版，第 19–20 页。

[2] 同上注，第 20 页。

援助都是向处在审判阶段的被告人提供法律援助，在审前程序中，犯罪嫌疑人是难以获得法律援助的，新《刑事诉讼法》则在这个问题上迈出了一大步。规定律师可以持法律援助公函会见在押的犯罪嫌疑人，进一步确定了侦查阶段法律援助的重要性。从比较法的视野来看，将法律援助提前至侦查阶段既是各国刑事诉讼的通行做法，也是履行一系列国际公约的表现。刑事诉讼各阶段获得法律援助是一系列国际公约赋予困难公民的法定权利，确保并扩大犯罪嫌疑人在侦查羁押阶段享有法律帮助权是缔约国的一项国际义务。《联合国少年司法最低限度标准规则》（"北京规则"）、《保护所有遭受任何形式拘留或监禁的人的原则》和《关于律师作用的基本原则》等一系列国际公约规定了犯罪嫌疑人、被告人在刑事诉讼全过程享有辩护权。❶履行国际条约义务，也要求我们必须在《刑事诉讼法》中明确经济困难犯罪嫌疑人在侦查阶段起即享有法律援助权利。

4. 进一步完善了强制辩护制度

强制辩护是指对于刑事诉讼中的特定被告人，如果没有委托辩护人的，国家必须为其免费提供律师辩护，即法律规定的指定辩护。但是任何一个国家的律师辩护资源总是相对有限的，不可能能够满足所有的犯罪嫌疑人、被告人的需要，因此需要制定相关标准加以分流，将强制辩护对象限定于较窄的范围，把有限的律师辩护资源投入给最需要该资源的那一部分人。

（1）强制辩护对象进一步扩大。新《刑事诉讼法》将"可能被判处无期徒刑的犯罪嫌疑人、被告人"纳入指定辩护范围。旧《刑事诉讼法》中强制辩护的对象仅限于盲、聋哑人以及可能被判处死刑的案件中的被告人。应当说，这一规定是符合1996年第一次《刑事诉讼法》修改时的实际情况的。当时法律援助工作正处于初创时期，经费短缺、人员不足、法律援助提供能力不强。随着我国经济社会快速发展法治化进程加快，人权保护的国际接轨，旧刑事诉讼法及有关法律中可能判处死刑的才属于应当指定辩护的规定显然落后社会发展的需要，与联合国的准则及有关国际条

---

❶ 许冷，侯子峰："关于新刑事诉讼法法律援助规定的思考"，载《人民司法》2012年第6期。

约的立法精神相去甚远。

我国现行刑法修改中不断大幅缩减死刑罪名，司法实践中对死刑的适用也越来越谨慎。司法机关认真执行宽严相济刑事政策，加大死刑制度改革力度，最高人民法院统一收回死刑复核权，各地法院严格控制死刑适用范围，许多原来可能被判处死刑的被告人，改革后可能更多的是适用无期徒刑、较长刑期的有期徒刑等刑罚。相应地，可能被判处死刑案件逐渐呈减少趋势，近3年来死刑强制辩护案件数也在持续下降，客观上使得我国现行刑诉法规定框架下的强制辩护对象呈缩减趋势。因此，新《刑事诉讼法》将无期徒刑案件纳入强制辩护正是对司法实践和人权保护的回应，将大大提高刑事法律援助案件数量。

（2）强制辩护适用阶段进一步扩大。新《刑事诉讼法》规定"犯罪嫌疑人、被告人可能被判处无期徒刑、死刑而没有委托辩护人的，人民法院、人民检察院和公安机关应当通知法律援助机构指派律师为其提供辩护。"这意味着在本次刑诉法修改中，与强制辩护对象范围的扩大相适应，在侦查、审查起诉阶段也规定公安机关、人民检察院为特殊被告人指定辩护律师的义务。需要特别指出的是，之所以将为犯罪嫌疑人、被告人指定辩护的义务扩大至公安机关、检察机关是为了更好地保护特殊当事人权利的需要。犯罪嫌疑人、被告人因可能性是犯罪而被科以刑罚，这是对人身自由的限制，是对人的权利极大剥夺或限制。因此，法应当保障犯罪嫌疑人、被告人充分、恰当地行使辩护权，以切实保护其合法权益。但对于犯罪嫌疑人来说，大多数缺乏基本的法律知识，特别是对盲、聋哑人和未成年犯罪嫌疑人而言，基于其生理、心理上的原因，更是很难通过自己的诉讼行为独立从事有效的辩护。因此其在侦查阶段、审查起诉阶段就能获得法律专业人士的帮助对其权利保护是非常重要的。在当前的法律援助工作实践中，一些地方在侦查阶段和审查起诉阶段对未成年犯罪嫌疑人提供强制指定辩护，效果显著。新《刑事诉讼法》将此种改革做法予以确定，将此改革成果予以扩大，以提高刑事诉讼保障人权的力度，较好地实现社会公正。

（3）调整了提供法律援助的方式。按照原条文的规定，向被告人提供法律援助的方式都是由人民法院为其指定承担法律援助义务的律师。本条则把提供法律援助律师的方式一分为二：其一，对于酌定援助对象，应当由犯罪嫌疑人、被告人本人或其近亲属向法律援助机构提出申请。对于符合法律援助条件的，法律援助机构应当指派律师为犯罪嫌疑人或被告人提供辩护。其二，在这个意义上酌定法律援助近乎法定法律援助了，对于法定法律援助对象，则根据所处的不同诉讼阶段由公安机关、人民检察院、人民法院各自通知法律援助机构，再由法律援助机构指派律师为犯罪嫌疑人、被告人提供辩护。❶

之所以作出上述调整，主要是因为：首先，近年来在理论上和法律上明确了法律援助是政府的责任。国务院公布的《法律援助条例》第 3 条明确规定："法律援助是政府的责任，县级以上人民政府应当采取积极措施推动法律援助工作，为法律援助提供财政支持，保障法律援助事业与经济社会协调发展。"可见，过去把律师视为"承担法律援助义务"的主体是不合适的。其次，我国法律援助事业得益于国家经济建设和改革开放的巨大成就，近年来获得重大发展。全国县级以上行政单位都设有法律援助机构，基本经费得到保障并逐年有所提升，人员也不断充实、增加。这一切为实现"法律援助机构应当指派律师为其提供辩护"创造了条件。❷

（4）更加重视对未成年人刑事案件办理。新《刑事诉讼法》将未成年人犯罪案件诉讼程序单独作为一章进行规定，对于保护未成年人权益提出更高要求，规定未成年刑事案件应当提供法律援助服务，即所有未成年人刑事案件法律援助必须为其指派律师。这是由于未成年人身心发育不成熟，对事物的认识不够全面，对于本身权利的保护缺乏理解，同时未成年人人生的道路还很长，更好的权利保护才能给予其改过自新的机会。

总之，新《刑事诉讼法》关于法律援助方面的规定，肯定了当前法律援助实践工作中一些成熟的行之有效的做法，使得法律援助的作用更加凸显，在维护人权、被告人权益保障方面发挥了更为重要的作用。

---

❶　陈光中主编：《中华人民共和国刑事诉讼法修改条文释义与点评》，人民法院出版社 2012 年版，第 20 页。

❷　同上注，第 21 页。

　　(二) 新《刑事诉讼法》规定的法律援助在工作中实施的建议

　　1. 完善刑事法律援助中法律援助机构与公检法的衔接机制

　　新《刑事诉讼法》规定了公检法机关在实施法律援助中的义务，要使刑事案件中的受援人在刑事诉讼的各个阶段都能得到充分的法律援助，公检法各部门和法律援助机构在程序上的衔接与紧密配合是非常关键的。目前，存在法律援助机构与公检法在刑事法律援助案件中的衔接不够顺畅的情况。主要表现在不告知犯罪嫌疑人或刑事被告人申请法律援助的权利。实践中，虽然司法部分别与最高人民法院、最高人民检察院、公安部作出了关于在刑事诉讼活动中开展法律。

　　援助工作的联合通知。但刑事诉讼活动涉及剥夺公民生命、自由、财产等刑罚需要全国人大通过基本法律规定。作为规范性文件的通知，在刑事诉讼活动中没有严格的法律约束力。另一方面这些文件过于原则化，可操作性不强，事实上造成了有关部门对刑事法律援助不重视，工作不落实。新《刑事诉讼法》解决了上位法的问题，规定了公检法部门开展法律援助工作的义务，为开展刑事法律援助部门协作配合提供了法律依据。

　　完善公检法和法律援助机构法律援助衔接机制，需要在执行新《刑事诉讼法》规定时，根据实际情况，制定详尽、方便受援人且切实可行的实施细则，并将之作为执法检查的重要内容加以落实。再次，为了让法律具有可操作性，就要在法律中规定相应的制裁措施，在有关的司法解释中对有关部门处理犯罪嫌疑人以及刑事被告人申请法律援助工作的时效作出严格的规定。最后，要建立未履行法律援助告知义务的程序性制裁机制，以督促其履行法定义务。为困难公民提供法律援助是政府的责任，因相关部门不履行告知义务，致使公民没有得到应有的国家法律援助，侵害了公民的合法权益，应给公民一定的补偿及提供法律救济的途径。

　　2. 开展法律援助律师值班制度

　　法律援助律师值班主要是指法律援助机构指派律师在公安机关、检察院或人民法院等部门值班，免费为符合条件当事人即时提供法律咨询、指导，或者作为被指控人的辩护人，帮助被指控人申请延期审理、进行保释听证或者处理其他法律事务。其目的是为低收入人群提供及时、专业、低成本、高效率的法律援助服务。实现犯罪嫌疑人的知情权、获得帮助权等合法权利，有利于减少他们对社会的对立情绪，促使他们认罪伏法。律师值班有成功的先例。2006 年 9 月，联合国开发计划署和我国司法部在河南省修武县开始律师值班项目试点。修武县选聘值班律师分别在县法院、公安局、看守所、城关派出所各设立一个"法律援助值班律师"办公室。项目试点两年，值班律师共接待咨询事项 1735 起、接待来访人员 1953人，引导申请法律援助 171 起、引导至相关部门 267 起，息诉案件 34 起，息事罢访案件 46 起。在修武县试点项目成功的基础上，河南省又选择了11 个市县扩大试点。❶ 司法部 2010 年法律援助工作要点要求各地积极探索律师值班制度。

刑诉法修正案通过之前，北京市司法局与市公安局、市检察院、市高级人民法院联合下发文件，就加强侦查阶段、审查起诉阶段和指定辩护案件的法律援助工作。就目前工作实践来看，法院审判阶段的指定辩护案件基本能够顺利开展，检察院转交受援人申请的案件也有部分，但是侦查阶段几乎没有。新《刑事诉讼法》实施之后，三个阶段的指定辩护量将大幅增加，但要真正保障刑事诉讼法的有效实施，还需要公安机关、人民检察院和法院等多部门的有力配合。开展法律援助律师值班制度，是公检法部门和法律援助机构落实新《刑事诉讼法》规定义务的有效手段和重要措施。

3. 建立未成年人刑事法律援助专用通道

新《刑事诉讼法》将办理未成年人刑事案件程序单列一章，对未成年人刑事案件规定了特殊的诉讼程序，要求未成年人刑事案件强制指定法律援助律师以突出保障未成年犯罪嫌疑人的权益，显示对未成人成长的关心爱护。法律援助也应对此有所回应，建议建立未成年人法律援助案件专用通道。在办理未成年人刑事法律援助案件中，司法行政机关加强对未成年人刑事案件配套工作的指导，成立未成年人刑事案件法律援助专家委员

---

❶　许冷，侯子峰："关于新刑事诉讼法法律援助规定的思考"，载《人民司法》2012 年第 6 期。

会，建立未成年刑事案件律师专家库，各级法律援助机构应当指定专人协调未成年人法律援助。●

4. 加强刑事法律援助案件监督，提高办案质量

一是加强事前监督。主要推行点援制，根据法律服务人员的数量、专业特长、办案情况、受援人的意愿等因素，合理指派承办机构及人员，严把指派关，从源头上保证办案质量。二是强化事中跟踪。可以要求强制指定辩护法律援助案件旁听庭审率不低于80%，其他刑事法律援助案件实行办案过程全流程跟踪。对于重大疑难案件或者新型复杂案件，要实行集体讨论制度，重点督办。三是推进事后监督。采用卷宗评查、发放意见征询表、电话上门回访等方式开展日常评估。创新监督载体，开展"大回访"活动，明确回访参与人员、回访对象数量、建立回访工作台账、着力解决质量问题。随着监督机制的完善，案件质量的提升，刑事法律援助制度必将成为我国维权人权的一面旗帜。●

（三）刑事诉讼二审中的法律援助问题

新《刑事诉讼法》对刑事法律援助制度进行了重大的修改和完善，表明我国刑事法律援助制度获得显著发展。新《刑事诉讼法》不仅扩大了法律援助的范围，而且还将法律援助的适用阶段延伸至侦查、审查起诉阶段。这对于加强犯罪嫌疑人、被告人在刑事诉讼中的人权保障，体现程序正义，促进实体公正，都将产生重大的意义。但是，从刑事诉讼法实施的角度看，有的规定仍然不够具体明确。其中，最突出的问题就是法定法律援助的适用阶段是否包括第二审程序。

对此，全国人大法工委刑法室编著的《释解与适用》将其适用的诉讼阶段解释为"侦查、审查起诉和审判阶段"。但是，对于其中"审判阶段"是仅指一审，还是也包括第二审程序同样没有明确。笔者认为，这里的"审判阶段"应当包括一审、二审。首先，从刑事诉讼法的法典结

● 许冷，侯子峰："关于新刑事诉讼法法律援助规定的思考"，载《人民司法》2012年第6期。
● 同上注。

构上看，《刑事诉讼法》第三编是"审判"，包括"第二审程序"。其次，由于第二审程序属于救济程序，更需要为被告人提供法律援助。

其适用的审判阶段包括二审程序。上述案件应该不会有争议。

结　语

　　本书是在刑事司法改革的大背景之下，以刑事诉讼法的再修正为契机，论证和探讨刑事二审程序中所涉及的法院审理方式、人民检察院的功能地位和辩护律师面临的困境等问题，并最终提出了我国刑事二审程序制度重构的改革设想。

　　观念更新必将引领制度的变革，刑事二审的改革也必将导致诉讼构造的改革，作为本书的结束部分，在这里仅就二审程序里控辩制度的改革与完善作一简要的概括。我国刑事二审程序控辩构造中存在着一系列众所周知的缺陷，改革完善二审控辩制度。

　　合理的诉讼构造，必须体现控辩平等对抗的理念与原则。辩护与控诉是诉讼构造这一统一体中的两个对立的诉讼职能。诉讼的前提是控诉与被指控的双方存在"诉争"，因而形成双方的对抗格局。因此，诉讼的科学程序要求控诉与辩护双方在形式上应保持平等对抗的格局，这是保证诉讼客观、公正的前提。如果控、辩双方在形式上一方明显优越而另一方处于极为劣势的地位，就有使诉讼在实质上变成行政程序的危险，程序公正就无从谈起，案件的处理就很难保证。控辩平等对抗需要手段的支撑。在我国刑事审前程序中，由于没有确立司法权保障的机制，没有实行令状原则，律师帮助权仅仅是雏形且其作用非常有限，所以，不存在控辩平等对抗的条件；在审判程序中，形式上的控辩平等已经确立，但实质上的平等对抗还没有形成。总的来说，我国刑事诉讼程序构造，总体上还没有实现控辩平等对抗，因而具有明显的行政性程序的压抑的格局，二审程序尤其如此。

贯彻控辩平等的理念与原则，需要与贯彻控审分离、裁判中立的理念与原则结合起来考虑。如果没有控审分离和裁判中立，控辩平等对抗就无从谈起。在实现二审程序控辩平等对抗方面，我国刑事诉讼法的进一步完善，具体而言需要解决一下问题：

第一，完善二审审判证人制度，确保证人、鉴定人等出庭，使控辩双方真正实现平等对抗；刑事诉讼法没有建立证人强制出庭制度，而是允许法庭任意宣读检控方提交的以案卷笔录的方式调查的证人证言、被害人陈述和鉴定结论，使得法庭审判实际成为对检控方起诉主张的审查和确认而已，这既无法保证辩护律师有效地提交本方的证据，也无法确保辩护律师对检控方的证人进行当庭对质和交叉询问。

第二，优化诉讼结构以实现控辩双方的平衡。控诉、辩护和审判三大职能的划分，不仅具有形式上的意义，特别具有实质上的意义。这三大职能划分的实质意义表现在，三者构成了分机结构，在这种结构中存在着制约关系。刑事二审诉讼中存在控诉、辩护、审判三大职能主体，而且这些职能间界限分明，不互相交叉，则诉讼中三方必然形成三角形关系，无论其所属的诉讼模式如何。但只有控诉、辩护双方地位平等、权利对等，且审判方居中裁判、与双方保持等距离的结构模式才能形成"正三角形"结构。但在我国刑事诉讼二审中，由于公诉方是履行法律监督职能的诉讼主体，不具有当事人的诉讼地位，人民检察院与人民法院肯有同等的宪法地位和诉讼地位，而辩护律师的诉讼地位难以与其抗衡，容易造成法官在二审诉讼过程中失去中立的立场，偏向于控诉一方，甚至与控诉混同；控诉与辩护两方诉讼地位失衡，其中一方（往往是控诉方）高踞于另一方之上；两方诉讼权利不对等，另一方（往往是辩护方）权利受到压抑。

第三，重新审视检察机关的审判监督职能。"三角形的诉讼结构"维护司法公正的功能，是以法官居中裁判、控辩双方地位平等、权利对等为必要条件的。刑事二审中，检察机关拥有审判监督权，就取得了凌驾于辩护方而与法院相同的诉讼地位，这就使"三角形诉讼结构"中平等对抗的机制被破坏，则该结构中保障司法公正的功能就难以得到正常发挥。对于法院来说，检察机关所具有的诉讼地位也不利于强化法官公正无偏的诉心态。因此，在检察机关的诸项职能中，审判监督职能因对"正三角形"诉讼结构的形成起到的是阻碍作用而成为一项广受质疑的权力。在抗诉程序中，检察机关既是公诉机关（属于诉讼中控诉一方）又是审判监督者，这就不可避免地产生了角色间冲突：作为监督者，其地位应当是超然的，然而，作为控诉方（所谓当事的一方）追求的是给被告人定罪的诉讼结果，显然又不占据超然的地位，因此必然产生难以解决的地位冲突，这种冲突只能依靠选择其中一个角色而放弃充任与之相冲突的另一角色来解决。

进入新世纪后的我国刑事司法改革已不仅仅局限于理论层面，更多的是涉及司法体制改革及具体制度的构建。刑事二审是刑事司法制度中不可或缺的构成部分，它所肩负的司法功能的多样化，决定了二审程序的改革必然要在不同的价值目标之间进行平衡与取舍。虽然笔者所论述的二审程序里的控辩构造并非完美无缺，但是其所体现的控辩职能划分，更符合控辩平等对抗的建构原理，也更符合现代法治社会刑事上诉制度所应承担的维护司法公正、充分救济当事人权利和维护国家法制统一的使命。

主要参考文献

一、中文著作类

[1] 陈光中，徐益初. 外国刑事诉讼程序比较研究 [M]. 北京：法律出版社，1988.

[2] 陈光中. 刑事诉讼法学 [M]. 北京：北京大学出版社，高等教育出版，2002.

[3] 陈光中，江伟. 诉讼法论丛（第4卷）. 北京：法律出版社，2000.

[4] 陈光中，沈国峰. 中国古代司法制度 [M]. 北京：群众出版社.

[5] 陈光中. 中华人民共和国刑事诉讼法修改条文释义与点评 [M]. 北京：人民法院出版社，2012.

[6] 陈光中，江伟. 诉讼法论丛（第2卷）[M]. 北京：法律出版社，1998.

[7] 陈光中，[加] 丹尼尔·普瑞方廷. 联合国刑事司法准则与中国刑事法制 [M]. 北京：法律出版社，1998.

[8] 陈光中. 刑事诉讼法实施问题研究 [M]. 北京：中国法制出版社，2000.

[9] 陈光中. 21世纪域外刑事诉讼立法最新发展 [M]. 北京：中国政法大学出版社，2004.

[10] 陈光中. 中国刑事二审程序改革之研究 [M]. 北京：北京大学出版社，2011.

[11] 陈光中. 陈光中法学文选（第1卷）[M]. 北京：中国政法大学出版社，2010.

[12] 陈光中. 陈光中法学文选（第2卷）[M]. 北京：中国政法大学出版社，2010.

[13] 陈光中. 陈光中法学文选（第3卷）[M]. 北京：中国政法大学出版社，2010.

[14] 陈光中. 刑事诉讼法实施问题研究 [M]. 北京：中国法制出版社，2000.

[15] 陈光中. 21世纪域外刑事诉讼立法最新发展 [M]. 北京：中国政法大学出版社，2004.

[16] 卞建林，刘玫. 外国刑事诉讼法 [M]. 北京：人民法院出版社，中国社会科学出版社，2002.

[17] 宋英辉. 刑事诉讼原理 [M]. 北京：法律出版社，2003.

[18] 顾永忠. 刑事上诉程序研究 [M]. 北京：中国人民公安大学出版社，2003.

[19] 杨宇冠，吴庆高.《联合国反腐败公约》解读 [M]. 北京：中国人民公安大学出版社，2004.

[20] 樊崇义. 刑事诉讼法实施问题与对策研究 [M]. 北京：中国人民公安大学出版社，2001.

[21] 项明. 刑事二审程序难题与应对 [M]. 北京：法律出版社，2008.

[22] 陈卫东. 刑事二审程序论 [M]. 北京：中国方正出版社，1997.

[23] 卓泽渊. 法的价值论 [M]. 北京：法律出版社，1999.

[24] 孙飞. 我国刑事诉讼第二审程序论 [M]. 北京：群众出版社，1986.

[25] 李交发. 中国诉讼法史 [M]. 北京：中国检察出版社，2002.

[26] 张文显. 法哲学范畴研究 [M]. 修订版. 北京：中国政法大学出版社，2001.

[27] 陈瑞华. 问题与主义之间—刑事诉讼基本问题研究 [M]. 北京：中国人民大学出版社，2003.

[28] 孙长永. 刑事诉讼法学 [M]. 北京：中国检察出版社，2002.

[29] 王以真. 外国刑事诉讼法学 [M]. 北京：北京大学出版社，2004.

[30] 陈卫东. 刑事诉讼法实施问题调研报告 [M]. 北京：中国方正出版社，2001.

[31] 甄贞. 刑事诉讼法学研究综述 [M]. 北京：法律出版社，2002.

[32] 刘立宪，谢鹏程. 海外司法改革的走向 [M]. 北京：中国方正出版社，2000.

[33] 姜京生. 刑事第二审 [M]. 北京：中国政法大学出版社，1993.

[34] 左为民. 价值与结构—刑事程序的双重分析 [M]. 成都：四川大学出版社，1994.

[35] 付子堂. 法律功能论 [M]. 北京：中国政法大学出版社，1999.

[36] 李义冠. 美国刑事审判制度 [M]. 北京：法律出版社，1999.

[37] 章武生，等. 司法现代化与民事诉讼制度的建构 [M]. 北京：法律出版社，2000.

[38] 林俊益. 程序正义与诉讼经济 [M]. 台北：台湾元照出版公司，2002.

[39] 王兆鹏. 当事人进行主义之刑事诉讼 [M]. 台北：台湾元照出版公司，2002.

[40] 李富成. 北大法治之路论坛 [M]. 北京：法律出版社，2002.

[41] 宋冰. 读本：美国与德国的司法制度及司法程序 [M]. 北京：中国政法大学出版社，1999.

[42] 宋冰. 程序：正义与现代化 [M]. 北京：中国政法大学出版社，1998.

[43] 程味秋，等. 联合国人权公约和刑事司法文献汇编 [M]. 北京：中国法制出版社，2000.

［44］季卫东. 法治秩序的建构［M］. 北京：中国政法大学出版社，1999.

［45］吴卫军. 司法改革原理研究［M］. 北京：中国人民公安大学出版社，2003.

［46］孙孝福. 刑事诉讼人权保障机制研究［M］. 北京：法律出版社，2001.

［47］周相. 罗马法原论［M］. 下. 北京：商务印书馆，2001.

［48］陈朴生. 刑事经济学［M］. 台北：台湾中正书局，1975.

［49］刑事诉讼法 92 年修订资料汇编［M］. 台北：台湾五南图书出版股份有限公司，2003.

［50］彭勃. 日本刑事诉讼法通论［M］. 北京：中国政法大学出版社，2002.

［51］陈瑞华. 刑事审判原理论［M］. 北京：北京大学出版社，1997.

［52］陈瑞华. 刑事诉讼的前沿问题［M］. 北京：中国人民大学出版社，2000.

［53］李文健. 刑事诉讼效率论［M］. 北京：中国政法大学出版社，1999.

［54］程味秋. 中外刑事诉讼比较与借鉴［M］. 北京：中国法制出版社，2001.

［55］王以真. 外国刑事诉讼法学（第 2 版）［M］. 北京：北京大学出版社，1994.

［56］李龙. 良法论［M］. 武汉：武汉大学出版社，2001.

［57］朱朝亮等. 刑事诉讼之运作［M］. 台北：台湾五南图书出版公司，1997.

［58］王亚新. 对抗与判定：日本民事诉讼的基本结构［M］. 北京：清华大学出版社，2002.

［59］孙万胜. 司法制度的理性之径［M］. 北京：人民法院出版社，2004.

［60］黄东熊. 刑事诉讼法论［M］. 台北：台湾三民书局印行，1986.

［61］两岸法学学术研讨会. 中国法制比较研究文集［M］. 台北：台湾东吴大学法学院，2001.

［62］赵海峰. 欧洲法通讯（第 1 辑）［M］. 北京：法律出版社，2001.

［63］赵海峰，卢建平. 欧洲法通讯（第 2 辑）［M］. 北京：法律出版社，2001.

［64］任允正，于洪君. 独联体国家宪法比较研究［M］. 北京：中国社会科学出版社，2001.

［65］杨正万. 刑事被害人问题研究［M］. 北京：中国人民公安大学出版社，2002.

［66］裘索. 日本国检察制度［M］. 北京：商务印书馆，2003.

［67］周欣. 欧美日本刑事诉讼—特色制度与改革动态［M］. 北京：中国人民公安大学出版社，2002.

［68］冷罗生. 日本现代审判制度［M］. 北京：中国政法大学出版社，2003.

［69］李学军. 美国刑事诉讼规则［M］. 北京：中国检察出版社，2002.

［70］杨诚，单民. 中外刑事公诉制度［M］. 北京：法律出版社，2000.

[71] 马贵翔. 刑事诉讼构造与效率改革 [M]. 北京：中国人民公安大学出版社，2004.

[72] 孙万胜. 司法权的法理之维 [M]. 北京：法律出版社，2002.

[73] 欧阳涛等. 英美刑法刑事诉讼法概论 [M]. 北京：中国社会出版社，1984.

[74] 江伟. 民事诉讼法学原理 [M]. 北京：中国人民大学出版社，1999.

[75] 左为民，周长军. 变迁与改革法院制度现代化研究 [M]. 北京：法律出版社，2000.

[76] 胡常龙. 死刑案件程序问题研究 [M]. 北京：中国人民公安大学出版社，2003.

[77] 赵震江. 法律社会学 [M]. 北京：北京大学出版社，1998.

[78] 蔡墩铭. 两岸比较刑事诉讼法 [M]. 台北：台湾五南图书出版公司印行，1996.

[79] 毕玉谦. 司法改革动态与研究 [M]. 北京：法律出版社，2004.

[80] 陈荣庆，林庆苗. 民事诉讼法 [M]. 台北：台湾三民书局，2001.

[81] 刘家深，郝银钟. 刑事审判学 [M]. 北京：群众出版社，2002.

[82] 程味秋. 外国刑事诉讼法概论 [M]. 北京：中国政法大学出版社，1994.

[83] 沈达明. 比较民事诉讼法初论 [M]. 北京：中信出版社，1991.

[84] 汤维建. 美国民事司法制度与民事诉讼程序 [M]. 北京：中国法制出版社，2001.

[85] 王人博，程燎原. 法治论 [M]. 济南：山东人民出版社，1998.

[86] 孔璋. 中美公诉制度比较研究 [M]. 北京：中国检察出版社，2003.

[87] 朱孝清，张智辉. 检察学 [M]. 北京：中国检察出版社，2010.

[88] 甄贞等. 程序的力量 [M]. 北京：法律出版社，2002.

[89] 季金华. 司法权威论 [M]. 济南：山东人民出版社，2004.

[90] 柴发邦. 体制改革与完善诉讼制度 [M]. 北京：中国人民公安大学出版社，1991.

[91] 徐静村. 21世纪中国刑事程序改革研究 [M]. 北京：法律出版社，2003.

[92] 苏永钦. 司法改革的再改革 [M]. 台北：台湾月旦出版社，1998.

[93] 张志铭. 司法解释操作分析 [M]. 北京：中国政法大学出版社，1999.

[94] 廖中洪. 中国民事诉讼程序制度研究 [M]. 北京：中国检察出版社，2004.

[95] 何勤华. 法国法律发达史 [M]. 北京：法律出版社，2001.

[96] 刘向文，宋雅芳. 俄罗斯联邦宪政制度 [M]. 北京：法律出版社，1999.

[97] 北京政法学院. 中华人民共和国审判法参考资料汇编（第3辑）[G]，1956.

[98] 最高人民检察院法律政策研究室. 所有人的正义—英国司法改革报告 [M]. 北京：法律出版社，2003.

[99] 中国政法大学刑事法律研究中心组织. 英国刑事诉讼法选编 [M]. 北京：中国政法大学出版社，2001.

［100］韩苏琳. 美英德法四国司法制度概况［M］. 北京：法院出版社，2002.

二、论文类

［101］［美］博登海默. 法理学；法律哲学与法律方法［M］. 邓正来，译. 北京：中国政法大学出版社，1999.

［102］［美］迈克尔·D. 贝勒斯. 法律原则——一个规范的分析［M］. 张文显，宋金娜，等，译. 北京：中国大百科全书出版社，1996.

［103］［美］约翰·亨利·梅利曼. 大陆法系［M］. 顾培东，杨正平，译. 北京：知识出版社，1984.

［104］［美］庞德. 通过法律的社会控制，法律的任务［M］. 沈宗灵，译. 北京：商务印书馆，1984.

［105］［美］罗尔斯. 正义论［M］. 何怀华，等，译. 北京：中国社会科学出版社，1988.

［106］［美］本杰明·内森·卡多佐. 法律的成长［M］. 培峰，刘晓军，译. 贵阳：贵州人民出版社，2003.

［107］［美］理查德·波斯纳. 联邦法院—挑战与改革［M］. 邓海平，译. 北京：中国政法大学出版社，2002.

［108］［美］约翰·罗尔斯. 作为公平的正义［M］. 姚大志，译. 上海：上海三联书店，2002.

［109］［美］罗纳德·德沃金. 认真对待权利［M］. 信春鹰，吴玉章，译. 北京：中国大百科全书出版社，1998.

［110］［美］爱伦·豪切斯太勒·斯黛丽，南希·弗兰克. 美国刑事法院诉讼程序［M］. 陈卫东，徐美君，译. 北京：中国人民大学出版社，2002.

［111］麦高伟，（英）杰弗里·威尔逊. 英国刑事诉讼程序［M］. 姚永吉，等，译. 北京：法律出版社，2003.

［112］WilJam Bomham. 英美法导论［M］. 林利芝，译. 北京：中国政法大学出版社，2003.

［113］［英］A. J. M. 米尔恩. 人的权利与人的多样性——人权哲学［M］. 夏勇，张志铭，译. 北京：中国大百科全书出版社，1995.

［114］［英］丹宁. 法律的正当程序［M］. 李克强，译. 北京：法律出版社，1999.

［115］［德］伯恩·魏德士. 法理学［M］. 丁小春，吴越，译. 北京：法律出版社，2003.

［116］［德］K. 茨威格特，H. 克茨. 比较法总论［M］. 潘汉良，译. 贵阳：贵州人民出版社，1992.

[117] [德] 克劳斯·罗科信. 刑事诉讼法 [M]. 吴丽琪, 译. 北京: 法律出版社, 2003.

[118] [法] 卡斯东·斯特法尼, 等. 法国刑事诉讼法精义 [M]. 罗结珍, 译. 北京: 中国政法大学出版社, 1999.

[119] [法] 孟德斯鸠. 论法的精神 [M]. 张雁深, 译. 北京: 商务印书馆, 1982.

[120] [法] 勒内·达维德. 当代主要法律体系 [M]. 漆竹生, 译. 上海: 上海译文出版社, 1985.

[121] [法] 皮埃尔·尚邦. 法国诉讼制度的理论与实践 [M]. 陈春龙, 王海燕, 译. 北京: 中国检察出版社, 1991.

[122] [法] 罗伯斯比尔. 革命法制和审判 [M]. 赵涵舆, 译. 北京: 商务印书馆, 1997.

[123] [苏] H. B. 蒂里切夫, 等. 苏维埃刑事诉讼 [M]. 张仲麟, 等, 译. 北京: 法律出版社, 1984.

[124] 黄道秀. 俄罗斯联邦刑事诉讼法典 [M]. 北京: 中国政法大学出版社, 2003.

[125] 苏方遒, 徐鹤南, 白俊华. 俄罗斯联邦刑事诉讼法典 [M]. 北京: 中国政法大学出版社, 1999.

[126] 宋英辉. 日本刑事诉讼法 [M]. 北京: 中国政法大学出版社, 2000.

[127] 李昌珂. 德国刑事诉讼法典 [M]. 北京: 中国政法大学出版社, 1995.

[128] 余叔通, 谢朝华. 法国刑事诉讼法典 [M]. 北京: 中国政法大学出版社, 1997.

三、论文类

[129] 陈光中, 汪海燕. 刑事诉讼中的效率价值 [J] //樊崇义. 诉讼法学研究. 第1卷. 北京: 法律出版社, 2002.

[130] 陈卫东, 李训虎. 公正, 效率与审级制度改革—从刑事程序法的视角分析 [J]. 政法论坛. 2003: (5).

[131] 郑正忠. 海峡两岸刑事审判制度之比较与评析 [J]. 法令月刊. 台北: 51: (4).

[132] 程荣斌, 邓云. 审级制度研究 [J]. 湖南省政法干部管理学院学报. 2001: (5).

[133] 陈瑞华. 刑事被告人权利的宪法救济 [J]. 法律适用. 2004: (9).

[134] 陈海光. 法国司法制度的特色与发展 [J]. 法律适用. 2004: (7).

[135] 孙长永. 英国刑事上诉制度研究 [J]. 湘潭大学社会科学学报. 2002: (5).

[136] 陈瑞华. 刑事审判程序价值论 (上) (下) [J]. 政法论坛, 1996 (5-6).

[137] 傅郁林. 审级制度的建构原理——从民事程序视角的比较分析 [J]. 中国社会科学, 2002 (4).

[138] 吕潮泽. 刑事被告人上诉利益之论争 [J]. 刑事法杂志 (台), 1993 (5).

[139] 陈卫东，胡之芳. 关于刑事诉讼当事人处分权的思考 [J]. 政治与法律，2004 (4).

[140] 刘敏. 论裁判请求权——民事诉讼的宪法理念 [J]. 中国法学，2002 (6).

[141] 石英. 论被害人权利保障制度的完善 [J]. 法学评论，2001 (3).

[142] 项谷. 贯彻丘诉不加刑原则的实践反思与立法完善 [J]. 华东政法大学学报，2004 (5).

[143] 孔鹃. 上诉请求的历程——美国最高法院审理上诉案件的过程 [J]. 法律适用，2002 (2).

[144] 陈瑞华. 刑事诉讼中重复追诉问题 [J]. 政法论坛，2002 (5).

[145] 陈卫东，刘计划，程雷. 法国刑事诉讼法改革的新进展 [J]. 人民检察，2004 (10).

[146] 褚剑鸿. 上诉概论与日本控诉审之比较研究 [J]. 刑事法杂志. 台北：41：(3).

[147] 曾淑瑜. 日本刑事诉讼第二审之构造及上诉理由 [J]. 法学丛刊. 台北：186.

[148] 黄朝义. 刑事上诉审构造问题 [J]. 东吴法律学报. 台北：2001：13：(1).

[149] (俄) M. A. 科瓦廖夫月. T. 乌里扬诺娃，黄道秀，译. 俄罗斯联邦新刑事诉讼法典中的证据法问题 [J]. 中国法学，2002 (5).

[150] 陈计男. 民事第三审上诉制度之检讨 [J]. 法学丛刊 (台)，1982 (104).

[151] 邱联恭，等. 民事诉讼审理方式之检讨—从审理集中化方案论如何加强事实审功能 [J]. 法学丛刊. (台) 1984：(115).

[152] 张特生，等. 预审制度与准备程序之再检讨 [J]. 法学丛刊 (台)，1993 (152).

[153] 陈卫东. 刑事二审"全面审查原则"的理性反思 [J]. 中国人民大学学报，2001 (2).

[154] 蔡平. 死刑判决反复驳回河北 4 青年被超期羁押长达 9 年 [N]. 中国青年报，2004 - 8 - 13.

[155] 陈卫东，李奋飞. 刑事二审"发回重审"制度之重构 [J]. 法学研究，2004 (1).

[156] 王祺国. 关于审级独立 [J]. 杭州商学院学报，2004 (1)

[157] 董啤. 我国司法解释体制及其改革当见 [J]. 法商研究，2001 (5).

[158] 沈维嘉. 深化刑事二审庭审方式改革初探 [J]. 上海政法管理干部学院学报，2002 (2).

[159] 皇甫长城. 刑事二审"事实不清，证据不足"发回重审的反思 [J]. 人民检察，2004 (2).

[160] 陈川. 终审不终, 生活何以继续 [J]. 中国律师, 2002 (11).

[161] 姚莉. 法制现代化进程终的审判组织重构 [J]. 法学研究, 2004 (5).

[162] 章武生. 我国民事审级制度之重塑 [J]. 中国法学, 2002 (6).

[163] 杨旺年. 论刑事被害人的诉讼地位, 诉讼权利及其保障 [J]. 法律科学, 2000 (6)

[164] 陈卫东, 刘计划. 死刑案件实行三审终审制改造的构想 [J]. 现代法学, 2004 (4).

[165] 赵秉志, 时延安. 慎用死刑的程序保障—对我国现行死刑制度复核制度的检讨及完善建言 [J]. 现代法学, 2004 (4).

[166] 陈永生. 刑事诉讼的程序性裁判 [J]. 现代法学, 2004 (2).

[167] 陈瑞华. 对两审终审的反思 [J]. 法学, 1999 (12).

[168] 陈瑞华. 审判之中的审判程序性裁判之初步研究 [J]. 中外法学, 2004 (3).

[169] 陈瑞华. 陪审制度与俄罗斯的司法改革 [J]. 中外法学, 1999 (5).

[170] 胡道才. 刑事上诉案件审理方式剖析 [J]. 人民司法, 2004 (9).

[171] 曹光暇, 金权. 法国刑事上诉制度中的提审权及其启示 [J]. 法律适用, 2003 (10).

[172] 安德鲁·勒休. 英国的司法改革 [J]. 吕方, 译. 法律适用, 2004 (9).

[173] 沈维嘉. 深化刑事二审庭审方式改革初探 [J]. 上海市政法管理干部学院学报, 2002 (2).

[174] 周用军. 重新审视发回重审制度 [J]. 律师世界, 2002 (11).

[175] 彭灵勇. 论我国法院审级制度的改革 [J]. 经济社会体制比较, 2004 (3).

[176] [法] 贝尔纳·布洛克. 2000 年 6 月 15 日关于加强无罪推定及被害人权利保护的法律 [J]. //徐静村. 刑事诉讼前言研究. (第二卷), 中国检察出版社, 2005.

[177] [德] 托马斯·魏根特. 德国刑事诉讼程序的改革: 趋势和冲突领域 [M]. 樊文, 译//陈光中. 21 世纪刑事诉讼立法最新发展. 中国政法大学出版社, 2004.

[178] [日] 松尾浩也. 旧本刑事诉讼法修改的动向 [M]. 金光旭, 译//陈光中. 21 世纪域外刑事诉讼立法最新发展. 中国政法大学出版社, 2004.

[179] 何家宏. 谈最高法院的定位 [N]. 人民法院报, 2002 - 8 - 23.

[180] 贺卫方. 论最高法院 [N]. 人民法院报, 2002 - 8 - 23.

[181] 陈瑞华. 司法公正与司法的被动性 [N]. 人民法院报, 2001 - 3 - 9.

[182] 彭勃. 日本刑事诉讼制度的新变革 [N]. 人民法院报, 2005 - 1 - 7.

[183] 齐树洁. 民事上诉制度研究 [M]. 法律出版社, 2006

［184］傅郁林. 民事复审程序研究［D］. 中国人民大学，2001.

［185］刘文. 海峡两岸刑事司法改革之比较［M/OL］. http：//www2. acla. org. cn/pg/ article. php？articleID = 2334.

［186］刘晓东. 刑事审判的成本分析［M/OL］. http：//www. cenet. org. cn/cn/CEAC.

［187］尹丽华. 刑事上诉制度研究［D］. 西南政法大学，2005（7）.

四、外文类

［188］George F. Cole and ChristoPher E. Smith［M］. The American system of criminal justice Wadsworth Publishing Company，1998.

［189］W. Twining. Legal Theory And Common Law［M］. Oxford：Basil Blackwell Ltd，1986：115.

［190］Steve Uglow，Criminal Justiee［M］. Sweet & Maxwell，1995：151.

［191］Elizabeth A. Martin. Oxford Dictionary of Law［M］. Oxford Uniersity Press，1997：27.

［192］B. C. Cairns，Australian civil procedure［M］. Law Book Co. ，2001：541.

［193］Bryan. A. Garner，Black's Law Dictionary［M］. West Group，1999：222.

［194］Catherine Elliott，Catherine Vemon. French Legal System［M］. Pearson Education Limited，2000：139.

［195］J. A. Jolowicz. On Civil Procedure［M］. Cambridge University Press，2000：299.